근현대 지식인과 한일 역사화해

일러두기

• 이 책은 동북아역사재단 기획연구 수행 결과물임(NAHF-2018-기획연구-14).

동북아역사재단
연구총서 120

근현대 지식인과 한일 역사화해

The Modern Intellectuals **and** *Korea-Japan Historical Reconciliation*

서종진 편

동북아역사재단
NORTHEAST ASIAN HISTORY FOUNDATION

책머리에

국제 정세가 급변하고 정권 교체가 있었지만 한일관계는 대립 국면이 계속되고 있다. 가까운 이웃나라이고 기본적인 가치관을 공유하고 있어서 교류가 활발하고 상호 협력이 필요함에도 불구하고 과거사 문제에서 촉발된 대립과 갈등이 반복되고 있다. 해방과 패전으로부터 75년, 국교 정상화 이후 55년이 흐른 시점에서 한일 양국 사회의 주류 세대가 교체되었고, 새로운 세대의 역사인식은 새로운 미디어와 SNS 등의 영향을 받으며 형성되고 있다. 이 책은 이러한 시대와 환경 변화 속에서 한일 양국 간의 역사인식의 차이를 극복하고 협조와 신뢰 관계를 위한 실마리를 찾고자 '한일 역사화해 인물연구'라는 과제로 기획되었으며, 이번에 '근현대 지식인과 한일 역사화해'라는 단행본으로 발간하게 되었다. 우호적인 한일관계 구축을 위해 기여하고 노력한 인물들의 발자취를 소개하고 기억함으로써 현재의 어두운 터널과 같은 상황을 헤쳐 나가는 데 지혜와 교훈을 얻고자 하는 바램을 담았다.

먼저 역사화해(History Reconciliation)를 정의하는 것은 단순하지 않고 필자에게는 다소 생소하고 버겁기까지 하다. 개인 차원에서의 화해는 어느 정도 이해할 수 있지만, 국가 사이에서의 화해, 그것도 한일 간의 역사화해는 복잡하고 도달할 수 있을까라는 의문이 앞서기 때문이다. 그렇지만 여기에서 간단하게 정리할 필요가 있을 것 같다. 개인 차원에서의 화해를 감정 대립의 해소라는 측면에서 본다면, 이때의 '화해'는 용서와 관용을 포함하고 상호 불신을 해소하는 '과정(process)'으로 이해할 수 있을 것이다. 여기서는 역사화해를 역사인식의 차이를 극복하여 공생을 위한 미래지향적인 관계를 개척하는 일련의 과정으로 보기로 하겠다. 따라서 한일 간의 역사화해를 위해 먼저 필요한 것은, 과거에 무엇이 있었던가를 정확하게 규명하고 역사적 사실을 이해하고 공유하는 것이다. 화해라는 프로세스에서 핵심이 되는 것은 과거사를 둘러싼 오해와 불신으로 분열된 행위자들이 재회하여 대화한다는 결정을 하고 교류를 위해서 준비하는 것이라고 볼 수 있겠다. 이를 위해서는 현재의 문제점을 진단하는 것에서 시작하여 타자의 목소리를 경청하고 대화를 지속하는 등의 부단한 인내와 노력이 필요할 것이다. 역사화해가 지향하는 공생의 미래를 타자의 다양성을 상호 존중하는 관계 형성이라고 한다면, 지금 상황에서 다양한 작업들을 모색하는 것이 가능할 것이다. 역사화해를 위한 노력들은 과거에도 있었고 미래에도 계속되어야 한다.

그리고 역사화해에 기여한 인물을 '지식인(intellectuals)'이라고 하겠다. 공동연구자들이 연구 대상으로 선정한 일본인 네 분과 재일동포[자이니치(在日)] 세 분을 아우를 수 있는 적절한 용어로 '지식인'이라고 칭하기로 하였다. 지식인이라고 하면 다양한 의미와 이미지가 떠오르겠지만, 먼저 지식인은 시민과 대중을 대상으로 사실을 서술하고 대변하는 개인을 의미한다. 지식인은 자신의 사상이나 사실을 발신하기도 하고 타인을 대변하기도 하고 때로는 권력을 비판하는 역할을 한다. 지식인은 '경계인'으로서 살아간다는 의미도 포함하고 있다.

한일 간의 역사화해 프로세스에는 사실 규명을 비롯하여 사죄 표명, 회복, 치유 등이 포함될 수 있을 것이다. 이 공동연구는 현재까지의 한일 간의 역사화해 프로세스로 기억하고 계승할 만한 지식인의 연구와 활동을 발굴하고 소개한 것이다. 현재 한국과 일본에서 연구 활동을 하고 있는 전문가들이 참여하여 각자 선정한 '지식인'의 연구와 사상, 활동 등의 발자취를 정리하였다. 경계인으로서 통찰력을 가진 총 7명의 지식인의 발자취를 음미함으로써 미래지향적인 한일관계 구축을 위해 필요한 교훈과 지혜를 얻을 수 있기를 기대해 본다.

원광대학교 박맹수 총장은 근대 일본 제국주의의 침략과 식민지 지배, 특히 식민지 조선에 대한 통치 분야에서 선구적인 업적을 남긴 야마베 겐타로(山辺健太郎)의 발자취를 소개하고 있다. 재야 사학자로서 야마베는 1차 사료를 발굴하고 활용하여 연구를 하였는데, 연구자들은 물론이고 일본의 일반 독자들도 그의 실증적인 연구를 평가하여 선구적인 근대 역사학자로 인정하고 있다. 또 야마베는 사회주의운동에도 참여하면서 당국에 체포되기도 한 운동가이기도 하다. 치안유지법 위반으로 검거되어 1945년 10월에 출소하는 등 투옥과 출소를 반복한 이력을 가지고 있다. 그는 군국주의 권력에 굴복하지 않고 비판적인 시각을 관철하여 사상 '전향'을 하지 않은 지식인으로 기억되고 있다.

야마베는 패전 후 '황국사관'에 물든 일본 사회의 역사인식을 극복하기 위해서는 제국주의 시기를 실증적으로 연구해야 한다는 문제의식을 가지고 연구에 임하였다. 먼저 제국주의 시대 일본의 사회주의운동을 연구하여 방대한 자료집을 발간함으로써 실증적인 연구 기반을 구축하였다. 사회주의운동사 연구 이후에는 일제의 한반도 식민통치에 관한 연구를 하였다. 전후 일본 역사학계에서 그다지 관심을 가지고 있지 않았던 분야였지만, 야마베는 자국사를 이해하기 위한 중요한 과제라고 판단하고 자신의 주요 연구 과제의 하나로 근대 한일관계와 식민지기 한국 통치에 대해서 연구하였다.

박맹수 총장은 야마베 겐타로의 방대한 업적 가운데 『일한병합소사

(日韓併合小史)』(岩波新書, 1966), 『일본 통치하의 조선(日本統治下の朝鮮)』(岩波新書, 1971) 등의 대표적인 연구 성과를 소개함으로써 오히려 퇴보하고 있는 현재의 역사인식 문제에 경종을 울리고 있다.

한신대학교 하종문 교수는 '일본의 양심'을 대표하는 아라이 신이치(荒井信一) 교수를 소개하였다. 아라이는 서양사 전공의 역사학자로 전후 일본의 전쟁책임 연구와 실제 전쟁책임 관련 활동에도 참여하였다. 1993년의 '일본의 전쟁책임자료 센터(日本の戦争責任資料セン-)' 설립과 대표로서의 활동은 그가 남긴 최고의 공적으로 기억되고 있다.

서양사 연구자였던 아라이는 일본을 포함한 제국주의 국가의 전쟁책임을 규명하는 작업에 평생을 바쳤는데, 그의 시선은 전쟁의 참상을 직시하고 평화의 재구축을 전망하는 데 있었다. 전쟁과 평화의 양날을 딛고 선 '현대 세계'를 파헤치던 아라이에게 아시아는 점점 크고 가깝게 닥쳐왔다. 아라이는 한일 간의 역사 현안에 대한 연구 활동에도 참여하였는데, 특히 '조선왕실의궤' 등 약탈 문화재의 반환과 일본군'위안부' 문제 해결을 위한 활동 등으로 한국에서 일본의 양심으로 주목을 받았다. 그는 '일본의 전쟁책임자료 센터'의 대표로서 일본군'위안부' 문제의 진상을 밝히고 해결을 촉구하는 일을 자임하고 나섰다. 2010년 6월에는 한국 · 조선문화재반환문제연락회의(韓国 · 朝鮮文化財返還問題連絡会議)를 설립하여 이듬해 일부 문화재의 반환을 실현했다.

하종문 교수는 유학 시절에 맺은 인연으로 교류를 하게 된 아라이의 삶과 방대한 연구 업적을 통해서 일본의 전후 역사학의 계보를 조망할 수 있도록 한다. 아라이는 일본의 '과거'와 치열하게 씨름했고, 일본은 물론 제국주의 모든 국가를 향해 준엄한 꾸짖음을 던졌으며, 학문적 성과를 실천의 장에서 녹여내는 '현재'의 활동에 적극적으로 뛰어들었다.

그 중심에 민중과 민주주의에 대한 무한한 애정이 녹아 있다는 점에서 우리는 올곧은 지식인의 표상을 발견할 수 있을 것이다.

가쿠슈인(学習院)대학의 우메노 마사노부(梅野正信) 교수는 역사학자와 역사교육자인 가토 아키라(加藤章)의 발자취를 정리하여 소개하였다. 우메노 교수는 한일관계를 역사 교육이라는 측면에서 바라보고, 가토 아키라를 단절되어 있었던 한일 역사(교육) 분야 교류에서 제1세대의 개척자로 자리매김하고 있다.

우메노 교수에 따르면, 가토는 1976년 10월 이원순 교수의 추천으로 주일 한국대사관을 통해 공식 초청된 최초의 일본 역사교육 연구자였다. 1978년에는 문부성의 학습지도요령 사회편 작성 협력자로서 가토는 근대 일본의 조약 개정이 침략과 연결되어 있었다는 사실과 한반도 침략과 한민족의 저항 운동을 탄압한 것이 강제적인 '한국병합'이었다는 것을 학습하여야 한다고 주장하였다. 그리고 1987년 10월에는 조에쓰 교육대학에서 문부성 해외학술연구 「일본국과 대한민국의 역사교과서 서술에 관한 기초적 연구」를 추진하였으며, 2000년 11월 4일 서울에서 열린 과거청산과 21세기 한일관계 심포지엄에서도 한국 측의 비판을 진지하게 받아들이고 성찰하면서 새로운 제안을 계속했다.

우메노 교수는 가토 아키라와 한국의 이원순이 함께 쌓아 온 일본과 한국의 역사교육 공동연구에서의 신뢰관계가 1976년부터 두 사람의 죽음에 이르는 40년에 걸쳐 유지돼 왔다는 사실을 기억해야 한다고 제안한다. 또 우메노 교수는 가토 아키라와 이원순이 세상을 떠난 지금 우리에게 남겨진 책임이 무겁다는 메시지를 던지고 있다.

동북아역사재단의 서종진 연구위원은 역사학자이자 운동가로서의 호소카와 가로쿠(細川嘉六)의 연구 업적과 발자취를 정리하고 소개하고 있다. 제국주의 일본의 식민지 통치를 비판적으로 분석한 평론가이자 연구자인 호소카와의 주요 저술 활동은 전시 체제하의 검열의 시기에 이루어졌으며, 그는 전시기 대표적인 언론탄압 사건으로 알려진 1942년의 '요코하마(横浜)사건'의 중심인물로서 치안유지법 위반 혐의로 검거되기도 하였다.

서종진 연구위원은 호소카와의 연구 업적 가운데 일본 제국주의의 한반도 식민 통치를 다루고 있는 『식민사』에 초점을 맞추어 소개하고 있다. 호소카와의 식민지론은 세계자본주의 체제하에서 제국주의 열강의 식민지 지배가 진행되고 있는 가운데, 일본은 '후발' 주자로서 식민지 제국을 형성하였다는 기본 인식하에 출발한다. 일본은 열강의 지원을 받고 주변 인접 지역이나 국가를 식민지로 영유함으로써 제국을 형성하였다. 또한 일본 제국주의가 자본주의화와 식산흥업정책을 위한 수단으로써 전쟁을 통해 식민지를 획득하게 되었다는 점에서 '종속'적 제국주의 국가라고 파악하였다.

호소카와의 식민통치론은 연구가 축적된 현재 평가한다면 한계도 있다. 그러나 호소카와가 청일전쟁이나 러일전쟁과 같은 '전쟁'을 수단으로 식민지를 획득하고 제국을 형성하였다고 인정하고 있으며, 그 '침략성'을 비판하고 있다는 점을 놓쳐서는 안 된다. 그는 일본 제국주의의 침략성을 인정하고 식민통치를 비판하고 '피압박 민족의 해방'을 주장했다. 특히 호소카와는 실증적인 연구 방법을 구사하여 당시의 식민지 조선의 피폐와 수탈 상황을 폭로하고 식민통치를 비판하고 있다. 호소카와를 평가할 때는 총력전 체제하에서의 언론 통제와 검열을 피하면서 제한된 자료를 사용하여 연구를 진행하였다는 점을 고려하여야 하고, 일본 제국주의적인 침략과 농촌 수탈을 비판하고 있다는 점에서 평가할 수 있다. 이러한 호소카와의 식민통치론은 한일관계의 대립이 식민지 시기의 역사문제에서 기인하고 있다는 점에서 주목할 필요가 있다.

고려대학교의 송완범 교수는 재일 동포 역사가이자 소설가인 김달수의 작품과 발자취를 정리하여 소개하고 있다. 송완범 교수는 김달수의 작품세계를 '재일동포생활사', '사회주의자투쟁사', '고대사'라는 세 개의 키워드로 구분하고 이 가운데 1970년대 '고대사'의 흐름이 본격적으로 시작되는 부분에 초점을 맞추었다. 송완범 교수는 김달수의 후반기 역작인 '일본 속의 조선문화' 작업은 어쩌면 그의 재일문학이라는 업적을 넘어선 것이라고 조심스럽게 평가한다.

송완범 교수는 김달수의 고대사연구는 김달수 개인의 화해를 넘어, 한반도와 일본열도 간의 화해를 모색할 수 있는 토양을 마련해준 것으로 보고 있다. 민족주의자에서 사회주의자로 또다시 허무주의자로 '전향'하지 않을 수 없었던 김달수의 두 차례의 '전향'은 민족적 비애와 고난 그리고 모순의 상징이었다고 한다. 그때 김달수가 고대사에 주목한 것은 사상적인 것으로부터 기인하는 문학 활동의 폐색으로부터 탈출하는 길이기도 했다.

송완범 교수에 따르면 김달수에 대한 평가에 있어 긍정론자이든 부정론자이든 『일본 속의 조선 문화(日本の中の朝鮮文化)』 12권의 성과에 대해서는 위대한 업적으로 여기는 데 이견이 없다고 한다. 김달수 몰후 20여 년, 탄생 100년 즈음의 김달수의, 특히 고대사연구를 통해 '조선'과 일본을 나아가 '조선인'과 일본인의 관계를 '인간적인 관계'로 만들고자 노력했던 점은 한일 간의 화해를 천착하고자 할 때 많은 시사점을 주고 있다.

청암대학교의 김인덕 교수는 재일동포 역사학자인 박경식의 연구와 발자취를 '재일조선인' 연구를 중심으로 소개하였다. 김인덕 교수는 먼저 1976년에 '재일조선인운동사연구회'를 조직하여 활동하고 만년에 '재일동포역사자료관' 설립 운동을 추진한 박경식 선생님의 연보와 주요 저술을 정리하고 있다. 그리고 재일조선인사 인식과 특히 1920년대에 대한 재일조선인 문제에 대한 논의를 정리하고 있다.

김인덕 교수는 박경식의 재일조선인사 연구는 1945년 이전 재일조선인사의 본령에 대한 연구이며 이후 재일조선인 운동사의 기본적인 틀을 제공했다는 점에서 중요한 성과라고 소개하고 있다. 1920년대에 대한 박경식 연구의 특징에 대해서도 1920년대 재일조선인사를 처음으로 정리하고, 새로운 역사적 사실들로서 사상단체, 노동운동, 각종 운동세력과 단체 등에 주목하여 언급하고, 국내 운동과의 연결고리를 밝혀내고자 했으며, 일본 사회운동과 적극적인 연계의 내용과 한계에 대해서 지적하고, 대중적인 재일조선인의 역사를 정리하는 발판을 제공하였다는 점에서 주목할 필요가 있다고 한다.

김인덕 교수에 따르면, 재일조선인사에 대한 연구는 박경식에서 본격적으로 시작되었다고 한다. 그는 각종 자료와 선구적인 연구, 과학적인 실증 연구 방법을 통해 역사적 사실에 대한 독자적인 평가를 시도하였고, 민족 해방에 대한 사실 정리에 기여하면서 동시에 냉전과 분단체제 극복의 역사학으로서의 자리매김을 하였다는 점에서 주목할 필요가 있다.

한림대학교 김웅기 교수는 재일 역사학자인 강재언(姜在彦)의 다양한 연구 업적 및 활동 가운데 주자학일존주의(朱子學一尊主義) 비판 내용을 중심으로 강재언을 소개하고 있다. 김웅기 교수는 재일 역사가 강재언이 '화이부동'의 정신으로 일본사회에 일본사나 중국사의 부속물이 아닌 한국사의 독자성을 학술적 방법으로 제시하였고 그의 활동은 현재에도 여전히 빛을 발하고 있다고 한다.

김웅기 교수에 따르면 강재언이 활동하던 당시나 현재의 한일관계는 그리 차이가 없어 보인다고 지적한다. '화이부동'의 정신은 오늘날 한일 교류를 하는 데도 매우 중요한 것인데, 동질성을 찾기보다는 서로의 차이점을 제대로 알아가는 작업이 필요한 것이고 그러기 위해서는 역사적 사실의 축적이야말로 미래지향적 관계를 구축해 나가기 위한 밑거름이라고 강조하였다.

그리고 김웅기 교수는 강재언의 연구에서 다루고 있는 조선시대의 인물들을 통해서 오늘날 한국 사회와 외국 간의 가교역할을 할 수 있는 '경계인'의 모습을 오버랩 시키고 있다. 다시 말해 현재의 일본 사회에서의 자이니치(在日)와 흡사하다고 보고 있는 것이다. 최근 갈등관계가 지속되는 한일관계에서 가교역할을 맡아온 인재들이 고갈되어 가는 상황에서는 실용적이고 다양성을 국가와 사회가 포용해야 한다는 여러 증거들을 평생을 바쳐 제시해온 자이니치 역사가 강재언의 지견은 지금 접해 보더라도 교훈을 얻을 수 있을 만큼 빛을 발하고 있다고 한다.

이상의 근현대 '지식인'의 발자취와 연구 업적을 소개한 필자들은 문헌을 통해서 그들의 발자취를 정리하기도 하고, 생전에 그들을 은사로 모셨거나 직접 교류하였던 경험을 제시하였다. 거론된 '지식인'들은 감시와 통제 속에서 역사적 사실을 알리는 연구와 활동을 하였고, 경계인으로서 차별과 불신에 대해 비판의 목소리를 남겼다. 이들이 남긴 발자취에서 현재의 반일과 혐한이라는 악순환의 고리를 끊고 반복되는 불신관계에 균열을 가할 수 있는 지혜와 교훈을 얻을 수 있기를 바란다.

이 공동연구는 동북아역사재단에서 2018년에 기획되었다. 마무리 단계에서 코로나19 바이러스 확산이라는 예기치 못한 상황으로 현지 자료 수집이 제한되었고 사진 등의 시각 자료를 충분하게 제시하지 못한 것이 아쉬움으로 남는다. 어려운 상황과 바쁜 일정에도 불구하고 공동 연구에 기꺼이 참여하여 원고를 집필하시고 조언을 주신 교수님들께 감사의 말씀을 드린다.

2020년 12월

집필자를 대신하여

서종진 씀

차 례

책머리에 · 4

1장 야마베 겐타로와 일제의 한반도 침략사 연구 _ 박맹수 · 17
I. 머리말 · 18
II. 운동가로서의 야마베 겐타로 · 20
III. 역사가로서의 야마베 겐타로 · 24
IV. 일본 제국주의의 한반도 침략사 연구 · 27
V. 맺음말 · 54

2장 세계·일본·한국을 잇는 역사화해: 아라이 신이치 _ 하종문 · 59
I. 머리말 · 60
II. 전후역사학과 아라이 신이치 · 61
III. 아시아의 발견과 민중의 전쟁책임 · 70
IV. 역사화해의 전망과 실천 · 85
IV. 맺음말 · 97

3장 가토 아키라 역사화해와 역사교육 공동연구의 원류(源流) _ 우메노 마사노부 · 105
I. 머리말 · 106
II. 연구와 교육 · 109
III. 1957년 와카모리 다로와의 만남 –'기원절' 부활 반대와 교과서 검정 비판 · 117
IV. 1965년 한일기본조약과 역사화해 프로세스 · 119
V. 1976년 이원순과의 만남–역사화해 프로세스의 단서 · 123
VI. 1978년 사실에 근거한 식민지기에 대한 자성적 평가 · 126

VII. 1982년 근린제국(近隣諸國)조항의 계기성 · 128

VIII. 1987년 역사교육 공동연구의 시작 · 130

IX. 1991년 '한일합동 역사교과서 연구회'의 근현대사 분석 · 136

X. 1989년 학습지도요령의 역사학습 · 139

XI. 1996년『신편 일본사』비판 · 141

XII. 2000년 '과거청산' 심포지엄 –정재정 교수와의 대화 · 143

XIII. 이원순과의 신뢰관계 · 146

XIV. 맺음말 · 147

4장 호소카와 가로쿠의 일본 제국주의 인식과 식민지 조선통치 비판 _ 서종진 · 153

I. 머리말 · 154

II. 호소카와의 발자취 · 158

III. 호소카와의 일본 제국주의 인식과 식민주의 비판 · 170

IV. 맺음말 · 194

5장 재일지식인 김달수와 한·일 화해의 길 _ 송완범 · 199

I. 머리말: 왜 지금 김달수인가 · 200

II. '문학청년'으로서의 김달수 · 205

III. '고대사가'로의 전향, 김달수 · 215

IV. '일본 속의 조선 문화' – '한일관계를 인간화하는 길' · 225

V. 맺음말: 김달수와 한일 간의 화해 · 235

6장 재일조선인사 연구의 선구자 박경식:
『在日朝鮮人運動史研究-8 · 15解放前-』을 중심으로 _ 김인덕 · 241
I. 머리말 · 242
II. 박경식 연보와 기억의 정치 · 246
III. 박경식의 재일조선인사 연구와 인식 · 255
IV. 1920년대 재일조선인사 연구 · 259
V. 맺음말 · 273

7장 재일을 살며 재일을 기르고 재일의 시각으로
역사를 쓴 강재언 _ 김웅기 · 279
I. 머리말 · 280
II. 좌익 활동가에서 국사학자로 · 281
III. 국사학자로서의 강재언
-사림파의 주자학일존주의 비판을 중심으로 · 292
IV. 시바 료타로와의 교류 · 302
V. 한국방문 그리고 재일동포 후학들의 스승으로서의 강재언 · 312
VI. 맺음말: 한국에서 '재일'의 입장으로 바라보는 강재언 · 320

찾아보기 · 329

1장

야마베 겐타로와 일제의 한반도 침략사 연구

박맹수
원광대학교 총장

I. 머리말

> 조선은 가깝고도 먼 나라라고들 한다. 이는 말할 필요도 없이 지리적으로 가깝지만 이 가까운 나라에 가는 것은 쉽지 않다는 것을 가리키는 것이다. 이것은 일조(日朝) 양국의 관계와 조선 내부의 남북 분열에 의한 것이라는 것은 물론이지만, 또한 과거 양국의 역사적 관계 속에서도 그 원인이 있다.
>
> 조선의 역사는 제2차 대전 후까지 조선인에게는 그다지 알려져 있지 않다. 일본인의 대다수는 예를 들어 '황국사관'에 의한 국사라고 하더라도 소학교부터 역사교육을 받았다. 하지만 조선인에게는 단군신화와 같은 조선 건국의 역사조차도 알려져 있지 않다. 조선에 있었던 조선인 소학교(보통학교)에서도 중학교(고등보통학교)에서도 조선사 수업은 없었다.[1]

위 인용문은 야마베 겐타로(山辺健太郎, 1905~1977)가 한국과 일본의 관계와 역사교육의 문제를 1965년 한일국교정상화가 이루어졌던 시기에 발간된 한국사 관련 단행본의 서문에 쓴 내용의 일부이다. 당시의 시각에서 한일관계와 함께 해방 이전 역사교육의 문제로 인한 역사인식 문제 등에 대해서 분석하고 있다. 이러한 한일 양국의 역사인식 문제는 오늘날에도 적용되는 문제가 아닐까 생각된다. 일제 강점기의 강제동원 문제, 일본군'위안부', 역사수정주의적인 교과서 기술 내용의 문제 등 역사인식 문제는 미래지향적인 한일관계의 수립과 우호 협력에 장애가 되고 있는 것이 사실이다.

---

1 山辺健太郎, 1965, 『日韓合併小史』, 岩波新書.

1945년 이전의 '황국사관'에 물든 일본인들의 역사인식을 극복하기 위해서는 일본 제국주의의 침략과 식민지 지배를 직시해야 한다는 인식을 가진 역사가가 야마베 겐타로였다. 야마베 겐타로는 일본 제국주의 침략사를 연구한 역사학자이자, 사회주의 운동에도 참여하면서 당국에 체포되기도 한 이력을 가지고 있다. 야마베 겐타로는 1929년[쇼와(昭和) 4년] '4·16 사건'[2]으로 체포되어 1933년에 출옥하였고, 다시 1941년 12월 아시아·태평양전쟁이 발발한 후 전시 체제하에서는 치안유지법 위반으로 검거되어 1945년 10월 10일에 출소하는 등 투옥과 출소를 반복하면서도 사상 전향을 하지 않았다.[3] 이러한 야마베가 연구자로서 제국주의 시대 일본의 사회주의운동을 연구하고 식민통치를 연구하면서 근대사 연구에 중요한 발자취를 남기고 있다. 그러한 연구 성과 가운데서 그의 주요 관심사 중 하나가 식민통치에 대한 문제였고, 특히 한국 식민통치에 대해서 선구자적이고 중요한 연구 성과를 남겼다.[4]

야마베 겐타로는 근대 일본의 역사는 사실과 다른 부분이 많은데 특히 침략 전쟁과 식민지 지배와 관련해서는 왜곡된 자료에 의한 기존의 역사인식과 역사 서술이 극복되어야 한다고 지적하였다. 야마베는 전후 일본의 역사학계에서 그다지 관심을 가지고 있지 않았던 한국사와 한일관계사의 중요성을 인식한 연구자로 기억되고 있다. 한일관계에 대한 역사연구는 자국의 역사를 이해하기 위해 중요한 과제라고 보고 자신의

---

2 1928년 3월 15일의 '3·15 사건'에 이은 일본 공산당원의 검거·탄압 사건.

3 이상은 야마베 겐타로가 죽은 후, 1980년 미스즈서방(書房)에서 간행된 『야마베 겐타로 회상과 유문(遺文)』 (도야마 시게키, 마키세 쓰네지, 이누마루 기이치, 후지이 다다토시 편)의 커버에도 쓰인 그의 생애를 응축한 문장이다.

4 야마베의 대표적인 연구는 미스즈서방의 현대사 사료와 단행본이다.

주요 연구 분야의 하나로 근대 한일관계와 식민지기 한국 통치에서 선구적인 연구 업적을 남겼다. 그는 재야 사학자로서 제도권 내의 연구자들 못지않게 1차 사료를 사용하였고 이러한 노력의 결과에 대해서 연구자들은 물론이고 일본 대중들에게도 선구적인 근대사 및 한국 전문가로서 인정받고 있다.

이 글은 야마베 겐타로의 대표적인 연구 업적을 통해서 그가 우호적인 한일관계 수립에 공헌한 사실을 확인하고, 변하지 않고 반복되고 있는 한일 양국의 역사문제를 극복하기 위한 길이 무엇인지를 발견하는 것을 과제로 한 것이다. 이를 위해서 먼저 야마베의 성장과 그가 한국문제와 한국사에 관심을 갖게 된 배경, 그리고 방대한 연구 업적 가운데 한국 관련 대표저작에서 그가 제기했었던 문제의식을 검토하도록 하겠다.

II. 운동가로서의 야마베 겐타로[5]

1905년에 도쿄 혼고(本郷)에서 출생한 야마베 겐타로는 어려서부터 활발한 성격이었고 소학교에 입학할 때에는 중학생이 읽을 만한 책을 읽을 정도로 책을 가까이하였다고 한다. 소학교를 졸업하고서 1919년 봄에 마루젠(丸善) 서점의 오사카 지점 점원이 되었다. 구미의 영문 서적을 취급하고 있던 마루젠에서는 선교사에게 부탁해 직원에게 영어교육을 하고 있었다. 야마베는 거기서 영어 읽기와 쓰기를 마스터하고, 프랑

5 야마베 겐타로의 유년기 삶에 대해서는 그의 자서전 『사회주의 운동 반생기(半生記)』(이와나미문고, 1976) 참조.

스어나 독일어도 책의 제목 정도는 읽을 수 있을 정도의 어학 능력을 습득하였다고 한다. 그는 동서고금의 서적을 널리 읽고 내용을 잘 기억하였다고 한다. 특히 야마베는 당시 간행되었던 사회주의 관계 서적을 마루젠에서 접하고 탐독할 수 있었다. 야마베 겐타로는 당시 일본 국내에서 구할 수 있는 서구의 선구적인 서적에 접하면서 사회주의 문헌은 대부분 읽고 있었던 것이다.

마루젠과 공장 등 노동 현장에서 일하던 야마베는 16세 때인 1920년경에는 노동운동에 참여하였다. 당시는 '다이쇼(大正) 데모크라시'로 불리는데 번벌(藩閥)정치가 후퇴하고 본격적인 정당정치가 성립되던 때였고, 서양의 마르크스 사상과 사회주의 사조가 유입되는 한편 농민운동과 노동운동이 활발하게 전개되던 시기였다. 야마베는 마루젠 서점의 점원 생활을 그만두고 양말 공장에서 1922년까지 노동자로 근무하였다. 야마베는 이듬해에 양말 공장을 그만두고 '자유법률상담소'에서 근무하였다. 도시부의 노동운동과 농촌의 농민운동 및 소작쟁의 때문에 벌어지는 농민과 노동자의 계급적 이익을 둘러싼 사건 등을 맡고 있는 좌익의 거점 같은 변호사 사무소였다. 이때 야마베는 사회주의와 공산주의, 아나키즘 등의 사조에 접하면서 노동운동과 인연을 맺게 되었다.

1920년대 말에 야마베는 노동운동 중에 검거되어 투옥되었다. 이후 1929년의 4·16 사건 및 치안유지법 위반 등으로 검거되어 옥중생활을 하였다. 1945년 10월에 후추(府中) 예방구금소[6]에서 출옥하였다. 야마베는 이때 후추의 예방구금소에서 재일 한국인 김천해를 만나게 되는데

6 1945년 패전 전에 일본에서 천황의 독재 통치에 굴복하지 않는 정치범, 사상범을 종신 구금하기 위해 마련된 감옥.

그는 김천해와의 조우로 인해 일본 제국주의와 자본주의문제, 일본 제국주의와 한반도문제 등에 관심을 갖고 상호 연관성에 흥미를 갖고 바라보게 되었다. 김천해는 1920년대에 재일조선인 노동운동가로서 활동하고 있었다. 일본의 산업화와 도시화로 인하여 노동력이 필요하게 되자 식민지에서 노동력이 유입되었는데, 1920년대는 일본에서 재일조선인의 수가 급증하는 시기였다.[7]

〈표 1〉 식민지기 한국인 도일 현황

(단위: 명)

연도	국세 조사	내무성 조사	연도	국세 조사	내무성 조사
1911		2,527	1929		275,206
1912		3,171	1930	419,009	298,091
1913		3,635	1931		311,091
1914		3,542	1932		390,543
1915		3,917	1933		456,217
1916		5,624	1934		537,695
1917		14,502	1935		625,678
1918		22,411	1936		690,501
1919		26,605	1937		735,689
1920	40,755	30,189	1938		799,878
1921		38,651	1939		961,591
1922		59,722	1940	1,241,315	1,190,444
1923		80,415	1941		1,469,230
1924		118,152	1942		1,625,054
1925		129,870	1943		1,882,456
1926		143,798	1944		1,936,843
1927		165,286	1945		980,635
1928		238,102			

출처: 森田芳夫, 1996, 『數字が語る在日韓國』, 明石書店.

7 森田芳夫, 1996, 『數字が語る在日韓國』, 明石書店 참조.

일본 내에 체류하는 한국인은 일시적인 체류자로 분류되는 유학생 신분이 대부분이었는데, 한반도 '병합' 이후에 일본으로 이주한 한국인들은 다수가 농민이었다. 이때 일본에 이주하여 체류하게 된 한국인은 대부분 저임금 노동자 신분으로 유입되었다. 이들 한반도 출신 재일 한국인 인구는 1910년에는 약 2,600명, 1920년의 시점에 40,755명으로 증가하였다. 이들 인구가 급증하게 된 시기는 1920년대 중반 이후 일본의 도시화가 진전되고 공업이 발달하면서 노동력이 필요해지는 시기였다. 1930년에는 419,009명, 1940년에는 1,241,315명으로 급증하였고 전쟁 말기에는 거의 200만 명에 달하였다. 이처럼 식민지 본국에서 저임금 노동자로 생활하고 있던 재일 한국인이 급증하는 시기에 김천해는 이들 재일 한국인과 함께 노동운동에 참여하여 활동하고 있었다.[8]

이러한 상황에서 재일 한국인 김천해와 교류를 하게 된 야마베는 그로부터 적지 않은 영향을 받았다. 이에 대해서 미야모토 마사아키(宮本正明)는 다음과 같이 술회하고 있다.

> 야마베 겐타로의 조선에 대한 관심은 옥중에서 조선인 활동가와의 만남을 '원점'으로 일본 자본주의의 전개과정에서 식민지수탈이 수행한 역할에 주목, 본격적으로 파헤치기 시작한다. 조선관계의 저술은 침략국에 속하는 일본인으로서 일본 제국주의의 식민지 침략 역사를 밝혀야 한다는 입장을 고수했다.[9]

---

8 森田芳夫, 1996, 『數字が語る在日韓國』, 明石書店. 미즈노 나오키·문경수, 2015, 『재일 조선인 역사와 현재』, 이와나미신서. 한글 번역본의 제목은 『재일조선인-역사, 그 너머의 역사』이다.

9 中塚明, 2015, 『歴史家山辺健太郎と現代』, 高文研 참조.

구미의 사회주의 문헌으로만 접했던 문제의식이 실제 현실 문제와 연관되면서 연구 과제를 설정하게 되었다. 이때의 문제의식은 일본 제국주의의 문제점을 사회주의 운동사와 자본주의 발달사를 연구 과제로 설정하였을 때에, 야마베로 하여금 제국주의와 자본주의 문제는 식민지문제를 빼놓고서는 논하기 어렵다는 관점을 제공하였다. 식민지 문제는 곧 침략과 수탈의 문제로 연결되었고 그 결과 야마베는 일본 제국주의의 식민지 가운데서도 한국문제를 주요 과제의 하나로 설정하게 되었다.

III. 역사가로서의 야마베 겐타로

야마베는 1950년대 후반부터 역사연구와 저술 활동에 전념하였다. 야마베는 공식적인 교육기관에서 교육과정을 거치지 않고 독학으로 연구를 하였다. 야마베는 '학문에 학력은 필요 없지만 노력은 필요하다.'고 하였다. 그는 도서관이나 자료관에서 문헌을 찾고 독해하면서 자신만의 연구 세계를 구축하고 연구를 심화시켰다. 그와 교류했던 사람들의 증언에 따르면, 야마베가 철저하게 사료에 근거하여 연구를 진행하였다는 것을 알 수 있다.[10]

사회운동에 투신했던 야마베는 패전 후에 일본의 자본주의 발달사 연구에 관심을 가지고 접근하였고 이는 근대 일본사에서 기존 연구의 누락을 보충하는 것을 목표로 설정하게 하였다. 그의 연구 활동은 무엇보다 먼저 제국주의 일본의 침략사를 밝혀야 한다는 문제의식을 가지고

---

10 中塚明, 2015, 위의 책 참조.

출발하였다. 야마베 겐타로의 대표적인 업적으로는 먼저 미스즈(みすず) 서방에서 발간한 『현대사자료』의 「사회주의운동」 총 7권의 편집과 해설을 들 수 있다. 이 연구 업적에 대해서 일본의 저명한 사학자인 네즈 마사시(根津雅史)[11]는 '방대한 재판기록을 정성껏 살피고 가려운 곳을 긁어 주는 것 같은 해설은 연구자뿐만 아니라 독서인에게도 중요한 업적이다. 영원히 남을 만한 업적으로 빛날 것'이라고 평가하였다.

야마베의 다음 과제는 자연스럽게 근대 일본 제국주의의 침략사로 구체화되어 정해졌다. 제국 일본의 자본주의는 주변국을 식민 지배하면서 성장하였는데 식민지 가운데서도 한반도는 최대 규모의 식민지였고 식민 본국과 밀접한 관련을 맺고 있었다는 점에서 한일관계와 한반도 침략 과정이 자연스럽게 연구 과제로 설정되었다. 일본 제국주의의 침략사와 식민지 문제에 대한 연구를 일본인으로서 진행한다는 것은 당시로는 쉬운 일은 아니었으리라고 생각된다. 자료는 정리되지 않았고 선행연구도 그다지 축적되어 있지 않아서 선구자적으로 연구를 시작할 수밖에 없었을 것이다. 그럼에도 불구하고 야마베는 1차 사료를 통해서 귀중한 연구 성과를 올리고 있다.

야마베 겐타로의 대표적인 한국 관련 저작은 『일한병합소사』[12]와 『일본 통치하의 조선』[13]을 들 수 있다. 야마베 겐타로가 일본의 역사학계에서 어떻게 평가되고 있었는지는 근대 한일관계사 연구의 권위자인 모리

---

11 中塚明, 2015, 앞의 책 참조.

12 山辺健太郎, 1965, 『日韓合併小史』, 岩波新書. 한국에서 번역서는 안병무 역, 1982, 『한일합병사』, 범우사. 당시 이 책은 3만 5천 부 정도가 발간되었는데, 출판과 동시에 3만 부가 팔렸고 나머지 5천 부도 매진되어서 바로 재인쇄에 들어갔다.

13 山辺健太郎, 1971, 『日本統治下の朝鮮』, 岩波新書. 한국에서는 『일본의 식민지 조선 통치 해부』(최혜주 역, 2011, 어문학사)로 출판되었다.

〈사진 1〉『일한병합소사』(왼쪽), 『일본 통치하의 조선』(오른쪽) 표지.

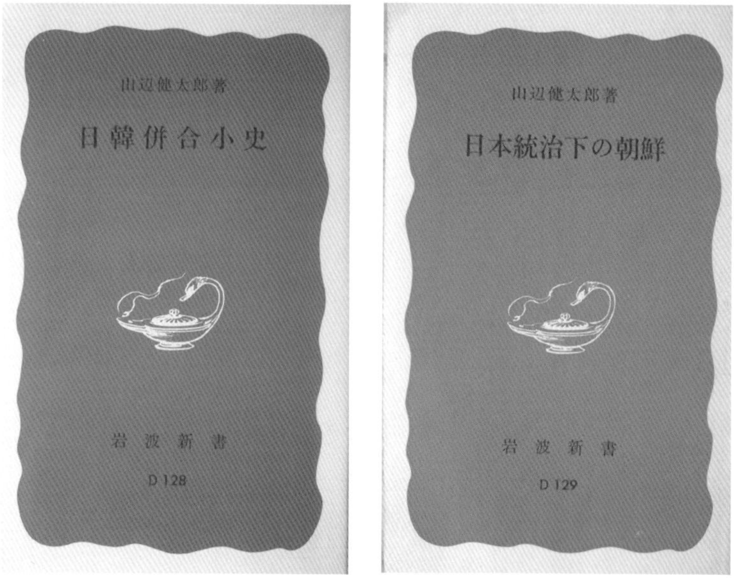

야마 시게노리(森山茂德)가 야마베 겐타로의 업적에 대해 아래와 같이 평가한 내용에서 알 수 있다.

> 이 책은 1876년 조선의 개국(강화도조약)에서 1910년의 한일합병까지의 조선에 대한 일본의 침략외교사를 중심으로 서술한 통사이다. 조선 말기, 그리고 19세기 아시아의 정세부터 쓰기 시작, 일본과 중국 및 러시아와의 대립을 세로축으로 하고, 조선국민의 반대 운동을 포함해서 병합에 이르는 일본의 조선침략 추이를 밝혔다. 이 책의 한 기둥은 일본의 조선침략이 경제적 이유보다는 정치적·군사적 이유 때문이었음을 논증한 점에 있다. 그러나 경제적 측면의 묘사도 소홀히 하지 않고, 당시 이용할 수 있는 통계도 구사하고 있다. 또 다른 기둥은 일본 정치인 등의 공적 따위를 표창하는 기술에 대해, 사실을 토대로 단호하게 부정한 것이며, 선악을 명쾌

하게 판단한 것이다. 또한 구미제국에 대해서도 최소한 그 역할에 대해 언급하고 있다.[14]

이처럼 야마베 겐타로의 한반도 연구와 침략사 연구는 일본 역사학계에서도 높이 평가되고 있음을 알 수 있다. 그의 연구 시기와 내용은 1876년의 강화도조약에서 1910년의 '한국병합'까지의 일본 제국주의의 한반도 침략사를 통사적으로 기술한 것이다. 19세기 말 동아시아의 정세, 한반도를 중심으로 일본과 중국 및 러시아와의 대립, 한국민의 외세에 대한 저항과 독립을 지키려는 움직임을 포함해서 강제병합에 이르는 시기의 침략사를 다루고 있다.

Ⅳ. 일본 제국주의의 한반도 침략사 연구

일본 제국주의의 식민지 영유와 그 통치에 대한 야마베의 관심은 패전 후에 실제 연구로 진행되었다. 근대 일본의 식민지 가운데 한반도 침략사에 대한 연구는 침략과 항일 투쟁을 주제로 한 논문으로 먼저 발표되었다. 1953년 6월, 일본의 대표적인 역사학연구회가 발간한 『역사학연구』 별책으로 『조선사의 제문제』가 발간되었는데, 야마베는 여기에 「일본 제국주의의 조선침략과 조선 인민의 반항투쟁」이라는 제목의 글을 투고하였다. 그리고 1955년 6월부터 잡지 『사상(思想)』 372, 373호에 「3·1운동과 그 현대적 의의」라는 제목의 논문을 발표하였다. 그리고

14 中塚明, 2015, 앞의 책 참조.

앞에서 소개한 『일한병합소사』를 1966년 2월에 발간하였다.

그런데 한반도 관련 연구를 위해서 야마베는 기초사료 조사와 실증적인 연구를 장기간 계속하는 동안, 일본의 기존 연구에서 한일관계의 정립의 필요성을 갖게 되었다. 현재까지의 한반도 연구의 현황은 물론 세계사뿐만 아니라 한일관계사와의 연관성을 포함하여, 향후 한국사 연구의 방향은 어떤 것이 되어야 하는지에 대한 문제의식을 갖게 된 것이다. 야마베는 이들 문제의식에 의거하여 지금까지의 연구의 문제점을 밝히고 미래의 연구 과제를 명확하게 하고자 1966년 9월에 『사상』 507호에 「일본의 조선사연구, 그 역사와 과제」라는 논문을 발표하였다.

이 논문이 발표된 이래 상당한 시간이 지났기 때문에 부족한 부분이 있기는 하지만, 오늘날 과거의 문제의식이 잊혀지고 오히려 침략과 식민지 지배를 정당화하는 역사수정주의적인 역사관이 확산되는 상황에서 야마베의 문제제기는 시사하는 바가 많다고 생각한다. 최근 일본사회에는 메이지 시기의 산업화와 근대화에 초점을 맞춘 수정주의 역사관이 확대 재생산되고 그 이면의 주변국에 대한 침략과 억압, 수탈이라는 그늘진 역사를 도외시하는 풍조와 역사관이 목소리를 높여 가고 있다. 이러한 역사인식의 문제가 부상하고 있는 상황에서 무엇보다 한일관계사 연구에 큰 족적과 선구안을 가지고 과제를 제시한 야마베 겐타로의 역사가로서의 문제의식을 재음미하는 데 있어서 가장 중요한 「일본의 조선사연구: 그 역사와 과제」[15]의 전문을 이하에 게재하도록 하겠다.

---

15 山辺健太郎, 1966, 「日本における朝鮮史研究-その歴史と課題—」, 『思想』 507號, 岩波書店. 야마베 겐타로의 한반도 관련 일련의 연구 결과는 일본 정부가 근대 제국주의 시기의 한반도 침략과 식민통치에 대한 반성과 역사적 평가를 전혀 받아들이지 않던 상황 속에서 이루어졌다. 특히 이 논문은 야마베 겐타로가 『일한병합소사』

일본에서 외국 여러 나라의 역사를 처음으로 연구하게 된 것은 말할 것도 없이 메이지(明治) 시대부터일 것이다. 메이지부터 현재까지 일본의 대학을 중심으로 한 여러 외국의 역사를 연구하는 방식에는 어떤 특징이 있다는 것을 알 수 있다.

그 특징이라고 하는 것은, 이를테면 대국(大國)중심주의의 역사연구였다고 할 수 있다. 예를 들어 서양사 연구라 해도 영국, 독일, 프랑스의 역사를 연구하는 것이 중심이고, 미국이나 러시아의 역사를 연구하는 것은 비교적 새로운 것이다. 똑같은 서구에 들어가는 스웨덴, 노르웨이, 덴마크, 네덜란드, 이탈리아, 스페인 등의 역사, 거기에 아메리카에서는 캐나다, 멕시코, 아르헨티나, 브라질 등 중남미 20여 개국의 역사는 그다지 연구되어 있지 않다.

동양사는 어떤가 하면, 이것은 중국사 연구가 중심이며, 동양의 여러 나라인 인도, 인도네시아, 버마, 캄보디아, 베트남, 태국 등의 역사도 별로 연구되지 않았다. 그 외 유럽에서 볼 때, 중근동이라고 하는 여러 나라의 역사도 그다지 연구되지 않았다. 그런데 현대 세계에서는 중남미와 아시아, 아프리카 국가가 국제정치에서 대단히 중대한 역할을 하고 있는 것은 누구도 부정할 수 없는 사실일 것이다. 이런 나라들에서 지금 일어나고 있는 큰 변화나 정치적 사건 등을 이해하기 위해서는 역사적 배경을 알아야 하는데, 지금 말한 것처럼 이런 나라들의 역사가 우리나라(日本)에서는 별로 연구되지 않았기 때문에 오늘날의 요구에 부응할 수 없는 상태이다.

(1966년 2월)를 발표한 뒤 같은 해 9월에 발표되었다. 「일본의 조선사연구-그 역사와 과제」(『사상』 507호, 1966년 9월호).

결국, 일본에서의 역사연구는 연구대상으로 말하면, 대국중심주의여서 식민지 종속국의 역사는 거의 연구되어 있지 않다. 세계적으로 보아 단 2, 3곳의 예외는 식민지 통치의 참고로 삼기 위해 식민지를 지배하는 나라들의 학자들이 식민지 종속국의 역사를 연구한 경우일 것이다. 식민지 종속국의 인민들 스스로 그 나라의 역사를 연구한 적은 거의 없었다. 그것은 그 국가의 인민이 지배국의 정치적 억압을 받고 있었기 때문에, 그리고 문화적으로도 경제적으로도 그다지 힘이 없었기 때문일 것이다.

중국처럼 고대로부터 뛰어난 문화를 가지고 있고, 그 문화가 근대까지 이어진 나라에서는 옛날부터 훌륭한 역사책이 쓰였고, 오늘날에도 그것을 고전으로 배우고 있다. 그런 나라에서도 아편전쟁 이후 열강의 침략을 받은 이후의 역사를 쓴 것은 민족적 자각이 높아진 1917년 이후의 일이다. 한국의 역사도 이와 사정이 비슷하다. 특히 조선시대에는 『조선왕조실록』을 비롯하여 기록이 잘 갖추어져 있다. 조선시대 이전의 역사서로는 『고려사』도 있고, 대체로 고려 이후의 역사는 이러한 자료에 의해서 오늘날 우리도 연구할 수가 있다. 그런데도 전쟁 전 일본에서는 조선사연구가 그다지 진전되지 못했다. 이것은 특히 메이지에서 다이쇼 중기 무렵, 즉 1920년대 정도까지가 그러하다. 이것도 내가 말하는 역사연구에 있어서의 대국주의와 조선 멸시관에서 온 것이겠지만, 무엇보다도 일본인의 조선사연구가 조선인에게 알려져서 조선인의 민족적 자각을 자극하게 될지 모른다는 점을 일본의 지배자가 두려워했기 때문일 것이다.

전후 영국의 노동당 내각 시대에 '공산당 선언'이 식민지에서는 금지되었던 사실도, 식민지 인민의 민족적 자각을 영국 노동당 정부가 두려워했기 때문이다.

대체로 전쟁 전의 식민정책은 항상 조선을 그 대상으로 삼아 수립된 것으로, 타이완이 원래 청나라의 식민지였던 것과 달리 조선은 고대부터 뛰어난 문화를 갖고 있었고, 일본문화의 지도자였기 때문에, 이런 것을 조선의 학동들에게 가르치면 그들의 자존감을 심어주게 되어 결국 민족적 자각을 자극하게 되기 때문에, 일본통치 시대에는 조선의 학교에서조차 조선의 역사와 조선어는 가르치지 않았다.

단지 조선인 가운데서 『매천야록(梅泉野錄)』과 같은 민족적 자각에선 조선사가 은밀하게 조선 청년들에게 읽혔을 뿐이어서, 대체로 쇼와(昭和) 초기까지는 조선사연구가 조선인 사이에서 이루어지지 못한 것은 어쩔 수 없는 일이었다.

병합 이전의 조선사(史) 책은 아래와 같은 정도일 것이다.

1892년	조선사(전 5권)	하야시 다이스케(林大輔)
1896년	조선왕국	기쿠치 겐죠(菊地謙讓)
1900년	한한사담(漢韓史談)	오오츠키 죠덴(大槻如電)
1905년	조선사	구보 도쿠지(久保得二(天隨))
	근대조선사(上,下)	기쿠치 겐죠(菊地謙讓)
	조선	오다기리 만즈노스케(小田切方奉之助)

이 중 기쿠치의 『근대조선사』는 재판(再版)이 1940년에 나왔는데, 초판본이 지금 수중에 없어서 출판연도는 잘 알 수 없다. 오다기리의 『조선』은 분명 메이지 24년(1891년)경에 자비로 출판한 것인데, 동양문고에 있다. 이것은 상당히 좋은 책이다.

조선사연구서는 극히 적으나 『조선이주 안내』, 『도한(渡韓)의 권면』[16],

16 일본인이 한국으로 건너가도록 권유하는 내용의 안내서.

『한국식민관견(韓國殖民管見)-어떻게 일본의 중소농을 한국에 심을 것인가』, 『한국식민 정책』과 같은 책은 상당히 많다. 그리고 이런 책은 대개 러일전쟁 이후에 나온 것으로, 그것을 읽으면 이 무렵 조선은 이미 일본의 식민지가 되어 있었다는 것을 알 수 있다.

그 가운데서 시가 시게다카(志賀重昂)의 『대역소지(大役小志)』는 오늘날도 자료적 가치가 있는 훌륭한 것이다. 이것이 출판된 것은 1909년인데, 이 책에는 일본인의 조선 진출, 특히 일본인의 농장 경영에 대해서 상당히 자세히 소개되고 있다. 병합 이전에 간행된 것은 아니지만, 병합까지의 조일 관계의 주요 자료는 국회도서관 헌정자료실에서 사람들의 이용을 기다리고 있다. 또한, 일본 외무성이 편찬한 『일본 외교문서』도 조선의 개국부터 일본에 의한 병합까지의 조일 관계 자료를 잘 갖추고 있다.

그러나 무엇보다도 중요한 것은 김정명(金正明) 편 『한일외교 자료집성』[17]일 것이다. 이 가운데는 '보호조약' 체결에서 병합에 이르기까지의 자료에서 『일본 외교문서』에 실리지 않은 것이 상당히 있다. 특히 여섯째 권에는 '보호국' 시대의 한국 내각의 각료회의 기록이 97회까지 완전하게 갖추어져 있다. 유감스러운 것은 이런 자료를 사용한 연구가 아직 나오지 않았다는 점이다.

조선사에 관한 이러한 책이나 여행기들을 보면, 이 시대 일본인의 조선관이 잘 나타나 있어서 흥미롭다. 메이지 초기 개국 당시에는 에노모토 다케아키(榎本武揚)가 데라지마(寺島) 외무경(外務卿)에 보낸 편지에 보이듯, "대체로 조선국은 그 지리상의 위치로 보거나 정리(政理)상의 관

---

17 市川正明, 1979, 『日韓外交史料』, 巖南堂.

계로 보거나 우리나라(日本)보다 아시아 근린국가에 대한 위권(威權)을 직감하기에 심대하므로, 호시기를 틈타 우리의 위복(威福)을 그들에게 파급시키는 단서를 여는 것은 우리나라(日本)의 '정책'상의 한 요건이며, 정치가는 마땅히 소홀히 해서는 안 될 것으로 안다. 현재 우리나라(日本)는 국무다단(國務多端)하고 창름[18](會廩. 쌀, 식량)에 대한 불만으로 실익이 없는 곳에 급하게 손을 뻗치지 않으려는 듯 보이나, 실익과 요무(要務)[19]가 항상 합칠 수 없기에 요무가 있는 곳에서는 호기에 따른 실익에만 주목해서는 안 되는 것이 많다. 조선이 우리나라(日本)에 대한 경제적 실익은 매우 적다고 해도 '정치적' 및 '전략'상의 요무에 있어서는, 지금 세간에서 말하는 소위 권모술수 따위는 놔두고라도, 장래에는 실제 적지 않은 이익이 있다"라고 하는 것이 일본 정부의 조선관이었다.

그러나 조선을 점령하는 것은 당시 청나라와의 무력충돌 없이는 실현될 수 없었다. 그런데 청나라에 대해서는 1880년에 쓴 가쓰라 다로(桂太郞)의 「지나(支那) 원정 모략」에 나타난 것처럼 메이지 초기의 '정한론'과는 달리 무력을 배경으로 하는 상당히 현실적인 의견도 나와 있었다. 따라서 일본정부로서는 이 에노모토의 의견과 같은 것이 조선정책의 근간이 되어 있었겠지만 동시에 '중국원정'이라는 것도 생각하기 시작했다고 할 것이다.

이 방침에 따라서 당시의 일본 정부는 국민 여론의 지도를 통해서, 국민 사이에 조선은 미개한 야만의 나라라는 조선멸시의 관념을 형성시켜 버린 것이다. 이것은 일본이 조선을 병합할 때까지, 아니 병합 후에도 계

18 창고와 같은 뜻이나 여기서는 식량을 의미한다.

19 당위나 필요성으로 해석해도 무방하다.

속해서 일본국민 대다수의 생각이었다고 말해도 좋다.

1910년에 일본이 조선을 병합한 뒤, 일본인의 조선인관(觀)이 크게 바뀐 것을 알 수 있다. 이 변화라는 것은 본래는 지도적인 인물의 조선관에 나타나고, 머지않아 그것이 국민 사이에 퍼져 나갔다고 해야 할 것이다.

가나자와 쇼자부로(金澤庄三郞)의 『한일 양국어 동계론(同系論)』은 합병 직후 동양학회 학술보고서에 실린 것이지만, 이 논문에서 가나자와는 일본의 한국병합을 합리화하고, 그에 대해 대체로 다음과 같은 취지로 언급하고 있다.

"이번 한국병합은 '병합'이 아니라 일단 집을 나갔던 어린이가 집에 돌아온 것과 같은 것으로서, 그 증거로 한·일 양국어는 같은 계통의 언어이다"라고 하면서, 두 나라의 국어 가운데서 어휘의 유사한 점을 들어서 그 논지를 입증했다. '한일 양국어 동계론'을 처음 말하기 시작한 것은 이보다 훨씬 이전, 영국인 애스톤(W. G. Aston)의 저서 『한일 양국어의 비교연구』인데, 이 책도 한일 양국어의 근친관계를 어휘의 유사성으로 설명하고 있다. 가나자와의 이론은 애스톤의 이론을 따르는 것이겠지만, 거기에다 지금 언급한 것과 같은 정치적 어용이론을 덧붙인 것이다. 또한 이 무렵에는 일본역사가 가운데도 고사기(古事記)의 신화를 억지로 끌어다 대면서 주로 일본 고대사부터 「한일동조론」 혹은 「한일민족 동계론」이라고 하는 「합병 합리화론」을 만들어내는 자가 나타났다.

거기에 또 하나는 여러 인물이 '한국병합'이 자기의 공적인 양 자기선전을 시작한 것이다. 오늘날에도 일부 사람들이 믿고 있는 것 같은데, 청일전쟁 당시 '천우협(天佑俠)'[20]이라는 일본인 무리가 '동학당의 난'을

20 1894년(고종 31) '동학농민전쟁' 때 일본 낭인들이 만든 침략주의 단체. 이들은 대개

도와서 거기에 참여했다는 설이 있다. 이 전설과 같은 것을 조금 음미해 보면, 실은 다음과 같은 것이 된다.

이 천우협이 동학혁명에 가담했다는 이야기가 처음 나온 것은, 메이지 34년경에 흑룡회의 기관지인 '흑룡(黑龍)'에 길주생(吉州生)이라는 필명으로 '한산호소록(韓山虎嘯錄)'이라는 설화 같은 것이 연재되었을 때다. 이 이야기에 있는 것이 전부 거짓은 아니지만 그 안에 쓰인 내용 가운데 일부만 사실이다. 즉 동학혁명이 일어났을 무렵에 부산에 있던 일본인 모험주의자들이 동학의 진의나 목적도 모르고 여기에 참가하려고 했다. 이 일본인 무리에 규슈(九州) 겐요샤(玄洋社) 계통의 사람이 합류해 천우협을 결성하여 동학혁명을 지도했다는 이야기를 만들어낸 것이다. 이 이야기를 메이지 36년에 기요후지 고시치로(淸藤幸七郎)가 『천우협』이라는 단행본으로 낸 것인데, 기요후지(淸藤)는 출판 동기에 대해 책의 서문에서 "러일전쟁의 풍운이 감도는 때에 지난날을 상기하여 천우협의 사실을 세상에 알리고 싶어서 본서를 출판한다"는 취지를 적고 있다.

그것이 '병합' 이후 한참 지나서 나온 『현양사사(玄洋社史)』에서는 이 천우협에 쓰인 것을 재수록해서 이를 현양사의 공훈 이야기로 바꾸어버렸다. 그 전말을 요약해서 이야기하면, "일본의 국위가 올라간 것은 일본이 청일전쟁에서 이겼기 때문이다. 그 청일전쟁의 원인은 동학당의 난인데, 이 동학당의 난을 진압하기 위해서 청국이 출병한 것은 동학당의 난에 일본인이 참가하고 있는 것을 청국이 알고서 사태의 중대화를 우려해 출병했다. 동학당의 난에 참가한 일본인, 즉 현양사계의 활동이 청

구(舊)무사계급의 집안에서 태어난 청년들로, 조선의 개항 이래 조선으로 진출했다.

일전쟁의 원인이다"라는 이야기가 된 것이다. 동학혁명의 움직임은 그 지도자였던 전봉준이 체포된 후, 공술서와 그 밖의 자료를 통해 오늘날 상당히 명백해졌는데, 메이지 27년 6월 11일에는 일단 점령했던 전주를 포기하고, 전봉준은 남원에 잠복하고 있었다. 천우협이 스스로 밝힌 바에 따르면, 그들이 일본에서 부산에 도착한 것은 6월 27일이었다. 이 한 가지를 보아도 '천우협'의 동학혁명 참가설이 얼마나 엉터리인가를 알 수 있다. 이 『천우협』이나 『현양사사』는 오히려 괜찮은 편이고, 조선이 일본에 병합되고 나서 나중에 발표된, 조선에서 정치적인 활동을 하고 있던 무리의 회상기에는 그 저자들이 조선에서 한 악업을 과대하게 선전하고, 그것을 자랑하는 경향이 있다.

그 좋은 예가 명성황후 사건일 것이다. 명성황후 사건이란 청일전쟁 후 3국 간섭의 결과, 조선에서 일본의 위신이 떨어지고, 러시아와 손잡으려는 명성황후 일족이 반일정책을 취하자, 당시 서울에 주둔하고 있던 일본수비대가 주력이 되고, 여기에 구마모토(熊本) 국권당(國權黨) 계(系)의 대륙낭인(大陸浪人)이 하수인이 되어 조선왕궁에 침입하여 명성황후를 살해한 사건이다. 이 사건은 일본수비대가 주력이 되어 왕궁에 침입했던 것이고, 단지 명성황후 살해는 하수인으로 동원된 대륙낭인이 한 짓인데, 이 무리가 나중에 이 부끄러운 만행을 자랑삼아 이야기하기 시작했다. 사건 당시 히로시마에서 형식적일 뿐인 재판을 해서 사건 관계자를 증거불충분으로 무죄로 판결하였는데, 그 당시에는 이 사건을 자기들이 했다고 자랑하지는 않았다. 이것도 '병합' 뒤가 되면 주모자였던 당시의 서울주재 일본공사 미우라 고로(三浦梧樓)가 『관수장군(觀樹將軍) 회고록』에서 자랑을 하면서, 사건 직후 서울 주재 외교관으로부터 항의를 받았으나 이것을 일축한 것처럼 말하고 있다. 그런데 이 외교단

중에서 러시아 공사가 항의하러 왔을 때, 때마침 함께 있었던 우치다 사다쓰치(內田定槌) 일등 영사의 설명에 따르면, 처음에 러시아 공사가 오기 전에는 미우라가 우치다를 향해 "이제 조선은 드디어 일본의 것이 되었다"라고 했다가 러시아 공사의 항의를 받자 몹시 풀이 죽어 있었다는 것이다. 그밖에 이 사건에 관련된 대륙낭인들도 합병 후 온갖 자랑담을 써놓고 있다. 전쟁 전 귀족원에 있던 헌정사 편찬회에서 이 사건에 개입한 아다치 겐조(安達謙藏)의 담화를 속기록으로 남겼으나 이 사건에서는 "속기를 중지하라"고 본인이 주의를 주고 있다. 아마도 공표를 꺼리는 끔찍스러운 행위의 전말을 말한 것이었으리라.

최근 그 사건을 책으로 써낸 것 중에 고바야카와 히데오(小早川秀雄) 『민후조락사건(閔后殂落事件)』이 있다. 이 가운데 고바야카와는 왕궁에 침입하기 위하여 우선 왕궁을 조망할 수 있는 곳에, 그 자신이 내부를 정찰했다고 쓰고 있으나, 이것도 순전히 거짓말이다. 사건 주모자의 계획에서는 왕궁 안을 소상히 알고 있는 영사관 경찰인 오기와라 히데지로(萩原秀次郎) 경위가 참여했다. 또한 사건이 일어나고 나서 "사변 후 수일이 지나서 일본인이 여기에 관계한 사실을 숨길 수 없게 되었음에도 아직 영사관에서 공연(公然)히 조사에 착수하지 않아 외국인에 대하여도 심히 난처하게 되자 10월 12일에 이르러서 먼저 경찰관으로 하여금 관계자의 구술을 받게 되었는데, 스기무라(杉村) 서기관(이 자도 사건 관계자이며 왕궁에 침입한 자이다-야마베)은 그 뜻을 구니토모(國友重章)에게 전하고, 관계자가 자진해서 우리 경찰의 조사를 받을 자의 성명을 제출한 바, 별지 제5호와 6호 사본과 같이 신고했고, 또 조사를 받을 때에는 별지 제7호와 같이 동일한 말을 하도록 그들 사이에서 담합하게 했다."(우치다 영사의 외무성 으로 보낸 보고서이나 외무성 편 「일본 외교문서」에

는 이 부분을 제외하고 있다-야마베)

이렇게 해서 스스로 이름을 밝힌 사람을 열두 명 골랐으나, 이 가운데는 아다치(安達)도 고바야카와(小早川)도 포함되지 않았다. 고바야카와는 말하자면, 사건의 하찮은 역할로 동행한 정도인데, 이 사람이 합병 이후가 되자 흉악한 행위에 참여하고 적극적으로 활동했음을 자랑하는 내용을 자비로 출판했다.

또 이때 영사관 경찰의 심문에는 흉악한 행위에 참가한 오기와라 경위가 심문조서를 작성했을 뿐 아니라 이 열두 명의 진술도 지금 말한 제7호 문서에서 미리 합의한 대로 모두 같은 말을 하고 있다. 명성황후 사건에서는 지금까지 이런 사실이 하나도 소개되지 않고, 엉터리 소리나 자랑담만 세상에 알려져 역사가까지도 미혹시키고 있다.

이런 예는 아직도 많이 있는데, 일본이 조선을 병합하기 전에 조선을 일본의 '보호국'으로 만든, 이른바 보호조약을 일본과 조선 사이에서 맺은 것이지만, 이 조약은 이토 히로부미(伊藤博文)가 조선 황제를 협박하여 강행한 것이었다. 그런데 이토 히로부미는 이 전말을 메이지 천황에게 「한국봉사기사적요(韓國奉使記事摘要)」라는 보고서로 제출했지만, 자신은 조약체결의 자랑담은 떠벌리지 않았다. 이것도 병합 이후가 되어서야, 보호조약 체결 때 서울 주재 일본공사였던 하야시 곤스케(林權助)가 쓴 『나의 70년을 말하다』라는 회상기 속에 이토 히로부미가 한국 주둔 군대를 서울 시내에 배치하고, 궁중에서 이토가 황제를 협박한 전말을 매우 생생하게 담고 있다. 나도 처음에는 여느 때처럼 이 이야기도 하야시가 허풍을 떠는 것이 아닌가 싶었는데 이토 히로부미의 전기 『봉사기사(奉使記事)』에 같은 내용이 기술된 것을 보았다. 또 이 조약이 일본과 한국 사이의 합의로 체결됐다면 헤이그에서 열린 만국평화회의에 조선 황제가 밀사를 보내어 보호조약이 불평등조약임을 회의에 호소했다는 것을 이해할 수 없다. 이렇게 된 것도 하야시의 회상기가 상당히 나중에 출판되었기 때문이기도 하지만, 하야시의 말은 오히려 헛소리로 치부해두는 것이 일본에게 유리했고, 주요 자료인 이토의 『봉사기사』가 공표되지 않았기 때문일 것이다. 그래서인지 이토 히로부미는 조선의 병합강행에 반대했다는 터무니없는 속설이 일부 역사가 사이에 신봉되어 왔다. 보호조약 체결 외에 이 헤이그 밀사사건을 빌미로 조선 황제를 퇴위시킨 것도 주로 이토 히로부미가 한 일이다. 병합의 일도 흑룡회의 우치다 료헤이(内田良平)는 자신이 일진회를 지도해서 조선 내부에서 '한일합병'을 추진한 것 같이 말하고 있지만 극히 소수의 매국노 집단인 일진회가 얼마나 조선인 사이에서 인기가 없었는지 그 무렵 서울에 있던 조선군 사령관 오쿠보 하루노(大久保春野) 대장이 육군 대신 데라우치[21] 앞으로 보낸 비밀전보에 "어젯밤 우사가와(宇佐川)·사카키바라(榊原)·아카시(明石)를 불러서 일진회의 구호와 합병문제의 선후책에 대해 깊이 논할 필요를 인정함. 곧 첫째, 경성의 각 신문 통신 기타 정객이 무슨 관계로 일진회를 공격하고 혹은 합병론에 냉담한 비평을 하는 등. 일본인 사이에 보조가 맞지 않은 것은 배일자(排日者)의 술책에 빠진 것이므로 신문 여론을 융화하여 일진회에 가깝게 할 것. 이를 위하여 소요비용을 지출할 것. 둘째는 이완용과 중추원 의원 그리고 하급관리 등 일진회에 반대하는 세력의 합병론에 대한 공격론을 억제해야 된다는 것이다"라고 말하고 있는 것을 보아도 일진회가 얼마나 인기가 없었는지 알 수 있을 것이다. 지금까지는 이런 자료가 알려지지 않았고, 흑룡회의 『한일합방

21 초대총독으로 부임한 데라우치 마사다케(寺内正毅)를 줄여서 부름.

비사』 같은 것이 역사가에 의해 비판 없이 사용되었기 때문에 우치다 료헤이는 '한일 대등한 합병'을 주장했다고 하는 이야기가 세간에 통용되고 있다. '병합' 당시의 모든 비밀자료를 보아도 우치다의 의견이 일본 정부에 영향을 준 사실은 전혀 없다. 『한일합방비사』처럼 당시의 한국병합을 합리화하기 위하여 통감부의 정치를 공격한 것은 이밖에 두세 가지가 더 있으나, 일본의 한국 지배 그 자체에 대해서는 여러 가지 구실로 미화한 것, 이를테면 자랑담 같은 회상 기분이라 해도 좋을 것이다.

일본이 조선을 합병한 이후의 조선역사에 대한 책은 상당히 많이 나와 있다. 가령 도키오 도호(釈尾東邦)의 『조선병합사』는 전쟁 전에 나온 조선사 책으로는 아마 가장 두꺼울 것이다. 철저하게 일본의 한국 병합을 합리화한 것이다. 책의 결론이라 할 '조선의 장래'라는 마지막 장에서는 "병합의 본뜻은 내선(內鮮)을 혼연한 일체로 하는 것, 내선(內鮮)인을 혼연한 대국민 집단답게 만들어서 내선인의 구별을 형식적으로나 실질적으로도 없애야 한다. 이렇게 하려면 좀 더 큰 결심과 각오를 가지고, 내선인의 차별적 취급을 철폐하는 정책을 취하고, 내선인의 학교를 동일하게 하고, 내선인의 결혼을 장려하며, 내선인의 동거를 장려하기에 힘쓰고, 선인(鮮人)으로서의 특수한 언어 풍습도 점차 일본화해가는 '대방침'을 취하지 않으면 안 된다. 게다가 거기에는 단지 정치적 간섭과 관헌의 간섭만으로는 그 목적을 달성하기 어렵다. 이 목적에 다가가려면 무엇보다도 본토인을 더 많이 조선 내에 이주시켜 조선인과 섞여서 살게 할 필요가 있다. 하물며 조선에서 일본의 지반을 견고히 하는 데는 무엇보다도 내지인을 보다 많이 이주시켜 민족적인 힘을 이(조선) 땅 위에 보급하는 것보다 급한 것은 없다"라고 말하고 있다.

이런 시시한 책보다는 조선총독부가 1917년(다이쇼 6년) 2월에 낸

『조선의 보호와 병합』이 훨씬 좋다. 이것은 도키오 도호의 것과 비교해 봐도 좋을 뿐 아니라 조선병합사로서도 전쟁 전에 나온 책 중에서는 가장 좋은 것이라고 나는 생각한다.

이 책의 제1장 제4절은 '배일(排日)의 소요(騷擾)'라고 되어 있고, 1905년(메이지 38년) 일본이 조선과의 사이에 이른바 '보호조약'을 맺은 후에 일어난 조선인의 반대운동을 소개한 것이다. 이 부분은 상당히 자세하다. 같은 장의 제8절과 제9절은 '보호조약'을 맺은 뒤에 일본이 한국에서 실행한 '대한시정(大韓施政)'에 대해서 대단히 자세한 내용을 소개한 것인데, 서투른 조선사연구서보다 훨씬 좋다. 같은 장 제10절은 이토 히로부미가 하얼빈에서 암살된 사건에 대해서 쓴 것인데, '조난(遭難)축하' 항에는 한국사람 등이 이번 흉악한 행위를 거사로 상하 은근히 기뻐하는 기색이 있었는데, 가장 지독한 증거의 예를 든다면, 경기도 부평군 사립 계창학교(私立 佳昌學校) 교감 박병무(朴秉碔)란 자는 10월 27일 처음 흉보를 듣자마자 크게 기뻐서 당시 병상에 있던 동료 임장순(任章淳)에게 알리자, 임은 병을 잊고 벌떡 일어나 흉도(兇徒) 안(安)(이토 히로부미를 암살한 안중근-야마베)을 찬양하여 마지않았음. 박과 임이 함께 동료 조용배(趙容培)란 자를 방문하여 그 집에서 축연을 열고, 일본인 교사 다케스에 스다레(竹末簾)를 초대하여도 응하지 않자 사람을 보냈으며, 재삼 동석하기를 촉구함. 그리고 경기도 통진군 봉성면 공립학교 직원은 11월 1일에 그 학교 개교식을 빙자하여 술잔을 들었고, 인천 로마 가톨릭교에 속하는 한인 목사 이고현(李考鉉), 김상옥(金尙沃), 임해관(林海觀) 등은 27일 밤 신도 24명과 항께 조난축하회를 열었으며, 같은 교회의 선교사인 프랑스인 데누는 박문(博文)학교에서 생도에게 이번 저격사건은 동아시아는 물론이고 유럽 각국에 평화를 가져오는 것이며, 한국 국운을 위해 가장 기뻐해야 할 사건이다, 속히 가해자의 무죄와 행복을 하늘에 기도하자면서 함께 기도했다고 한다.

또 황해도 해주읍 동문 밖 고창주(高昌周)란 자의 집에서는 지방 유력자 다수가 모여 축하연을 베풀고 연회가 무르익자 여만섭(呂萬燮)이 일어나 이토 공을 암살한 것은 동포라 하는데, 우리나라가 아직도 이런 뜻이 있다고 외치자 김득오(金得五)가 일어나 화답하여 말하기를, 이번 일에 대해 듣는 자 누구든 쾌재를 말하지 않으랴, 그러나 지금은 경찰이 있으니 함부로 입 밖에 내서 화를 입지 말라 하니 뒤에 선 사람들 모두 입을 다물고 잠잠하였다. 그 외에 평안남도 평양에서는 11월 4일 국장일 당일에 이은승(李殷昇)이란 자가 한일 국기를 문간에 걸고 조의를 표하자, 이웃집의 미이교(美以敎)[22]에 속한 예수회의 책방 태극서관에서 동수(同數)의 유력자 안태국(安泰國) 등이 와서, 이를 힐문하여 말하기를 이토 공의 장례식에 한국 국기를 게양할 필요가 있느냐, 생각하건대 너는 국가 관념이 없는 자라 욕하고, 평안북도 의주 방면에서는 한인 일반에게 이토 공의 조난은 한국독립에 이익이 되는 것이 많아서 흉악한 행위자는 실은 충군애국의 열사라고 찬양하였다"고 한다. 이런 사례는 하나하나 열거할 수도 없다. 실로 환희에 찬 내심이 언동으로 나타난 것이 아니겠는가. 지금까지 나온 어떤 조선사에도 쓰여 있지 않은 사실이 나와 있다. 또한, 이와는 반대로 일진회의 윤대섭(尹大燮)이 '대한국 13도 지방 민중대표인'의 이름으로 발표한, 가쓰라 다로 수상에게 제출한 사죄결의의 전문을 소개하면 "이번 일의 명분은 시의 적절하고 크다 할지라도, 각 도군(道郡) 대표자 중에 이 취지에 찬성하고 경성에 모인 자는

22 프로테스탄트 메소디스트(Methodist) 교파.

겨우 60여 명, 전국 320여 군에서 5분의 1에 불과하다. 어찌 이것을 13개도 지방 민중의 뜻을 대표했다고 할 수 있으랴. 때마침 한국 민족의 심중을 헤아리는 데 족하다 할 것이다"라고 적혀 있다. 이것 역시 지금까지 조선 역사가가 소개하지 않은 사실이다.

제11절은 '보호조약' 반대의 재외조선인의 운동을 소개하고, 제2장 '조선의 병합'에서는 제1절이 '일진회의 합방성명'으로 되어 있으나 동시에 국민의 일진회 반대 움직임도 바로 소개하고 있는데, 이점에서도 지금까지의 조선사 책보다 훨씬 좋다.

이렇게 보면 지금까지의 조선병합사는 곡필해서 일본의 조선침략을 합리화한 것이라고 내가 말한 것을 이해할 수 있을 것이다.

병합 이후의 조선사라고 해도 총독부의 조선통치를 쓴 것은, 앞서 말한 도키오 도호의 어용역사가 있을 뿐이지만 총독이라 해도 초대의 데라우치 마사타케(寺內正毅), 2대 하세가와 요시미치(長谷川好道)의 것은 다소 비판을 하고 있다. 하지만 3대 총독 사이토 마코토(齋藤實)의 이른바 '문화정치'에 대해서는 그 본질을 분석도 하지 않고, 이를 예찬할 따름이었다.

가령 사이토 총독의 문화정치의 하나인 지방자치라는 것도 그 정체는 다음과 같은 것이다. 즉 각도의 수도, 예를 들어 경성, 인천 등을 '부(府)'로 하고 여기에 부(府)협의회라는 자문기관을 세우는 것 외에, 전도의 '면(面)' 가운데 일본인이 많이 살고 있는 면을 지정면으로 하고, 여기에도 면(面) 협의회를 만들었을 따름이다. 또한 '헌병정치의 폐지'라고 해도, 헌병 그 자체를 폐지한 것이 아니라 그때까지 헌병이 행정, 경찰, 위생경찰까지 하고 있던 것을 경찰이 하도록 한 것일 뿐이었다. 따라서 이런 사무에서 헌병이 제외되었기 때문에 탄압·기구로서의 헌병의 수는 상대적으로 증가하게 되었을 것이다. 그뿐만이 아니다. 3·1운동 이듬해에는 이 헌병의 수도 증가시켰는데, 이것을 증명하는, 당시 조선군 사령관 우쓰노미야 타로(宇都宮太郎)가 의회에 출석했던 사이토 마코토에게 보내는 편지를, 강덕상(美德相)이 편집한 현대사자료 제25권 『3·1운동』의 월보에 내가 소개해 두었다. 그 요지는 "각종 병과 중에서 헌병지원자를 모집하여 헌병교육을 실시하고, 헌병을 우선 150명 증원했으니 치안에 대해서는 안심하시오"라고 한 것이다.

그밖에 사이토는 조선인을 매수하여 스파이로 쓰고 있었으나 이런 일은 아직 세상에 소개되지 않았다. 사이토 총독의 이런 방식을 데라우치, 하세가와 두 총독의 무단정치에 비해 문화정치라고 한다면, 사이토 자신의 말보다는 사실을 조사하여, 과연 이것이 문화정치였나를 살피는 것이 향후 조선사연구의 과제가 될 것이다

그밖에 사이토 다음의 야마나시(山梨) 총독, 2차 사이토(齋藤) 총독, 우가키(宇垣) 총독, 미나미(南) 총독, 고이소(小磯) 총독의 각 시대에 대해서, 산미증식계획, 농촌진흥운동 등에 대한 개별 연구는 최근 나오기 시작하였으나 이러한 시대를 전체적으로 바라본 연구는 아직 나오지 않았다.

이런 시대를 통람하는 자료로는 데라우치(寺內) 총독에서 미나미 총독까지를 다룬 조선총독부편 『시정 30년사』가 있으나 이것을 앞서 거론한 『조선의 보호와 병합』과 비교하면 문제가 되지 않을 정도로 보잘 것없는 것이며, 역대 총독의 자화자찬집이라 해도 무방하다. 그러나 이런 것이라도 연구자에게는 연구의 목표를 표시하는 자료로서는 유익할 것이다.

1925년(다이쇼 14년) 5월 2일엔 경성제국대학의 관제(官制)가, 그 이

듬해 6월 8일에는 조선사편수회의 관제가 공포되었고, 대학 개설 후 얼마 뒤에 조선 내에서의 조선사연구가 시작되었다.

경성대학 법문학부 교수들의 연구는 경성제국대학 「법학회 논집」으로 간행되었고 아래와 같은 논문집이 발간되었다.

1929년	조선경제연구
1933년	조선사회경제사연구
1937년	조선사회법제사 연구
1938년	조선경제연구

이러한 연구는 조선의 사회경제사 연구로서는 상당한 의미가 있었다고 나는 생각한다. 그러나 이들 연구는 경성제국대학의 보고라는 제약도 있어서 일본의 식민지지배를 무시하고 있는 점이 눈에 된다. 이 점에서는 야나이하라 다다오(矢内原忠雄)의 『제국주의하의 타이완』에는 미치지 못한다. 조선의 사회 경제사 연구를 한다면 야나이하라처럼 '제국주의 하의 조선'이라는 견지에서 해야 한다고 생각하는데, 그런 연구는 하나도 없다.

뿐만 아니라 위 논문집 중 마지막의 것, 즉 1938년에 나온 『조선경제연구』는 스즈키 다케오(鈴木武雄)의 「북조선 루트론」처럼 분명하게 일본의 중국에 대한 제국주의 침략을 지지하는 입장에 서 있는 논문마저 실려 있다. 이 스즈키 다케오는 1942년에 펴낸 『조선의 경제』라는 책에서는 "조선은 식민지가 아니다"라고 단언했고, 조선은 "아시아 해방의 주체이며, 결코 해방될 필요가 있는 객체가 아니다. … 이것은 스스로를 감히 피압박 대중이라 하고, 반도가 일본 제국주의의 식민지에서 해방되는 것이 반도대중의 행복이라고 믿는 일부 반도동포에 대한 고언(苦言)이며, 또 그와 동시에 아무런 깊은 성찰도 없이 막연히 조선을 식민지로 보는 일부 경솔한 내지인에 대한 충언에 다름 아니다."라고까지 극언을 하는 등 거리낌이 없다. 이러한 사회경제사학과 동시에 조선인에 의한 조선사회 경제사 연구로 백남운(白南雲)의 연구가 있다.

1933년	조선사회 경제사
1937년	조선봉건사회 경제사(상)

아쉬운 것은 후자는 조선시대 이전을 다룬 상권만 출간됐고, 하권은 결국 나오지 않았다. 그밖에 조선인의 연구로서는 1935년에 인정식(印貞植)이 『조선의 농업기구』를 냈다.

이 책은 저자가 마르크스주의를 신봉하던 시절의 산물로, 그 내용에 다소 도식적인 부분이 있으나 연구 자체로는 훌륭한 것이다. 그 뒤 그가 전향하여 도쇼 이치오(桐生一雄)라는 일본식 이름을 갖게 된 뒤에 쓴 『조선의 농업지대』라는 책은 보잘것없다. 이 책은 학문의 연구에 있어서도 연구자의 지조가 얼마나 중요한지를 보여주는 표본이라 해도 좋을 것이다.

이에 비하면 조선총독부의 소작관이었던 히사마 겐이치(久間健一)의 「조선 농정의 과제」라는 논문집이 얼마나 훌륭한지 모른다. 이 책은 히사마 겐이치가 1930년에 조선총독부의 소작 관보가 된 후부터 1943년 경기도 농정과장이 될 때까지의 약 13년 동안에 걸쳐서 스스로 소작문제를 다룬 경험을 바탕으로 조선의 농업문제를 논한 것인데, 전체 472페이지의 구석구석에 걸쳐 농민의 비참한 상태를 묘사하고 있다.

이 때문에 이 저서는 발행과 동시에 발매 금지되었고, 저자인 히사마 겐이치는 하마터면 기소될 뻔했으나 경기도 농정과장을 사임하는 조건으로 기소를 면했다고 한다. 이것은 전후에 나온 히사마의 저서 『조선 농업경영 지대(地帶) 연구』의 서문에 기술하고 있는 그대로이다. 히사마 겐이치가 1935년에 펴낸 『조선 농업의 근대적 양상』이라는 훌륭한 저서도 있다는 사실을 알리고 싶다. 히사마의 저서가 뛰어난 것은 조선의 농업을 식민지 농업으로 보고 "조선농업은 지주의 이익을 위해서 감시와 명령에 의해서 행해진 개발이며, 자발적인 것이 전혀 인정되지 않는 외래적 강제이며, 또한 조선농업의 근대적 개발은 본국인 일본의 국권주의적 의식 아래 권력적으로 행해졌고, 관정은 때로 지주와 자본가를 대신해 기업가적 역할을 권력적으로 행하고, 지주와 자본가는 때로 관청 역할을 대신하며, 혹은 관청 권력의 배경 아래에서 농민에게 큰 충격을 가함으로써 기업가로서의 이익을 확보한 것이다"라고 매우 정확히 규정하고 있다.

경성대학 교수들의 조선 사회경제사 연구에는 이러한 관점이 전혀 보이지 않는다. 한편 경성제국대학의 역사학 교수들이 한 일이란, 조선사편수회에서 편찬한 35권의 『조선사』와 관련된 부분이 많은 것 같다. 이 『조선사』는 1894년, 즉 고종 31년에 끝나고 있어서 결점을 많이 드러내지는 않는다. 이것은 조선총독부가 조선통치의 자료로 삼은 관선의 역사이며, 그저 편년체(編年體)로 역사적 사실을 늘어놓았을 뿐이다. 그러나 서투른 사관으로 조선사를 서술하기보다는 차라리 이 편이 훨씬 낫다. 다만 하타다 다카시(旗田巍)가 말한 대로 "일반 독자에게는 한 치의 이용가치도 없는" 것이다. 그러나 특수 연구자에게는 어떤 일정한 시기의 여러 사건의 연대(年代)적 관계를 아는 데 도움이 되고, 또 각 기재사항에 따라 자료의 출처를 살필 수 있도록 되어 있어서, 자료를 검색하는 데 있어서는 상당히 도움이 될 것이다.

경성대학 법문학부 교수이며, 조선사편수회의 편수관이었던 다보하시 기요시(田保橋潔)는 유명한 『근대 일선(日鮮)관계의 연구』의 저자라는 사실이 잘 알려져 있다. 그러나 이 책도 저자의 지위에서 오는 제약이 있어서, 일본의 조선 침략에 대해서는 쓰고 있지 않다. 다만 실증적인 연구로서는 오늘날에도 그 가치를 잃지 않고 있다. 앞으로의 조선사연구는 다보하시 기요시 저서의 내재적 비판으로부터 출발해야 한다고 나는 생각한다. 같은 경성대학 교수인 오쿠다이라 다케히코(奥平武彦)의 『조선개국 협상 시말』(1935년)은 보잘것없는 책이다. 『조선개국 협상 시말』이라고는 하지만, 주로 미국과 조선과의 개국 협상을 다룬 것으로, 그 내용은 모리슨 문고에 별책으로 있는 폴링(Pauling)의 논문 「Opening of Korea」와 유사해서, 나는 동양문고에서 폴링의 논문을 보고 매우 놀랐다.[23] 이 오쿠다이라라는 사람은 이 책을 쓰기 위해서 미국까지 가서 국무부의 기록을 봤다고 책의 서문에 쓰고 있지만, 폴링의 책의 내용에서 한 발자국도 더 나아가지 않았다. 오쿠다이라의 이 책은 엄밀한 의미에서의 '조선개국', 즉 강화도사건을 구실로 한 일본의 무력에 의한 '조선개국'의 동기에 대해서는 일본의 군함 운양호가 강화도 부근을 항해하던 중에 조선의 포대로부터 포격 당했기 때문에 이른바 강화도사건이 일어났다고 하는 새빨간 거짓말을 써놓고 있다. 그런데 경성제국대학과 같은 관학(官學)이 아닌, 주로 조선인을 대상으로 한 사립 보성전문학교 연구연보의 제3집에 발표된 그 학교 교수 와타나베 마사요시(渡邊勝義)의 『조선개국 외교사』에서는 강화도사건이 일본의 도발에 의한 것임을 당시에 이용할 수 있었던 범위 내의 자료로 논증하고 있는데, 이런 연구는 경성제국대학의 보고였다면 아마도 실리지 못했을 것이다.

23 나중에 폴링 초기의 미국 외교와 해군의 관계를 논한 책 중의 한 장으로 되어 있고, 이것도 동양문고에 있다.

이상의 책 외에 경성대학 교수들이 쓴 조선사의 개설서에는 다음과 같은 것이 있다.

1927년	조선사 대계(5권)	조선사학회
1931년	조선소사	오다 쇼고(小田省吾)
1935년	조선사 안내서	이마니시 류(今西龍)
1936년	조선사의 안내	스에마쓰 야스카즈(末松保和)
1940년	조선사 개설	미시나 쇼에이(三品彰英)

이들 책은 『조선사 대계』를 제외하고, 본래 간결한 책이었으므로 조선의 개국 이후의 일에 대한 묘사 또한 극히 간단했다. 하타다 다카시는 "이들은 어느 것이나 정치적 사건의 묘사에 기울어져 있어 현대의 요구에는 맞지 않고, 또한 일본이 조선을 지배하던 시대에 쓰인 것이기 때문에 조선에 대한 일본의 우월감이 의식적 또는 무의식적으로 나타나고, 또 사실을 직필할 수 없는 부분이 적지 않고 오늘날의 시각으로 보면 당연히 정정해야 하는 부분이 적지 않다"[24]라고 했지만, 내가 보기에는 '사실을 직필할 수 없다'면 역사책 등을 안 쓰면 되는 것이고, 만약 쓴다면 히사마 겐이치가 걸었던 길을 가는 게 옳다고 생각한다. 학자가 진리보다는 국가권력에 충실하고, 진리를 왜곡하면서까지 월급을 받는 것은 아무래도 이해할 수 없다.

아무튼 패전의 결과, 점령군의 필요에 의해서였겠지만 어느 정도 '일본의 민주화'가 이루어졌고, 한반도는 남북으로 분단되었지만 일본으로부터는 독립했다. 그로 인해 한국 내에 한국사의 연구가 비로소 자유롭게 이루어지게 되었으나 여기에서는 일본 내의 한국사 연구에 대해서만

24 이와나미 전서 『조선사』, 253~254쪽.

살펴보기로 하자.

한국사 연구는 내가 맨 처음에 쓴 것과 같이, 대학의 동양사연구가 여전히 중국사연구에 치우쳐 있고, 한국사 강좌가 있었던 곳은 도쿄도립대학과 텐리(天理)대학 정도여서 현재의 한국사 연구는 아카데미와 거의 무관하다. 모두 야인(野人: 재야학자)이 하고 있다. 이 무리의 사람들이 '조선사연구회'를 조직하고, 관동과 관서에 회원을 가지고 있는데 모두 젊고 활력있는 사람들로, 벌써부터 제각기 뛰어난 역작을 발표하고 있다. 그러나 그들이 대성할 수 있을지 여부는 장래의 일일 것이다. 그리고 이들 연구가 전쟁 전에 온갖 제약으로 할 수 없었던 조선총독부 통치하의 '조선 및 조선의 민족해방 운동의 연구'에 중점을 두고 있는 것은 대서특필해야 할 일이다.

이 회원들의 역작에는 강덕상의 현대사자료의 제6권 『관동대진재와 조선인』[25], 동 제25권의 『3 · 1운동』, 박경식(朴慶植)의 『조선인 강제 연행의 기록』[26], 신국주(申國柱)의 『근대 조선 외교사 연구』 등이 있다. 앞의 두 권은 지금까지 볼 수 없었던 귀중한 자료이며, 이 자료를 보지 않고 조선의 민족운동은 쓸 수 없을 것이다.

박경식의 책은 자료이기도 하고 연구이기도 하다. 이것은 주로 태평양전쟁 중에 조선인을 일본의 광산이나 공장에서 일을 시키기 위해서 노예사냥 하듯이 조선에서 일본으로 끌고 온 기록이며, 아마도 아카데미 제도 속에서는 나올 수 없는 연구일 것이다. 신국주의 저서는 다보하시의 『근대 일선(日鮮) 관계의 연구』를 비판적으로 발전시킨 것으로, 강

---

25 미스즈서방 간행.

26 朴慶植, 1965, 『朝鮮人强制連行の記錄』, 未來社.

화도사건이 일본의 도발에 의한 것임을 자세히 논하고, 후에 이 사건의 결과로 맺어진 '강화도 조규 부록'과 '통상장정(通商章程)'의 성립 사정을 자세하게 다룬 점이 특징적이며, 그 논지는 옳다. 다만 이 책은 다보하시의 『근대 일선(日鮮) 관계의 연구』와 같이 청일전쟁의 시작에서 끝나고 있는데, 강화도사건에서 여기까지만 살펴보아도 다보하시가 말하지 못한 점을 논하고 있다.

이상의 여러 업적을 보아도 학문연구에 있어서 연구의 자유가 얼마나 중요한 것인지를 잘 알 수 있을 것이라 생각한다. 전쟁 전(일제의 패망 전)의 조선사에는 이와 같은 연구의 자유가 전혀 없었다. 야나이하라 다다오에게 『제국주의하의 타이완』이라는 책이 있었으나 '제국주의 치하의 조선'이란 책은 없었던 것을 나는 이상하게 생각하는데, 이것은 다음과 같은 이유에서일 것이다. 조선은 타이완과 비교할 수 없는 유력한 민족해방 운동이 있어서, 이 민족해방 운동을 자극할 것 같은 일본 제국주의 정책 비판 연구 발표는 허용되지 않았다. 단 예외적으로 발매금지를 각오하고 간행되었던 『산업노동시보』에 가끔 한국의 민족해방 운동과 한국의 사회경제상태에 대한 날카로운 분석이 실린 적이 있으나, 이것도 잡지 편집자의 투옥이라는 희생을 치르고서야 비로소 이루어진 것이다.

지금은 이런 장애는 없고, 또한 조선사 중에서, 특히 일본의 제국주의적 침략에 관한 자료도 차츰 나타나게 되어서, 한국사 연구는 향후 실현 가능한 단계가 되었다고 할 수 있다. 그리고 한국사 연구가 진행되면서, 일본의 식민지 수탈의 역사도 밝혀지고, 일본 자본주의의 성립기에 자본의 본원적 축적을 위해서 조선이 했던 역할이 밝혀졌다. 이미 나카츠카 아키라(中塚明)가 이와나미 강좌 『일본역사』 가운데 근대4의 '청일전쟁'에서 지적한 것과 같이, 일본의 금본위제 성립은 단순히 청일전쟁에서 일본이 이긴 결과로 일본이 청국으로부터 받은 배상금뿐만 아니라 당시 일본의 산금(産金)액의 배에 가까운 금이 한국에서 들어온 것을 생각하지 않고는 이해할 수 없다. 노로 에이타로(野呂榮太郎)가 『일본 자본주의 발달사』를 쓰던 시대에는 "일본 자본주의의 발달에서 식민지 수탈이 어떤 의의를 가지는가?"라는 것은 정치적 이유에서 쓸 수 없었지만, 앞으로는 이 문제를 논하지 않으면 일본 자본주의 발달사는 서술할 수 없을 것이다. 이것은 향후 조선사연구의 과제가 될 것이다.

이상은 일본 내의 조선사연구와 그 과제에 대해 논의한 것인데, 최근 간과할 수 없는 것은 미국에서 발표된 조선사연구이다. 그 일례로서 1960년에 출간된 힐러리 콘로이(Hilrary Conroy)의 『일본의 한국 점령(The Japanese Seizure of Korea)』을 들 수 있다. 콘로이는 "일본은 긴 세월에 걸쳐 조선·만주·중국에 대한 침략음모를 꾸며 왔다"는 견해에 반대하며 "그것은 결코 순조롭게 착착 만들어진 극의 줄거리가 아니라 (일본 정치의 현실주의와 이상주의라는) 두 세력의 갈등의 결과인 것이다"라고 했다. 이는 모든 가능한 자료를 기본으로 도출됐다고 이 책의 서평을 쓴 도조 키미에(東條君技)는 말했지만, 이는 터무니없는 얘기다. 콘로이의 책의 권말에 있는 그가 이용한 자료의 목록만 봐도 그가 국회도서관의 헌정자료실을 이용했다는 평자의 말이 새빨간 거짓말임을 알 수 있다. 무쓰 무네미쓰(陸奥宗光)의 『건건록(蹇蹇錄)』도 헌정자료실에는 그 초고본(草稿本)과 조금 내용이 다른 판본이 두 개나 있을 뿐만 아니라 그것을 영문 번역한 원고까지 있다. 그런데도 콘로이의 책에는 시노부 세이자부로(信夫淸三郎)의 『무쓰외교(陸奥外交)』에서 인용된 것을 재인용해서 쓰고 있다. 물론 무쓰 문서 등은 보지 않았다.

이처럼 근본자료를 직접 본인이 읽은 흔적이 전혀 없는 것은 그 나름의 이유가 있다. 다시 말해 결론이 먼저 나와 있다는 뜻이다. 지금의 미국에게 일본은 자유주의적 민주주의 국가이며, 미국의 동맹국이므로 일본 민주주의의 전통을 풀뿌리를 파헤쳐서라도 찾으려고 한다. 거기에 일본의 근대화론이란 엉터리 같은 논의도 나오지만, 아무래도 사정이 좋지 않은 것은 일본의 제국주의적 침략 때문이다. 그래서 이를 곡필해서라도 변호해야 한다. 그 일을 하는 데 자료는 필요 없다. 리얼리즘이라든가 아이디얼리즘 등 입증할 수 없는 이론모형을 설정하여 처음부터 예정하고 있던 결론을 끌어내면 된다.

전쟁 전의 미국인이 한 조선사연구는, 오늘날 참고할 것이 상당히 있다. 직접 조선 문제만을 다룬 것은 아니지만, 타일러 데넷(Tyler Dennett)의 『루즈벨트와 러일전쟁(Rosevelt and the Russo- Japanese War)』 112~114쪽에 인용하고 있는 가쓰라-태프트 밀약을 비롯해 조선 관계의 중요한 기술이 있다. 이 데넷이 가쓰라-태프트 밀약을 처음으로 논문에 소개한 것은 1924년인데, 이 무렵에 그 사실이 조선인들에게 알려져서는 곤란했기 때문인지는 모르겠으나 그 논문을 담은 앞의 서적은 수입이 금지되었다고 이 논문을 소개한 『조선기밀통신』에 적혀 있다. 병합되기 전 시기에 끝나고 있지만 헐버트(Hulbert)의 『대한제국 멸망사(Passing of Korea)』 등은 조선통사로도 훌륭하다.

일본의 조선에 관한 기사가 병합을 전후해서 매우 다르다는 것을 앞에서 언급했는데 미국의 조선사연구는 제2차 대전 이전과 이후의 성격이 다른 것 같다. 이를테면, 근대 조선은 일본의 침략역사이기 때문에 일본의 대륙정책을 변호해서는 올바른 조선사를 쓸 수 없을 것이다. 따라서 앞으로의 조선사연구는 이 문제에 초점을 맞추어 연구해야 할 것이다.

이상으로, 전문을 소개한 야마베의 위 논문은 1960년대라는 시대적 상황을 고려하여 평가할 필요가 있다. 즉 당시는 냉전이라는 시대 상황에서 일본이 경제성장에 박차를 가하던 시기였고 한일 간에는 국교정상화를 위한 회담이 진행되고 있던 시기였다. 일본 사회에서는 과거 제국주의적인 침략전쟁과 식민지 지배에 대한 반성과 책임이 철저하게 이루어지지 않았던 시기였다. 한일 회담은 일본 측의 '망언'으로 결렬되고 여론의 비판을 받으면서 난항을 겪고 있었다. 역사적 자료에 근거한 실증적인 연구가 부족하고 정치가들은 역사적인 사실을 도외시한 상황 속에서 야마베 겐타로의 『일한병합소사』(1966년 2월)가 발간되었고, 곧 이어서 「일본의 조선사연구-그 역사와 과제」(『사상』 507호, 1966년 9월호)가 발표되었던 것이다.

야마베 겐타로의 문제의식과 문제 제기는 한일관계뿐만 아니라 역사학계의 연구자들에게도 영향을 주고 경종을 울렸기 때문에 연구자는 물론 일반 대중들에게도 알려지고 기억되기에 부족함이 없는 역할을 하였다고 평가할 수 있다.

V. 맺음말

이상에서 야마베 겐타로의 업적과 문제의식 등을 한국 관련 연구를 중심으로 간략하게 소개하였다. 야마베가 던진 문제제기는, 일본의 패전 75년, 한일국교정상화 55년이 지난 현시점에서 돌아봤을 때, 후학들에게 계승되어 연구가 발전되거나 한일 양국의 대중들 사이에서 충분히 논의되고 이해됨으로써 역사인식의 차이를 극복하는 데에 반영되었다고 할 수 있을까. 이에 대한 답은 현재의 한일 양국관계가 잘 나타내주고 있다고 본다.

최근 한일관계는 대립과 갈등의 반복으로 신뢰관계가 훼손되고 있다. 매년 역사인식의 차이에서 발생하는 문제가 양국의 협력과 우호 관계에 장애물로 등장한다. 강제동원 문제, 일본군'위안부' 문제, 교과서문제 등 근대 일본 제국주의 시기의 침략 전쟁과 식민지 지배에 뿌리를 둔 과거사 문제를 둘러싼 인식의 차이는 양국 정부와 국민들 간의 교류와 대화조차도 불가능하게 하고 있다. 오히려 일본에서는 탈냉전이 진행되던 1990년대 중반 이후에 역사수정주의 세력이 결집하여 그들의 국가주의적인 역사관을 확산시키고 있다. 이들의 지지를 받고 성립된 아베 정권은 최장기 집권을 달성하였다. 이들은 평화헌법을 개정하여 보통국가화를 주장하고 있으며 메이지유신 150주년을 맞이하여 메이지의 영광을 재현한다는 슬로건을 내걸고 목소리를 높였다. 메이지의 영광의 이면에 있는 그늘진 부분에는 관심을 두지 않은 듯하다. 패전 70년을 맞이하여 발표한 이른바 '아베담화'에는 메이지 시기의 침략 전쟁과 식민지 지배, 억압과 탈취에 대한 언급은 보이지 않았다.

일본 사회의 역사인식 개선을 위해서는 야마베 겐타로가 제기했던 문제의식을 되돌아보고 재음미할 필요가 있을 것이다. 한국에서도 과거 일제 강점기에서 비롯된 문제들이 다시 논란이 되고 있다는 점에서 야마베가 사료에 근거하여 실증적으로 제시한 식민지기의 억압과 수탈의 실상에 대해서 정리할 필요가 있다고 생각한다. 이러한 점에서 야마베 겐타로의 선구자적인 연구와 그의 역사의식은 미래지향적인 한일관계의 정립을 위해서 널리 알리고 발전시켜야 할 필요가 있다.

야마베 겐타로 연보[27]

1905년(1세) 5월 20일 도쿄 혼고(本郷)에서 출생
1912년(8세) 벳부(別府) 기타 심상소학교 입학
1919년(15세) 마루젠 서점 오사카 지점 견습점원 입사
1920년(16세) 오사카 양말 공장 노동자
1923년(19세) 자유법률상담소 사무원
1925년(21세) 일본 노동조합 평의회 결성대회 방청
1926년(22세) 하마마츠 일본악기 쟁의에 참가
1929년(25세) 전년에 이어 일본 공산당원 대검거
4·16 사건으로 검거, 투옥(1933년 말, 만기 출옥)
1934년(30세) 오사카 노동무산협의회 결성에 참가
1935년(31세) 오쿠라 긴노스케에게 사사하여 수학을 배움
1941년(37세) 12월, 치안유지법 위반으로 검거, 예방 구금소에 구속. 여기에서 김천해와 친교
1945년(41세) 10월 10일 출옥. 일본 공산당의 재건활동에 참여, 서기국원, 통제위원, 일본 공산당사 자료 위원회 『전위』 편집 겸 발행인
1948년(44세) 여성지질학자 후지와라 다카요(藤原隆代)와 결혼
1949년(45세) 5월 15일 역사학연구회대회에 참가, 이후 대회에 나와 발언
1958년(54세) 일본 공산당 본부 근무를 그만 두고 저술활동에 전념
1959년(55세) 조선사연 구회 창립대회 참가
1960년(56세) 안보투쟁 시위에 참가하여 경찰 폭행으로 부상 '6·15 소송' 원고가 됨
1961년(57세) 히가시 구루메 공단주택에 이사
1975년(71세) 당뇨, 폐결핵으로 구가야마 병원 입원
1977년(73세) 4월 16일 회맹부 암으로 구가야마 병원에서 서거

27 연보와 저작은 中塚明, 2015, 앞의 책 참조.

야마베 겐타로 주요 저작·논문

- 「일본 제국주의의 조선침략과 조선 인민의 저항투쟁」(『역사학 연구』 별책 『조선사의 제문제』, 1953)
- 「3 · 1운동과 그 현대적 의의」, 『사상』 372호, 373호, 1955)
- 「3 · 1운동에 대해서」, 『역사학연구』 184호, 195호, 1955)
- 『현대사자료』의 「사회주의 운동」 총 7권 (편집해설, 미스즈서방, 1964~1968)
- 『일한병합소사』 (이와나미신서, 1966)
- 『일본의 한국 병합』 (태평출판사, 1966)
- 『일본 통치하의 조선』 (이와나미신서, 1971)
- 『사회주의 운동 반생기』 (이와나미문고, 1976)

참고문헌

야마베 겐타로, 안병무 역, 1982, 『한일합병사』, 범우사.

__________, 최혜주 역, 2011, 『일본의 식민지 조선통치 해부』, 어문학사.

金正明, 1979, 『日韓外交史料』, 巖南堂.

中塚明, 2015, 『歷史家山辺健太郎と現代』, 高文硏.

朴慶植, 1965, 『朝鮮人强制連行の記錄』, 未來社.

水野直樹, 2015, 『在日朝鮮人の歷史と現在』, 岩波新書.

森田芳夫, 1996, 『數字が語る在日韓國』, 明石書店.

山辺健太郎, 1964, 『現代史資料 社會主義運動』 總7卷, みすず書房.

__________, 1965, 『日韓合併小史』, 岩波新書.

__________, 1971, 『日本統治下の朝鮮』, 岩波新書.

__________, 1966, 「日本における朝鮮史硏究-その歷史と課題-」, 『思想』 507號, 岩波書店.

2장

세계·일본·한국을 잇는 역사화해: 아라이 신이치

하종문
한신대학교 일본학과 교수

I. 머리말

2017년 10월 11일, 이바라키(茨城) 대학 명예교수인 아라이 신이치(荒井信一, 1926~2017)가 91세를 일기로 유명을 달리했다(이하 존칭 생략). 일본과 한국 모두 원로 역사학자의 부음을 비중 있게 다뤘다. 아사히(朝日)와 마이니치(每日) 등 일본의 유력 언론은 11월 5일에 소식을 실었다. 한국에서는 10월 19일 첫 보도가 나왔고, 이튿날에는 공중파 TV의 뉴스를 비롯해 여러 신문에서 관련 기사를 게재했다. 양적으로도 내용상으로도 풍부한 한국 측 보도의 키워드는 '일본의 양심'이었다. 『조선왕실의궤』를 비롯한 약탈 문화재의 반환과 일본군'위안부' 문제 해결을 위한 활동 등의 말년의 삶이 한국에서는 큰 주목을 끌었기 때문이다.

사실 아라이는 도쿄(東京) 대학 서양사학과를 졸업한 서양사 연구자이다. 1951년 출간된 첫 단행본 저서는 중학생용 세계사 서적인 『평화의 역사(平和の歴史)』(후쿠무라서점福村書店)였다. 이후에도 그의 시선은 내내 전쟁의 참상을 직시하고 평화의 재구축을 전망하는 데 있었으며, 일본을 포함한 제국주의의 전쟁책임을 규명하는 일에 평생을 바쳤다.

전쟁과 평화의 양날을 딛고 선 '현대 세계'를 파헤치던 아라이에게 아시아는 점점 크고 가깝게 닥쳐왔다. 1973년과 1977년에 각각 발간된 저서 『제2차 세계대전-전후 세계사의 기점(第二次世界大戰-戰後世界史の起点)』(도쿄대학출판회東京大學出版會)과 『현대사에서의 아시아: 제국주의와 일본의 전쟁책임(現代史におけるアジア: 帝國主義と日本の戰爭責任)』(아오키서점青木書店)은 제목에서도 알 수 있듯이 아라이가 걸어간 발자취를 재음미할 수 있는 좋은 밑그림을 제공해준다. 그리고 냉전이 붕괴되던 1993년 9월 '일본의 전쟁책임자료 센터(日本の戰爭責任資料センー)'

(이하 센터)의 발족과 더불어 대표를 맡았다. 센터는 창간호 기관지부터 일본군'위안부' 문제의 진상을 밝히고 해결을 촉구하는 일을 자임하고 나섰다. 2010년 6월에는 한국·조선문화재반환문제연락회의(韓國·朝鮮文化財返還問題連絡會議)를 설립하여 이듬해 일부 문화재의 반환을 실현했다.

이렇게 90 성상을 이어온 아라이의 삶을 요약하자면 세계사에서 아시아사로, 그리고 한국과의 만남이었으며, 기나긴 세월을 관통하는 공통의 목표는 전쟁책임의 자각에 이은 역사화해의 구현이었다. 그는 일본의 '과거'와 치열하게 씨름했고, 일본은 물론 제국주의 모든 국가를 향해 준엄한 꾸짖음을 던졌으며, 학문적 성과를 실천의 장에서 녹여내는 '현재'의 활동에 적극적으로 뛰어들었다. 그 중심에는 민중과 민주주의에 대한 무한한 애정이 녹아 있다. 일본의 경험을 바탕으로 세계를 끌어안고는 아시아, 한국, 중국으로 전쟁책임과 역사화해의 발걸음을 옮겼던 그의 여정에서 우리는 올곧은 지식인의 표상을 발견할 수 있다. 아래는 그런 '연구활동가' 아라이 신이치의 족적에 관한 짤막한 고찰이다.

II. 전후역사학과 아라이 신이치

1. 역사학자로서의 출발점

역사의 연구와 실천을 아울렀던 아라이에게 연구자로서의 길을 걸어가게 한 계기는 무엇이었을까? 그가 남긴 회고를 따라가 봐도 확고한 동기가 잘 드러나지 않는다. "역사를 지망해서 도쿄대학 문학부 서양사학과에 들어갔지만, 확고한 동기나 전망이 있어서 서양사를 택한 것은 아니"었으며, '전쟁 말기'라서 어느 대학이냐, 무슨 전공이냐 그런 물음 자체가 "그다지 의미가 있다고 생각되지 않았"다는 것이다.[1] 전쟁 말기는 그의 대학 입학이 1945년 4월인 것을 말한다.

10대 후반을 보내던 아라이를 무겁게 짓누른 것은 전쟁의 분위기였다. 징집되지 않고 고교 졸업식장에 나온 동기생은 3분의 1뿐이었고, 그 자신도 1944년 12월에 징병검사에 합격한 터였다. 입학 후 수업은 한 달뿐이었고, 근로봉사를 나갔다가 6월 초 소집영장을 받았다.

군대 생활은 3개월에 못 미칠 정도로 짧았다. 하지만 "패전과 군의 해체를 최하급의 병사로 경험한 것이 전쟁에 대해 본격적으로 생각하는 계기가 되었다"(229쪽)고 썼듯이 그의 나머지 일생에 커다란 그림자를 드리웠다. 세 가지 점이 그러하다. 첫 번째는 전쟁 지도자의 무책임함이었다. 참호를 팔 삽조차 없는 병사에게 '본토 결전'이니 '필승의 신념'은 '광기' 그 자체로 비쳤으며, 고교 시절 근로 봉사를 나갔던 자동차 공장에서는 엉망인 생산 관리와 군수산업의 비합리성을 목격했다. 두 번째는 살아남은 자로서의 부채 의식이다. 부대에서 유일한 대학생이던 아라이는 살아남았다. 그러나 그의 초등학교 동창을 비롯하여 국가가 외쳤던 전쟁 목적을 그대로 믿은 저학력의 병사가 가장 많이 죽어갔다. 마지막으로 아라이는 선임병의 입을 통해 처음으로 전쟁은 물론 가해의 실상을 접하게 되었다. 중국에서 약탈과 폭행, 살인을 저질렀던 선임병은 점령군에게 똑같은 보복을 당할 것이라 예상하며 전전긍긍했다. 대학 새

1 荒井信一, 1999, 「戰後の諸論爭と現代史論爭」, 『年報·日本現代史5 講和問題とアジア』, 現代史料出版, 227쪽.

내기 아라이는 "아시아 해방의 성전(聖戰)으로서만 교육받았던 이 전쟁의 실태에 커다란 의문을 갖"기에 이른다.[2]

전쟁 체험이 패전 이후의 삶에 지대한 영향을 미치는 사례는 그리 특별하지 않다. 대표적인 것이 생존자로서 품게 되는 죄책감이다. 전쟁이나 재해, 사고 등에서 기적적으로 살아남은 사람 중에는 가족이나 주위 사람의 죽음에 대해서나 혹은 그것을 막지 못했다는 인식 때문에 자책감에 시달리는 경우가 적지 않다. 영어로는 survivor's guilt(혹은 syndrome)라 부른다. 일본의 경우에는 원폭 생존자들에게서 전형적으로 발견된다. 가령 3세였던 한 남성은 히로시마에서 어머니와 누나를 잃었는데, 평생 "내가 착한 어린이가 아니어서 엄마와 누나가 죽었다"라는 죄의식을 품고 살아야 했다고 한다.[3]

그런데 아시아·태평양전쟁 당시 군대 생활을 겪었던 세대에게서는 조금 특별한 인식을 찾아낼 수 있다. 자신이 전범으로 내몰릴지도 몰랐다는 위기감이 그러한데, 진보 성향의 저명한 정치학자 이시다 다케시(石田雄, 1923~)의 경험을 예로 들 수 있다.[4]

이시다는 도쿄대학에 재학 중이던 1943년 학도 동원으로 육군에 입대했다. 도쿄만에서 중대장으로 근무하던 1945년 봄 이시다는 비행기를 탈출한 미군 조종사가 헤엄쳐서 상륙하려 한다는 연락을 받았다. 현장에 도착하니 인근 주민들이 죽창을 든 채 모여 있었다. 해안에 오르면

2 荒井信一, 1973, 『第二次世界大戰-戰後世界史の起点』, 東京大學出版會, 4쪽.

3 도야마(富山)현의 반핵의사회(反核醫師の會)가 주최한 2014년 7월 27일 강연이며, 홈페이지(http://toyama-hok.com/hankakuishi)에 수록되어 있다(2018년 11월 13일 조사).

4 이 부분은 2018년 9월 27일 이루어진 우쓰미 아이코(内海愛子, 1941~) 교수와의 대화를 통해 큰 시사점을 얻었다.

어떻게 처리해야 할지 이시다는 초조해졌다. 포로 학대 및 살해는 국제법 위반이지만, 상부의 명령이 있었다면 부하에게 죽이라고 할 수밖에 없는 처지였기 때문이다. 상황은 보트에 탄 해군이 미군을 데려감으로써 종결되었으나, 이시다 또한 전범이 되었을 수도 있는 상황에 직면했던 것이다.

이시다는 저작과 강연에서 위의 체험을 자주 거론했는데, 전쟁이 끝난 후 마루야마 마사오(丸山眞男, 1914~1996)의 문하에 들어가게 된 계기도 바로 군대였다. 마루야마의 유명한 논문 「초국가주의의 논리와 심리(超國家主義の論理と心理)」를 읽고 난 뒤의 충격을 이시다는 다음과 같이 밝혔다.[5]

> (논문을 읽고는-인용자) 곧바로 군대 체험을 떠올렸다. 군대 내무반에서 고생을 했는데, 왜 그런 처지를 당해야 했나, 그 구조가 '억압의 이양'이라는 체계로써 깔끔하게 설명되었다. 즉, 우리 학도병들은 지식이 있다고 여겨졌는데, 오히려 너희들은 대학까지 다녔다면서 이게 뭐냐며 괴롭힘을 당하는 구실이 되고 만다. 마루야마 마사오의 분석에 따르면 이것은 '억압의 이양'이며, 억압된 심리적 불만을 초임병에게 분출함으로써 하사관, 선임 사병이 심리적인 균형을 잡는 구조라는 점을 잘 알려주었다.

정치학 연구에 매진한 이시다는 평생 두 가지 물음의 답을 찾고자 노력했다. 일본은 왜 전쟁에 돌입했나? 어떻게 해야 일본은 전쟁에 휘말리

5 이시다가 2014년 8월 NHK의 다큐멘터리에서 말한 것이며, 이하 별도의 언급이 없는 한 마찬가지이다(http://d.hatena.ne.jp/cangael/20170514/1494716050, 2018년 11월 13일 조사).

지 않을 수 있을까? 2014년 6월 10일, 아베 신조(安部晋三, 1954~) 수상이 집단적 자위권의 해석을 변경하려고 했을 때이다. 이시다는 아사히신문에 자신의 전쟁 체험을 바탕으로 「사람을 죽이라는 명령을 받게 될 처지를 생각해야(人殺しを命じられる身を考えて)」라는 글을 투고했다. 일본에서의 전쟁 비판론은 원폭 피해를 둘러싸고 전형적이듯이 피해자라는 관점과 인식을 토대로 전개되곤 한다(후술). 이에 비해 군인으로서의 기억을 지닌 이시다는 자신도 전범이자 '가해자'가 될 수 있었다는 위기감을 바탕으로 일본의 전쟁과 평화를 직시해나갔다.

다시 아라이의 전후 행적으로 돌아가보자. 대학에 복학한 것은 1946년 4월이며, 그해 말에는 공산당에 들어가 학생운동에 몸을 담았고, 1개월 만에 졸업논문을 "날조"[6]해야 했을 정도로 헌신적으로 임했다. 그리고 자신의 연구와 활동을 접목시킬 수 있는 학문적 개안을 체험하게 된다.

대학에서 만난 역사 연구자 중에 아라이는 두 사람을 비중 있게 언급한다. 도쿄대학 경제학부에 재직하던 오쓰카 히사오(大塚久雄, 1907~1996)와 서양사학과 강사이던 에구치 보쿠로(江口朴郎, 1911~1989)[7]이다. 이들을 스승으로 삼아 대학생 아라이는 현대사와 전쟁책임이라는 일생의 키워드이자 책무와 조우하게 된다.

주지하듯이 오쓰카는 영국을 근대와 민주주의의 모델로 파악하는 '오쓰카 사학'으로 마르크스주의적 이론 체계와 차별화되는 독자적인 세계

---

6 荒井信一, 1999, 앞의 책, 236쪽.

7 에구치는 마르크스역사학에 입각한 제국주의론을 바탕으로 세계사를 연구했으며, 역사학연구회 위원장을 지내기도 했다. 연구 외에 원수폭 금지 운동을 포함한 평화 운동과 사회 운동에도 적극적으로 참가했다.

사를 구축한 연구자이다. 그런데 "근대 또는 서구의 근대를 이상화"[8]하는 오쓰카의 입론은 현대사를 목표로 하던 아라이의 길라잡이가 되지 못했다. 그것을 깨우쳐준 사람이 에구치였다. 오쓰카의 견해에 대해 에구치는 "특히 현재의 우리에게 가장 관계가 깊은 동양의 문제와 현대의 문제에 관해 가장 무력"[9]하다고 평가했다. '극복'과 '비판적 발전'의 장으로서 동양과 현대는 다음과 같이 정리되었다.

> 현대 세계 각지에 있는 후진적인 사회는 단지 선진국에 대해 평행적으로 뒤처진 것이 아니라 오히려 자본주의의 제국주의적 발전에 의해 진보가 가로막혀 있으며, 그런 의미에서 새로운 혁명의 주체성이 요구되고 실제로 성장하고 있다.[10]

이런 에구치의 비판을 발판으로 몇 사람이 연구 방향을 현대사와 아시아로 틀게 되었다고 하는데, 아라이는 현대사를 택한 한 사람이었다.

현대사와 더불어 전쟁책임 문제 또한 서양사학과의 수업을 통해 평생의 과제로 짊어지게 되었다. 이 무렵 제1차 세계대전 이후의 강화조약에서 독일의 전쟁책임을 규정한 것을 놓고 논쟁이 벌어졌다. 관련 외교 문서가 간행되면서 논쟁이 본격화했고, 에구치의 강의와 저작을 통해 아라이는 "무언가 자신의 학문이 방향을 잡은 듯한 느낌이 들었다"[11]. 때마침 일본에서 도쿄 재판이 진행 중이라는 사실은 전쟁책임 문제에 현실감을

8 荒井信一, 1999, 앞의 책, 234쪽.
9 荒井信一, 1999, 위의 책, 235쪽.
10 荒井信一, 1999, 위의 책, 235쪽.
11 荒井信一, 1999, 위의 책, 236쪽.

더했다. 아울러 "짧은 군대 생활 중에 성전이라 얘기되던 전쟁의 본질과 전쟁 지도에 의문을 느꼈고, 지난 전쟁이 무엇이었는가를 밝히는 것이 죽은 친구들에 대한 의무라고 느끼기도 했다"[12].

2. 전후역사학과 전쟁책임론

아라이가 짧은 군대 생활을 마치고 대학으로 돌아갔을 때, 일본의 역사학계는 '패배'가 아닌 '해방'을 구가하고 있었다. 다름 아닌 '전후역사학'의 태동이다.

먼저 전후역사학에 대해 간단히 살펴보자. 한 연구자가 묘사했듯이 전후역사학의 출발은 "황국사관이 붕괴한 후의 새로운 국사=일본사상(像)의 창출을 '국민에 대해 지는 책임'이라 자각한 패전 직후의 역사학자의 움직임"에서 찾을 수 있다.[13] 주력 학술 단체로는 1932년에 창립된 역사학연구회를 필두로 패전 직후인 1945년과 1946년에 각각 닻을 올린 일본사연구회와 역사과학협의회였다.[14]

전후역사학의 간략한 특징은 세 가지로 정리될 수 있다. 첫째, 패전이라는 비참하고도 충격적인 사태로 일본 사회를 이끌어간 '과거'의 해명이 지상과제로 여겨졌다. 둘째, 연구와 실천의 결합을 추구했다는 면에

12 荒井信一, 1999, 앞의 책, 236쪽.

13 加藤千香子, 2015, 「國民國家論と戰後歷史學-「私」論の可能性」, 『立命館言語文化硏究』 27권 1호, 129쪽.

14 역사학연구회의 잡지는 『역사학연구』이며, 일본사연구회는 교토(京都) 지역의 연구자를 중심으로 『일본사연구』를 펴냈고, 역사과학협의회는 원래 민주주의과학자협회의 역사 부회로 출발했다가 1967년에 독자 조직으로 거듭나서 『역사평론』을 발간하고 있다.

서 기존의 아카데미즘 사학과는 결정적으로 달랐다. 셋째, 마르크스주의의 이론 체계와 친화성이 강했으며, '과학적 역사학'과 '세계사의 기본 법칙' 등이 일종의 모토였고 일국사적인 접근법이 지배적이었다. 물론 앞서 언급한 마루야마 마사오와 오쓰카 히사오 등의 '근대주의' 그룹도 넓은 의미에서 전후역사학의 범주에 포함시켜야 하지만, 여기에서는 생략하기로 한다.

이시모다 쇼(石母田正, 1912~1986)가 1946년에 펴낸 『중세적 세계의 형성(中世的世界の形成)』(이토서점伊藤書店)이야말로 전후역사학의 첫 봉화로 평가받는다. 고대에서 중세로의 이행을 다루면서 이시모다는 중국과 일본의 비교를 시도했다. 그의 논리적 뼈대는 전제 지배가 반복되어 '정체'된 중국과 달리 일본은 '봉건적 영주제'라는 '진보'의 길을 걸어갔다는 일종의 '아시아 정체성론'이었다(후일 스스로 비판).

마르크스주의 역사학에 대해서는 다양한 비판이 가해졌으나, 지면 관계상 다케우치 요시미(竹内好, 1910~1977)의 언설만 살펴보자. 주지하듯이 다케우치는 근대 중국과 일본의 비교를 바탕으로 유럽과의 관계에서 중국이 가졌던 문화적 자주성에 방점을 찍었다. 서구 유럽의 전철을 뒤쫓아 외발적인 근대화로 나아간 일본과 달리 중국의 내재적 발전을 강조했으며, 중국의 근대는 서구형 및 서구 추종의 일본형과는 다른 '제3의 근대'라고 불릴 만한 고유의 형태로 결론지었다. 당연히 이런 시각은 마르크스주의 역사학의 발전단계론과 공존할 수 없다. 저명한 논문 「일본인의 중국관」에서 다케우치는 "일본에 수입된 마르크스주의는 일본인의 대중국 인식에 관한 한 이런(청일전쟁 이후 역사적으로 형성된-인용자) 멸시감이 고착화되도록 작용했"으며, "중국이 얼마나 일본보다 근대화에 뒤처졌는가를 '과학적으로' 입증"함으로써 '소박한 멸시감'은 '과학

적 멸시감'으로 확립되었다고 주장했다.[15]

이제 패전 직후의 전쟁책임에 관한 논의는 어떻게 진행되었는가를 좇아가보기로 하자. 아시아·태평양전쟁은 근대 일본이 겪은 첫 패배였다. 당연히 전쟁책임이라는 단어조차 생소했다. 정부의 시책도 잘못이지만 국민의 도덕이 문제였다는 '1억 총참회론'은 애매모호하기 짝이 없었다. 1945년 12월 의회의 '전쟁책임에 관한 결의'는 군벌 관료가 지도한 전쟁을 따른 정계·재계·사상계의 책임을 거론했지만, 누가 어떤 책임을 져야 하는가의 논의는 없었다.

전쟁책임은 두 가지 다른 차원의 함의를 지녔다.[16] 하나는 미국을 포함한 연합국이 추궁하는 전쟁범죄의 차원이며, 일본 국민도 가해자의 한 사람으로서 책임을 져야 할지 모르는 상황이었다. 다른 하나는 일본 국민에게 피해를 끼친 국가 혹은 국가 지도자의 책임이라는 차원이며, 일본 국민은 전쟁 중에 억압과 강제에 시달리며 '속았다'는 피해자의 입장이 부각된다.

공산당을 중심으로 한 좌익은 국가나 천황을 포함한 지도자의 책임을 정치적으로 추궁한다는 자세를 취했다. 가령 1945년 12월 8일 '전쟁범죄인 추궁 국민대회'를 열어 천황을 포함한 전쟁지도자 1,000명 이상의 전범 리스트를 발표했다. 공산당의 이런 자세는 혹독한 탄압을 받으며 반전을 외쳤던 자신들의 '정당성'에서 기인했으며, 연합국의 의향과

15 竹内好, 1993,『日本とアジア』, ちくま學芸文庫, 65쪽.

16 이하의 기술은 별도의 언급이 없는 한, 赤澤史朗, 2000,「戦後日本の戦爭責任論の動向」,『立命館法學』274호(인터넷 자료, http://www.ritsumei.ac.jp/acd/cg/law/lex/00-6/akazawa.htm, 2018년 11월 20일 조사)를 참조했다. 아카자와 시로(赤澤史朗, 1948~)는 일본사 연구자의 관점에서 전쟁책임론의 계보를 논하고 있다.

도 일치한다고 여겼다.

한편 중도 리버럴 쪽에서는 정치적·법적 전쟁책임의 추궁에 대한 관심이 상대적으로 부족했다. 전시 내내 군부 지배층의 압박에 시달리긴 했으나, 자신의 전쟁 협력을 반성하고 책임을 자각하는 기류는 미약했던 것이다. 물론 마루야마 마사오의 스승으로 패전 직후 도쿄대학 총장을 지낸 난바라 시게루(南原繁, 1889~1974) 등은 도의적 책임을 지고 천황이 퇴위할 것을 주장하기도 했다.

도쿄 재판은 1948년 말 도조 히데키(東條英機, 1884~1948) 등 7명의 사형 집행과 더불어 종결되고, 구치소에 수감 중이던 전범 용의자에게는 석방 명령이 내려졌다. 아베 신조 전 수상의 외조부였던 기시 노부스케(岸信介, 1896~1987)도 그중의 한 사람이다. 이렇듯 3년 남짓한 재판 과정은 물론 그 결말조차 미완이었다. 무엇보다 보통의 일본인들이 전쟁을 되돌아보고 반성하도록 하는 교훈과 학습의 계기가 되지 못했다. 우익적 입장에서 보면 부당한 '승자의 재판'이었고, 좌익 쪽에서는 최대의 전범인 천황을 면책한 불충분한 결말이었다. 좌도 우도 다른 정치적 배경으로부터 도쿄 재판을 전면 긍정하는 분위기가 조성되지 못했던 것이다.

III. 아시아의 발견과 민중의 전쟁책임

1. 전후역사학의 비판과 전쟁책임의 자각

아라이의 연구 업적 중에서 가장 먼저 소개하고 싶은 것은 1960년에 발표한 논문 「위기의식과 현대사-「쇼와사」 논쟁을 둘러싸고(危機意識と

現代史: 「昭和史」論争をめぐって)」이다.[17] 아래에서 자연히 드러나겠지만, 역사 연구자이자 실천가로 살아가게 될 아라이의 '원점'을 포착해낼 수 있는 중요한 논문이다. 부제 속의 '쇼와사 논쟁'에 관한 설명으로부터 얘기를 풀어가기로 한다.

패전 10주년을 기념하여 1955년 11월 기획·간행된 『쇼와사』(이와나미신서岩波新書)는 나오자마자 베스트셀러로서 선풍적인 인기를 끌었다.[18] 공저자인 도야마 시게키(遠山茂樹, 1914~2011), 후지와라 아키라(藤原彰, 1922~ 2003), 이마이 세이이치(今井淸一, 1924~)는 '왜 일본 국민은 전쟁에 말려들어갔는가?', '왜 국민의 힘으로 전쟁을 막지 못했을까?'라는 두 가지 질문을 주제로 삼았다. 『쇼와사』는 마르크스주의역사학의 근대사 연구 성과를 바탕으로 정치·경제·군사를 아우르며 지배-피지배의 계급 대립을 축으로 삼아 피지배 계급의 눈을 통해 침략전쟁의 실태를 그려내고자 한 역작이었다.

쇼와사 논쟁은 『쇼와사』의 붐과 더불어 점화되었다. 대표적으로 문예평론가 가메이 가쓰이치로(龜井勝一郞, 1907~1966)가 「현대 역사가에 대한 의문(現代歷史家への疑問)」(『文藝春秋』, 1956년 3월)을 발표하며 논전의 포문을 열었다. 마르크스주의자에서 '일본 낭만파'로 전향했던 가

---

17 뒤이어 언급할 단행본 『현대사에서의 아시아(現代史におけるアジア)』(靑木書店)에 수록되면서 제목이 「쇼와사 논쟁」과 전쟁책임(「昭和史論爭」と戰爭責任)」으로 바뀌었다.

18 『쇼와사』는 초판 2만 5,000부가 당일로 매진되었고, 한 달이 채 지나지 않은 시점에서 발행 부수는 10만 부를 넘었으며, 124대 천황 히로히토(裕仁, 1901~1989)의 연호인 쇼와는 만주사변 발발 5년 전인 1926년 12월 25일부터 1989년 1월 7일까지를 가리킨다.

메이의 추궁은 『쇼와사』에 인간이 그려져 있지 않다는 말로 집약된다.[19] 군부·정치가와 공산주의자·자유주의자의 중간에서 동요하던 국민의 모습은 찾아볼 수 없다는 것과 같은 맥락이다. 인간 부재라는 지적은 지배 계급=악, 피지배 계급=선이라는 논리 틀과 맞닿아 있었으며, 역사 과정을 계급투쟁이라는 원리적이고 추상적인 틀로 국한시켰다는 비판과 연동한다.

아라이는 쇼와사 논쟁이 정점을 지난 1960년에 위 논문을 집필했다. 당연히 전후역사학의 재정비와 재출발이라는 문제의식이 깔려 있을 수밖에 없지만, 그가 설정한 출발선은 현대사와 전쟁책임의 두 가지였다. 현대사에 대한 엄밀한 정의는 보이지 않지만, 현대사의 중심 과제를 '천황제의 특질과 역할'이라 서술한 데서 유추 가능하다. 요컨대 아라이는 전쟁으로의 길은 물론 천황제를 결부시켜 전쟁책임 문제를 파고들려고 했다고 판단된다.

아라이는 일본의 패전 후에 현대사 연구를 키워나간 견인차가 마르크스주의 역사가였음을 인정하면서면서도 그 한계 또한 분명히 자각하고 있었다.

> 1950년대 중반을 지나기까지 마르크스주의자들 간에서는 정치와 학문의 관련성에 대해 올바른 이해가 정립되어 있지 않았다. 이른바 정치밀착주의라고 해야 할 자세가 지배적이었으며, 그로 인해 학문의 자율적·주체적 발전이 저해되었다. '인민'과 그 전위로서의 '공산당'의 관계가 개념적

---

19 일본 낭만파는 1930년대 후반에 근대의 비판과 고대의 찬미를 토대로 일본 전통으로의 회귀를 주장한 문학 사조를 말한다.

으로 인식되어, '인민'의 입장에 선다는 것과 '공산당'의 입장에 선다는 것이 무매개적으로 동일시되었다.[20]

역사학의 자율적이고 주체적인 발전이 관심사였음을 알 수 있다.

뒤이어 주목하고 싶은 것은 '패전 감각'이라는 단어이다. 마르크스주의를 포함한 진보적 역사가들에게 아시아·태평양전쟁의 패배는 천황제와 제국주의로부터의 '해방'으로 받아들여지기 십상이었다. 이로 인해 패전을 자신의 패배 혹은 좌절로 느끼는 심정과는 무관한 '패전 감각'을 지니게 되며, "현대사 연구에 대해 말하자면 자신은 전쟁에 대해 부재증명(알리바이, 원문대로이며 이하 마찬가지)이 있다는 의식-임시로 부재증명(알리바이) 의식이라 명명-이 현대사에서 전쟁책임을 다루는 방식에 강하게 반영되어갔다"[21]고 풀어낸다. 그리하여 "시종 지조를 바꾸지 않았던 공산당-'옥중 18년'-그 측면에서 전쟁에 대해 부재증명(알리바이)이 있다는 공산당의 반전 투쟁의 의의가 강조되는 한편, 그와 대치된 천황제, 그것을 구성한 관료, 독점자본, 기생지주의 전쟁책임은 판박이처럼 통렬한 비판의 대상이 되고, 그 중간에 지배층에게 속은 국민이 설정"[22]된다는 것이다.

이런 전쟁책임론의 비판은 사실 아라이 이전부터 제기되었다. 무엇보다 1955년과 이듬해에 걸쳐 이른바 '6전협'[23]과 스탈린 비판을 통해 마

20 荒井信一, 1977, 『현대사에서의 아시아: 제국주의와 일본의 전쟁책임(現代史におけるアジア: 帝國主義と日本の戰爭責任)』, 青木書店, 5쪽.

21 荒井信一, 1977, 위의 책, 9쪽.

22 荒井信一, 1977, 위의 책, 9쪽.

23 6전협은 '일본공산당 제6회 전국협의회'의 약칭이다. 중국의 공산화를 본받은 일본공산당은 한국전쟁 발발과 맞물리며 농촌에서 도시를 포위한다는 무장 투쟁을 추진

르크스주의에 대한 비판과 자기비판이 왕성하게 이루어졌으며, 스탈린주의에 입각한 '사적 유물론'의 금제 또한 풀렸다. 쇼와사 논쟁이 역사학을 뛰어넘어 문학을 포함한 지적 공간 전역에 걸쳐 열띠게 진행되었던 것도 이런 시대 상황과 조응한다.

오히려 위의 논문에서 주목하고 싶은 것은 패전을 '자신의' 패배 혹은 좌절로 느낀다는 의식의 발로이다. 계급이 아닌 '개인'의 주체적인 전쟁책임을 역사연구의 차원에서 제기하고 있는 것이다. 전쟁책임의 '자각'을 뒷받침하는 논거는 두 가지가 있다.

하나는 1946년에 출판된 칼 야스퍼스(Karl Jaspers, 1883~1969)의 『죄의 문제』였다. '모든 독일인'의 책임을 설파한 야스퍼스의 논지 중에서 "자신의 죄를 느끼고 이어 스스로 책임을 져야 한다고 의식하는 것이야말로 정치적 자유를 실현하기 위한 내면적 변혁의 시작이다"라는 구절을 인용하면서 아라이는 전쟁책임을 "민중이 정치 주체로서 자신을 확립하는 방법"으로 정의한다.[24]

그리고 중국의 작가 샤옌(夏衍, 1900~1995)이 1946년 일본 잡지에 기고한 문장을 가져온다. "지배자의 침략을 저지하지 못한 일본 인민"은 "이번 전쟁의 민족적 책임을 져야 하"며, "일본 인민이 자신의 운명을 지배할 수 있을 때야말로 극동의 평화가 보장된다"[25]는 부분이 요체이다.

이렇게 민족적인 정치 주체를 확립하는 방법으로서 정립된 전쟁책임론은 기왕의 마르크스주의 역사학의 담론과는 어떤 차이점을 지니는

했는데, 1955년 7월의 6전협에서 무장 투쟁을 포기하고 의회 정당을 지향한다는 방침이 채택되었다.

24 荒井信一, 1977, 앞의 책, 11쪽.

25 荒井信一, 1977, 위의 책, 11~12쪽.

가? 아라이는 마르크스주의 역사가의 전쟁책임론에 대해 "지배 계급의 객관적인 책임의 추궁, 천황제의 전쟁정책의 폭로라는 대상적인 차원으로 한정되고 말았으며, 전쟁책임론의 주체적인 계기에는 그다지 주의를 기울이지 않았다"[26]고 분석했다. 아울러 "인민의 정치 주체 확립의 방법으로서, 전쟁책임의 문제가 자각되지 못하고, 나아가 그것이 현대사 연구의 방법으로 정착하지 못한 것은 역사가 자신의 처지에서 보면 마르크스주의자가 전쟁에 대한 부재증명(알리바이) 의식 혹은 피해자 의식을 극복하지 못한 데 기인"[27]한다고 간파했다.

앞서 언급한 아카자와 시로(赤澤史朗)의 논문에 따르면 아라이는 "1950년대 말부터 주체적인 전쟁책임론을 견인한 논객의 한 사람"으로 평가된다.[28] 이른바 '전중파(戰中派)' 그룹의 대두와 맞물리는 것이다. 아라이는 민중 자신이 주체적으로 역사인식을 구축해나가기 위한 방법으로서의 전쟁책임론을 거론했던 것이다.

마지막으로 언급하고 싶은 것은 아라이의 인간적인 면모이다. 논문 안에서 그는 이념 혹은 진영의 측면에서 적인 가메이에 대해 객관적이고 절제된 평가를 내리고 있다. 가메이가 마르크스주의 역사가의 해석이 민중의 '역사에 대한 욕구'를 제약한다고 비판한 부분을 놓고 아라이는 "역사가 개인의 문제로서가 아니라 민중의 역사인식과 관련시켜 파악하고 있다는 점에서 그의(가메이의-인용자) 비판이 적극적인 의의를 갖는

26 荒井信一, 1977, 앞의 책, 12쪽.

27 荒井信一, 1977, 위의 책, 13쪽.

28 赤澤史朗, 2000, 「戰後日本の戰爭責任論の動向」, 『立命館法學』 274호. 인터넷 자료(http://www.ritsumei.ac.jp/acd/cg/law/lex/00-6/akazawa.htm, 2018년 11월 20일 조사)에서 인용.

최대의 이유"[29]라고 보았다. 정치적 타자에 대한 이해와 포용, 유연함에 관해서는 다음 장에서 새로 소개하고자 한다.

이상의 제반 사실을 종합해보면 아라이 신이치에게 1960년의 논문 「위기의식과 현대사」는 이후의 삶을 펼쳐나가는 '빅뱅'이었다고 봐도 무방할 것 같다. 현대사와 전쟁책임이라는 과녁을 세우고 연구와 활동의 두 바퀴를 굴려 전진해나가는 '연구활동가'로서의 문제의식이 오롯이 담겨 있기 때문이다.

2. 제2차 세계대전

아라이는 역사 연구자이면서도 1차 사료를 연구의 소재로 삼는 실증사학의 방법론과는 다소 거리를 두고자 했다. 이는 그가 대학원에 진학하지 않았다는 사실과 함께 활동과 긴밀하게 결합되는 연구를 지향했다는 측면과도 무관하지 않은 듯 보인다. 그런 아라이의 저작 중에서 본격적인 연구서로 간행된 것이 1973년의 『제2차 세계대전(第二次世界大戰)』(東京大學出版會)이다. 제목에서 알 수 있듯이 제2차 세계대전을 집중적으로 다루고 있으며, 스스로 평가했듯이 '통사'에 가까운 체재를 취하고 있다.

내용에 대한 자세한 소개는 필자의 책무를 벗어난다. 다만 아래의 두 가지 점을 제시함으로써 이후의 제반 활동을 더듬어가는 데 좋은 시사점을 추출하고자 한다.

먼저 아라이가 어째서 제2차 세계대전에 대해 천착했을까를 생각해 보자. 이 물음은 부제인 '전후 세계사의 기점'의 함의를 캐는 것과 연동

29 荒井信一, 1977, 앞의 책, 22쪽.

된다. 기폭제는 앞서 확인했듯이 1950년대 후반에 불거진 전쟁책임에 관한 논의의 분출이었다. '쇼와사 논쟁'이 대표적이다. 아라이는 1960년대 일본에서의 현대사 연구가 전쟁책임 논의를 충분히 반영하지 못했다고 평가한다. 즉, "전체적으로 주체적인 전쟁책임론이 제2차 세계대전사 연구의 방법으로서 어떻게 구체화할 수 있는가, 혹은 할 수 없는가라는 점에 대해 역사학 쪽에서의 점검, 총괄은 충분히 이루어지지 않았다"는 것이다.[30]

구체적으로 말하자면 아시아의 누락이다. 1960년대의 경우 "일본이 아시아의 경제대국을 자랑하고 재차 '탈아'의 길을 걷기 시작한 가운데, 태평양전쟁의 개전에 이르는 경과에서 아시아를 사상(捨象)하고 주로 미일 간의 줄다리기로부터 살핀다는 연구 경향이 나타났다"[31]는 것이다. 『제2차 세계대전』은 연구자 아라이가 아시아를 시야에 넣어야 한다는 문제의식이 결집되어 배태된 성과였다고 봐야 하는 것이다.

저서의 양대 축은 아라이가 독자적으로 구성한 '제2차 세계대전사', 인도의 민족운동과 일본 항복 전후의 한중일의 동향, 독소전을 중심으로 분석한 제2차 세계대전의 의의를 합친 '전후 세계사의 기점'이다. 인도와 독소전을 분석 대상으로 삼은 것은 서양사 연구자라는 측면과 독일어 및 영어에 능통했던 어학 능력이 뒷받침한 것으로 추측된다.

그중에서 필자의 관심은 한반도에 대한 기술 내용이다. 아라이의 초기 연구 성과 중에서 한반도를 다루고 있는 것은 제목으로 보건대 1963년의 「조선인학교 문제에 대한 노트(朝鮮人學校の問題に關するノー

---

30 荒井信一, 1973, 앞의 책, 14쪽.

31 荒井信一, 1973, 위의 책, 19쪽.

ト)」(『역사학연구』 314호)이다. 글을 입수하여 읽지 못했지만 당시 세이케이(成蹊) 고교의 교사로서 재직 중이라는 사실(후술)과 관련이 있을 것으로 여겨진다.

장의 제목은 "'연합국'과 동아시아"이다. '문제의 소재'에서 전체적인 틀을 밝히고, 일본 항복 전후와 1945년 가을에 벌어진 한중일의 주요 흐름, 모스크바 3상회의로 끝맺고 있다. 통사의 형식에 따른 기술 내용은 현재의 연구 수준에 비춰 특기할 필요는 없으나, 문제의 소재는 일독할 가치가 있다.

'연합국'은 미국, 영국, 소련을 가리킨다. 아라이는 한국과 중국, 일본에서 '연합국'의 전후처리가 어떻게 전개되는가가 "중국 혁명을 하나의 정점으로 하는 전후 동아시아사의 발전을 생각할 경우 중요한 출발점이 되"며, 나아가 "냉전의 전개나 전후 세계의 평화 문제를 생각할 경우에도 중요한 전제가 된다"[32]고 보았다. 이를 위해 전쟁 종결 직전과 1945년 가을에 펼쳐진 '연합국'의 정책을 좇아간다. 그리고 동아시아의 제반 정책을 둘러싸고 '연합국'이 광범위하게 일치를 이룬 마지막 기회인 모스크바 3상회의의 내용과 결과를 검토한다.

아라이는 모스크바 3상회의에서 중국에 대해서는 미국의 안이, 조선에 대해서는 소련의 안이, 일본에 대해서는 소련에 양보하는 형식을 취하면서도 미국이 실질적인 기초를 잡는 타협이 이루어졌다고 하면서 "동아시아에서의 '연합국'의 통일은 여전히 유지되었다"[33]고 풀어냈다. 그러나 현실의 동아시아는 대국의 거래에 의해 수습되지 않는다는 것이

32 荒井信一, 1973, 앞의 책, 130쪽.

33 荒井信一, 1973, 위의 책, 196쪽.

확인된다. 한반도에서는 미소공동위원회의 결렬과 분단의 고착화가, 중국에서는 국공 내전이 벌어진다. 일본에서는 냉전의 기운이 역력해진다.

이런 결말은 통상적으로 냉전의 진행, 미소 양대 세력의 대치 등으로 묘사된다. 하지만 아라이는 조금 상이한 결론을 이끌어낸다.

> 각 지역에서 대국에 의해 통제되지 않는 새로운 정세가 발전하고 있다는 것을 말하며, 동아시아의 현실이 대국의 의지에 의해서가 아니라 각 지역 민중의 주체적인 운동에 의해 움직여간다는 새로운 시대의 도래를 나타내고 있다.[34]

'대국의 의지'는 '지역 민중의 주체적인 운동'과 대를 이루고 있으며, 그런 '새로운 시대'의 요체는 다름 아닌 동아시아에서의 '민중 연대'를 가리킨다고 판단된다. 연구자로서의 아라이는 제국주의적 침략전쟁과 식민지배에 이어 냉전으로 인해 분열된 현실에서 동아시아의 범주를 재정립하고, 대국, 즉 제국주의에 좌우되지 않는 연대의 가능성을 도출해냈던 것이다. 활동가로서의 아라이는 그것을 구체화하고 실천해나가는 행보를 이어나가게 된다. 이것이야말로 그가 꿈꾸고 발견해낸 새로운 동아시아가 아니었을까?

34 荒井信一, 1973, 앞의 책, 198쪽.

3. 현대사에서의 아시아

1977년 아라이는 두 번째로 본격적인 단독 저작 『현대사에서의 아시아(現代史におけるアジア)』(아오키서점)를 내놓았다.[35] '제국주의와 일본의 전쟁책임(帝國主義と日本の戰爭責任)'이라는 부제가 내용을 압축적으로 보여준다. 후기에서 아라이는 책의 성격을 에세이나 사론(史論)으로 자평하지만, 극단의 세기였던 20세기 세계사와 맥을 같이하는 제국주의와 전쟁책임 문제를 더욱 정교하고 날카롭게 다듬은 글들이 실려 있다.

아라이의 전쟁책임 논의 중 핵심적인 부분만 추려서 소개하기로 하자. 앞서 살펴보았듯이 아라이는 패전 후 마르크스주의 역사학의 전쟁책임론이 노정한 결함을 준열하게 질타했다. 그에게 전쟁책임은 '민중이 정치 주체로서 자신을 확립하는 방법'이었기 때문이다. 패전 후 민중의 주체적인 전쟁책임 추궁에 의거하여 전쟁으로 나아갔던 일본은 물론 전후의 일본까지 '혁명'하고자 했던 것이다.

그렇지만 주체적인 전쟁책임 추궁은 안팎에서 무산되고 말았다. 외부 요인은 두말할 것도 없이 연합국이 주도한 도쿄 재판이었다. 그런데 패전 직전 일본의 수뇌부는 항복 조건 중 하나로 자주적인 전범 재판을 내걸었다. 이 '자주 재판론'은 패전 직후에도 주장되었으나 성사되지 못했다. 천황의 측근이던 기도 고이치(木戶幸一, 1889~1977)는 자주 재판은 결국 일종의 '국민재판'이 되며, "공산주의자가 활보할 것이고, 그렇게 되면 피로써 피를 씻는 재판을 천황의 이름으로 하"[36]게 된다며 반대

---

35 荒井信一, 1977, 『현대사에서의 아시아(現代史におけるアジア)』, 아오키서점.

36 荒井信一, 1977, 앞의 책, 49쪽.

했다. 자주 재판론은 전범의 최소화를 위한 발상이기도 했으나, 공산당이 주도함으로써 국민재판의 도화선이 될지 모른다는 최고 지배층의 우려로 인해 폐기될 수밖에 없었던 것이다.[37]

아라이가 강조해 마지않는 전쟁책임의 추궁은 패전 후의 현실 정치와 결부되며, 정치 주체로서의 민중의 참여를 목표로 삼게 된다. "전쟁책임의 문제가 전면적으로 국민 앞에 밝혀지고, 국민이 전쟁책임 의식을 자각함으로써 스스로 강고한 평화의 주체로서 일어선"[38]다고 보는 것이다.

『현대사에서의 아시아』는 위의 문제의식을 바탕으로 아시아를 제2차 세계대전 전과 후로 나눠 통사적인 고찰을 정리한 성과물이다. '제국주의와 아시아', '차가운 전쟁과 아시아'의 두 장으로 구성되어 있다.

먼저 전자에서는 영국을 제국주의에 등치시켜 러일전쟁 전후의 아시아의 변화를 짚고 있다. 인도에 대해 비중 있게 언급한 것은 영국과 인도의 관계가 일본과 조선의 관계와 유사하다는 점에 착안한 것으로 여겨진다. 후자에서는 냉전의 부상에 이은 한국전쟁을 계기로 베트남전쟁 발발로 나아가는 미국의 동아시아 정책을 분석하고 있다. 필리핀과 인도차이나, 특히 베트남에서의 민족해방투쟁을 적대시하고 억압하는 미국의 세계 전략을 비판하고 있으며, 소련에 대해서도 스탈린 사후 주창된 평화공존의 이면에 제3세계의 민족혁명에 대한 억제적인 성격이 숨겨져 있었음을 예리하고 밝히고 있다.

---

37 1945년 2월 14일 세 차례나 수상을 역임한 고노에 후미마로(近衛文麿, 1891~1945)의 상소문도 떠올릴 필요가 있다. 고노에는 천황에게 "패전은 유감스럽지만 이제 필지"라면서 천황제 존속이라는 전제에 비춰 가장 우려스러운 사태는 "패전보다도 패전에 수반되어 일어날지 모를 공산 혁명"이라는 의견을 올렸다.

38 荒井信一, 1977, 앞의 책, 52쪽.

〈사진 1〉은 『현대사에서의 아시아』에 실려 있다. 지천명의 50세에 접어든 아라이의 삶이 잘 배어 있다.

〈사진 1〉 50세를 맞은 아라이.

(『현대사에서의 아시아』의 속표지)

4. 활동가, 교육자, 연구자

아라이가 도쿄대학 서양사학과를 졸업한 것은 1949년 3월이었다. 졸업 직전까지 전념했던 것은 학생운동이었다. 문학부 학생회의 임원이었던 그는 1948년에 결성된 전일본학생자치회총연합의 간부로 전국을 다니며 조직 활동에 헌신했다.[39] '미니 아라이'를 자칭하는 중국사 연구자 가사하라 도쿠시(笠原十九司, 1944~)에 따르면 전학련에서의 조직 활동 경험은 연구와 활동에 자양분이 되었다.[40] 역사학연구회의 위원, 편집장(1967), 위원장(1982~1985)으로서 역사학계의 운동을 지도했으며, 전쟁책임과 역사인식 문제를 둘러싼 시민운동의 조직과 단체의 결성, 활동을 이끄는 견인차가 되었던 것이다.[41]

졸업을 앞두고 경제적인 어려움이 닥치면서 아라이는 취직 쪽으로 돌아섰다. 100 대 1의 경쟁률을 뚫고 주오코론샤(中央公論社)에 들어가 잡

---

39 전일본학생자치회총연합의 약칭은 전학련이며, 이후 분열을 거듭하며 쇠퇴하면서도 학생운동을 이끄는 최대 조직으로 자리하고 있다. 초대 전학련 위원장은 아라이와 같이 서양사학과에 재학하던 다케이 데루오(武井昭夫, 1927~2010)였다.

40 2018년 11월 25일 행한 가사하라와의 인터뷰에서 청취한 내용이며, 가사하라는 스스로를 에구치 보쿠로-아라이 신이치를 잇는 세계사 연구자로 평가했다. 이하에서는 인용 부분 말미에 '가사하라 인터뷰'로 표기한다.

41 笠原十九司, 2018, 「荒井信一の歷史學の意義」, 『歷史學硏究』 973호, 32쪽.

지 편집을 맡았다. 하지만 GHQ의 점령개혁이 변질·후퇴하기 시작하면서 벌어진 레드 퍼지(red purge, 공산주의자 추방)로 인해 1950년 6월 해고되고 말았다. 그는 이른바 아르바이트로 출판 기획과 편집, 집필에 종사했으며, 이 과정에서 현대 세계사 및 제2차 세계대전을 자신의 전공 분야로 삼게 되었다. 경제는 고교 교사였던 부인에게 의존할 수밖에 없었다고 하며, 1950년대 중반부터는 공산당과의 연계 또한 서서히 멀어져 갔다(가사하라 인터뷰).

아라이는 1957년부터(정교사는 이듬해) 1974년까지 세이케이 고등학교의 교사로 근무했다. 공교롭게도 아베 신조가 재학했던 시기와 겹친다. 교사 시절은 물론 이후의 아라이를 논할 때 등산과 술을 빼놓을 수 없다. 정교사가 되자마자 산악부의 고문으로 학생들과 자주 산에 올랐고, 연구자는 물론 후배들과 밤새워 술을 마시며 토론을 즐겼다고 한다(가사하라 인터뷰).

1974년 아라이는 이바라키(茨城)대학 문학부에 조교수로 부임하여 서양사 과목을 담당하게 된다. 1991년 이바라키대학에서 정년을 맞이한 뒤에는 스루가다이(駿河台) 대학 현대문화학부 교수로 옮겨가서 2000년 3월까지 근무했다.

1957년부터 시작된 교직 생활은 43년간에 이른다. 그런데 아라이는 고교는 물론 대학에서의 교육과 개인적인 연구 외에도 특별한 작업에 힘을 쏟았다. 학회나 대학 단위를 뛰어넘어 현대사를 주제로 삼아 진행된 연구회와 세미나가 그러하다.[42] 전자는 1971~1973년 사이에 역사학

42 이하의 내용은 별도의 언급이 없는 한, 笠原十九司, 2018, 앞의 논문, 33~35쪽을 참조했다.

연구회가 펴낸 『태평양전쟁사』(6권, 靑木書店)의 집필을 위해 1969년에 조직된 연구회를 가리킨다. 월 1회 전체 모임 외에 소모임별로 보고와 토론이 이루어졌으며, 3분의 1 정도는 가사하라를 포함한 대학원생과 젊은 연구자였다. 후자는 1970년부터 시작된 '현대사 여름 세미나'(이하, 여름 세미나)와 1978~2004년까지 이어진 '현대사 겨울 세미나'(이하, 겨울 세미나)였다.

여름 세미나는 젊은 연구자가 현대사 연구의 과제를 명확히 짚을 수 있도록 함과 동시에 연구자의 연령과 연구 지역이나 국가를 넘어서서 교류하는 귀중한 장이 되었다. 여름 세미나가 연구 지향적이었다면 겨울 세미나의 성격은 조금 달랐다. 2박 3일의 일정으로 낮에는 스키를 즐기고 밤에는 평균 2명의 보고를 토대로 한 토론 삼매경이 벌어졌다. 보고와 토론이 끝나면 술을 곁들인 환담이 밤새 이어졌다. 아라이는 강단에 구애받지 않고 후학 양성에 진력했던 것이다(가사하라 인터뷰)

여름 세미나와 겨울 세미나를 이끌어 간 쌍두마차는 아라이와 후지와라 아키라였다. 후지와라는 일본현대사, 아라이가 아시아사·아프리카사·서양사를 포괄하는 세계현대사를 담당했다. 일본사 연구자로서 일본군'위안부'(이하, '위안부') 문제에 정통한 하야시 히로후미(林博史, 1955~)로부터도 관련된 정보를 얻을 수 있었다.[43] 공산당과 연관 있는 현대사 연구 모임은 두 부류로 구분되는데, '후지와라 그룹'은 실증적인 접근을 우선시하면서 좌우의 이념에 대해 유연한 태도를 보였고 아라이도 그 일원이었다는 것이다. 앞서 언급한 연구회와 여름·겨울 세미나

43 하야시와의 인터뷰는 2018년 12월 11일 실시했으며, 이하에서는 인용 부분 말미에 '하야시 인터뷰'로 표기한다.

모두 후지와라의 이름을 확인할 수 있다.

아라이는 아카데미즘 강단에 못지않은 연구 역량을 지녔고, 그런 연구 역량을 바탕으로 현실에서의 활동을 전개했으며, 양자를 원만하게 결합한 것이 다른 연구자와 구별되는 특징이었다(가사하라 인터뷰). 또한 서양사는 물론 구미의 동향을 자세하고 신속하게 파악하는 폭넓은 시야를 지니고 전체적인 흐름을 읽어내는 능력을 갖추었다(하야시 인터뷰).

IV. 역사화해의 전망과 실천

1. 전쟁책임 연구와 활동의 조직화

1980년대에 접어들면서 일본의 식민지배와 침략전쟁을 둘러싸고 새로운 사태가 초래되었다. 1982년 들어 불거진 일본의 역사교과서 검정 문제는 한국과 중국이 가세한 외교적 쟁점으로 비화되었다. 때마침 한국이 전형적이듯이 민주화를 향한 외침이 힘차게 울려 퍼졌다. 1989년 1월에는 쇼와 천황 히로히토의 죽음이 외신을 통해 날아들었다. 그리고 약화 일로를 걷던 냉전 체제는 베를린 장벽과 함께 붕괴되었다.

1990년대의 서막은 그동안 재갈이 물렸던 식민지배와 침략전쟁의 역사를 되묻는 성난 구호로 열렸다. 전쟁책임에 관한 저작은 확연히 증가했고, 언급된 분야도 한층 다양화했다.[44] 아라이의 행보 또한 빨라졌다.

44 石田雄, 1996, 「戰爭責任論再考」, 『年報現代史 第2號 現代史と民主主義』, 東出版, 30~31쪽.

전쟁책임을 추궁하던 그의 연구가 비로소 "역사 연구자를 조직함과 동시에 국민의 역사인식 변혁을 목표로 한 시민운동의 전개를 지향"하게 된 것이다.[45] 베이스캠프는 1993년 9월에 발족한 '일본의 전쟁책임 자료센터'(이하, 센터)였고, 아라이는 대표로 취임했다.

1991년 8월 한국의 '위안부' 피해자 1호로 기록된 김학순(1924~1997)의 나지막한 목소리가 기자회견장을 가득 채웠다. 1992년 벽두부터는 일본 정부와 군의 관여를 증명하는 다수의 자료가 잇달아 공개되었다. 이로써 '위안부' 문제는 동아시아를 짓누르던 '역사 냉전'을 녹이는 모닥불로 타올랐다. 같은 해 12월 9일 도쿄에서는 '일본의 전후보상에 관한 국제공청회'가 열렸고, 남북한을 비롯하여 총 6개국의 피해자가 증언대에 섰다.

국제공청회를 준비했던 실행위원회는 다음 단계의 활동을 숙의했으며, '위안부' 문제를 포함한 전쟁책임 전반을 아우르는 센터의 설립을 결의했다. 국제법에 정통하고 유엔이나 산하의 인권위원회를 비롯한 국제적인 동향을 꿰뚫고 있던 아라이가 그 선두에 섰으며, 일본사를 바탕으로 한 연구는 요시미 요시아키(吉見義明, 1946~)와 하야시 히로후미 등이 담당했다(하야시 인터뷰).

센터의 기관지인 계간『전쟁책임연구』는 아라이를 발행인으로 89호까지 간행되었다. 창간호의 제목은 '특집 종군'위안부' 문제를 검증한다(特集 從軍慰安婦問題を檢證する)'였으며, 이후에도 '위안부'의 실체를 밝히는 중요한 논문과 자료를 세상에 내보냈다. 아울러 센터는 세기를 넘어 '위안부' 문제를 포함하여 일본의 전쟁책임을 규명하고 전후보상을 촉구하

45 笠原十九司, 2018, 앞의 논문, 36쪽. 아라이는 가사하라에게 "연구자는 혼자 생각하면 시야가 좁아지고 오류를 범할 수 있으므로 시민운동 측으로부터 의견을 듣는 것이 중요하다"고 말하며 연구와 실천의 통일을 강조했다고 한다.

는 최고의 컨트롤 센터로 기능했다. 가사하라와 하야시는 입을 모아 센터의 설립과 활동을 연구활동가 아라이의 최대 공적으로 손꼽는다.

아라이는 '위안부' 피해자의 체험을 토대로 실증적인 연구를 진행하지는 않았으나, 구미의 관련 연구를 체크하고 국회의원을 위시한 정치가들과 접촉하면서 해결책을 모색하는 역할을 짊어졌다(하야시 인터뷰).[46] 앞서 언급한 대로 '초당파'로 평가되던 그의 정치적 스펙트럼이 효력을 발휘했다. 일본의 진보 진영에서 공산당과 사회당(지금은 없어졌지만)의 대립은 심각했지만, 센터는 그런 차이를 녹여내는 귀중한 실험장이기도 했다(하야시 인터뷰).

아라이의 사후 서재에 남겨진 100여 권의 연구 파일 중에서 '위안부' 관련 파일이 가장 많았으며, "사실의 조사, 책임자 처벌, 피해자에 대한 배상 등 피해자의 명예와 인권 회복을 위해 (일본-인용자) 국민은 일본 정부에 어떻게 호소해야 하는지 등을 일관되게 생각하고 있었다"고 한다.[47] 게다가 '위안부' 피해자와 아라이는 거의 동년배나 다름없다는 점까지 곁들여 생각한다면 연구와 실천의 통일을 삶의 모토로 삼았던 아라이에게 '위안부' 문제의 해결은 일생일대의 과제였을지도 모른다.[48]

---

46 가령 2008년에 번역 출간된 『역사와 책임』(선인, 일본어 원서는 『歴史と責任』)에서 아라이는 「미국 의회 하원과 '위안부 문제'」를 집필하여 2007년의 미 하원의 '위안부' 결의가 어떤 맥락에서 성사되었는가를 그려냈다.

47 笠原十九司, 2018, 앞의 책, 36쪽.

48 아라이는 1996년 12월 발족한 "위안부' 문제의 입법 해결을 요구하는 모임(「慰安婦」問題の立法解決を求める會)'의 부회장이었는데(2009년부터 공동대표), 2013년 3월과 2016년 6월, 아베 수상 앞으로 "진실을 인정하고 공식적이며 솔직하게 사죄하고 보상을 포함한 명예 회복을 위한 입법 조치를 취"할 것을 요구하는 요망서를 제출했으며, 박근혜 대통령에게도 같은 문서를 송부했다(http://www.nikkanberita.com/print.cgi?id=201506230038442, 2018년 11월 30일 조사).

전후 50주년에 해당되는 1995년 아라이는 『전쟁책임론-현대사로부터의 물음(戰爭責任論-現代史からの問い)』(이와나미서점)을 저술했다.[49] 그는 자신의 전매특허인 현대 세계사의 흐름을 따라서 전쟁책임의 실체와 의미를 담담하고도 냉철하게 제기한다. 두 차례의 세계대전과 베트남전쟁, 걸프전, 유고 내전 등의 쓰라린 경험은 세계의 민중이 튼튼한 평화를 담보하기 위한 세계질서 형성이라는 과정과 불가분하다는 것이 뼈대이자 결론이다. 그의 표현을 빌리면 '무차별 전쟁관'은 '위법 전쟁관'으로 바뀌었고, '핵에 의한 평화'에서 '인권을 기초로 하는 평화'로 나아갔다는 것이다. 참혹함을 더해가는 전쟁의 '어두움' 속에서 평화와 인권의 '밝음'을 간파해내려는 접근법은 민중의 주체적인 전쟁책임 추궁이라는 젊은 시절의 테제와 상통한다고 여겨진다.

특히 일본의 패전 상황을 주시하는 눈은 날카로움을 더해갔다. 일본의 "탈식민지화는 고통에 가득한 갈등의 과정이 아니라 패전 결과 갑자기 닥친 공백으로 의식되었다"[50]고 하며 다음과 같이 잇는다.

> 일본의 경우에는 '탈식민지화'가 군사적 붕괴와 함께 타율적으로 이루어졌기 때문에 본국 국민들의 자의식에 심각한 영향을 남긴 부분은 작다. 그로 인해 좌절한 제국 시대의 정치 엘리트뿐만 아니라 일반 대중에게도 과거의 식민지배에 대한 책임의식이 희박해졌다. 반면에 과거의 제국 의식이 강하게 잔존하게 되었다.[51]

49 荒井信一, 2005, 『戦争責任論-現代史からの問い』, 岩波書店. 이 책은 전후 60주년에 맞춘 원고를 추가하여 문고판(岩波現代文庫)으로도 간행되었다.

50 荒井信一, 2005, 위의 책, 228쪽.

51 荒井信一, 2005, 위의 책, 231쪽.

이에 따라 '아시아의 부재'라는 측면에 더욱 큰 방점이 찍히게 된다. 도쿄 재판과 샌프란시스코 강화조약에 대해서는 군국주의적인 체질을 온존시켰다는 비판 외에 아시아 침략과 식민지배에 관한 철저한 규명과 처벌이 이루어지지 않은 것이 치명적인 결함이라고 지적한다.

2. 한국·중국·동아시아, 역사화해

동아시아의 21세기는 극단의 세기 20세기를 직시하고 극복하려는 간단 없는 움직임과 함께 문이 열렸다. 일본 제국주의의 식민지배와 침략전쟁이라는 부의 유산을 성찰하게 된 일본인들에게는 한국과 중국, 아니 동아시아 전역의 국민들과 '역사화해'가 화급을 다투는 과제로 인식되었다. 아라이의 작업은 한국, 중국 그리고 동아시아와 긴밀하게 연계되어갔다.

아라이와 한국의 만남에서는 '위안부' 문제의 쟁점화가 중요한 전기였지만, 한국병합의 법적인 재검토를 통해 새로운 국면을 맞게 된다. 그는 러일전쟁에 관한 연구 성과를 펴내기는 했지만, 한국사와의 접점은 부족했다. 그 매개자는 일본근대사에서 한국사로 지평을 넓혀간 운노 후쿠주(海野福壽, 1931~)였다고 한다(하야시 인터뷰). 운노는 1995년에 『한국병합』(岩波新書)을 간행했다. 이듬해 『전쟁책임연구』 12호의 특집은 '한국병합 합법론을 둘러싸고(韓國併合論合法論をめぐって)'였고, 아라이는 「제2차 한일협약의 형식에 대해: 비준 문제를 중심으로(第二次日韓協約の形式について: 批准の問題を中心に)」를 집필했다.[52]

52 아라이의 논문 외에 나카쓰카 아키라(中塚明, 1929~)의 「한국병합의 역사적 위치

한국병합 논쟁은 일본의 리버럴을 대표하는 월간지 『세카이(世界)』를 무대로 1998~2000년까지 전개되었다.[53] 아라이는 2000년 11월호에 「역사에서 합법론, 불법론을 생각한다(歴史における合法論, 不法論を考える)」를 실었다. 논쟁은 사실상 공통의 결론을 이끌어내지는 못했는데, 그의 주장은 간단하게 말하면 '불법 무효론'이었다.

아라이는 결코 한국병합의 연구에만 머무르지 않았다. 2009년 가을 일본에서는 만년 야당이던 민주당이 집권하는 변화가 일었다. 한국병합 100년을 계기로 식민지배의 청산을 요구하는 한일 시민 연대의 일환으로 아라이는 와다 하루키(和田春樹, 1938~)와 함께 '한일지식인공동성명'을 한국에 제안했다.[54] 2010년 5월 10일 양국의 지식인 100명의 서명한 성명이 발표되었고, 거기에서 한국병합은 '원천 무효'로 명시되었다. 일본의 역사교과서 문제(후술)로 촉발된 '공통의 역사인식 확립'의 소중한 성과가 아닐 수 없다.

1996년 일본의 모든 중학교 역사교과서에 '위안부'에 관한 기술이 실렸다. 역사수정주의자들은 '자학사관'이라 폄하하며 움직이기 시작했다. 그리고 이른바 '교과서우익'의 원조 격으로 '새 역사교과서를 만드는 모임(新しい歴史教科書をつくる會)', 즉 새역모가 1997년 1월 출범했고, 이들이 만든 교과서는 2001년 검정을 통과했다.

(韓國併合の歴史的位置)」, 강창일(1952~)의 「한국 측에서 본 '한일병합'(韓國側から見た「日韓併合」)」, 운노 후쿠주의 「'한국병합조약' 무효론을 둘러싸고(「韓國併合條約」無效論をめぐって)」 등 4편이 실렸다.

53 이태진이 펴낸 『한국병합, 성립하지 않았다: 일본 최고 지성지 「세카이(世界)」, 3년간의 논쟁』(태학사, 2001)에 전 논문이 실려 있다.

54 와다 하루키의 칼럼 「"한국병합 원천무효" 한·일 지식인 성명 의미」(『경향신문』, 2010년 6월 7일)가 자세하며, 일본 쪽의 경과는 和田春樹, 2010. 7, 「日韓知識人共同聲明の發表をめぐって」, 『世界』를 참조할 수 있다.

새역모의 출현과 교과서 발행은 '위안부' 문제에 이어 공통의 역사인식을 향한 동아시아 연대 형성의 새로운 기폭제가 되었다. 첫 전투인 교과서 채택에서 한중일 시민운동은 새역모에게 참패를 안겨주었다. 채택률은 목표로 내세웠던 10%에 턱없이 모자란 0.045%였다.

서전의 승리는 굳건한 연대의 구축으로도 이어졌다. 2002년 3월 교과서 문제를 통해 신뢰가 형성된 한중일의 활동가와 연구자가 중국 난징(南京)에 모였다. 제1회 '역사인식과 동아시아 평화 포럼'(이하, 포럼)에서는 평화 공동체로의 동아시아를 목표로 내걸고 역사인식과 역사교육을 활동과 연구의 측면에서 교류하는 장이 만들어졌다. 아라이는 일본 실행위원회의 대표를 맡았다. 포럼은 세 나라가 돌아가며 개최한다는 원칙 아래 지금까지 매년 열리고 있다.

〈사진 2〉에는 2008년 베이징(北京)에서 열렸던 제7회 포럼에서 만난

〈사진 2〉 2008년의 아라이와 필자(개인 소장).

아라이와 필자가 같이 찍은 것이다. 2018년 히로시마(廣島)를 무대로 펼쳐진 포럼의 주제는 '히로시마에서 생각하는 핵이 없는 세계, 역사인식과 동아시아 평화'였고, 2019년에는 서울에서 '3·1운동, 5·4운동 100주년 기념-3·1운동 현장에서 동아시아 평화를 생각하다'라는 주제로 개최되었다.

포럼의 발족을 주도하던 아라이는 어떤 복안을 갖고 있었을까? 그의 뇌리를 엿보는 힌트는 2005년에 출간된 저서『역사화해는 가능한가-동아시아에서의 대화를 찾아서(歷史和解は可能か-東アジアでの對話を求めて)』(岩波書店) 속에 들어 있다.[55] 장의 제목을 따라가며 정리하면, 과거의 극복이 지체된 일본, 한반도의 묻어버린 과거, 항일전 기억의 변용으로 보는 중국의 세 축으로 구성된다. 폭넓은 식견과 예리한 혜안이 절묘하게 어우러진 역작이다. 후기에서 아라이는 "제2차 세계대전에서 일본의 전쟁에 의한 가해와 피해의 역사에 대해 전쟁 상흔의 수복과 기술, 기억 방식의 궤적을 좇으며 역사화해의 가능성을 생각했"고, "일정한 결론을 내기보다도 역사화해의 가능성에 대해 미래지향적인 논의를 촉구"하려는 의도를 지녔다고 밝힌다.[56]

그런데 필자가 특기하고 싶은 것은 '종장 역사화해는 가능한가'의 내용이다. 첫 문장은 "지금 일본의 정치 세계에서는 말이 가벼워지고 있다"로 시작하며, 몇 줄 건너 "정치의 장에서 말의 비중이 저하하면 그만큼

---

55 한국어 번역본은『역사 화해는 가능한가: 동아시아 역사 문제의 해법을 찾아서』(김태웅 옮김, 2006, 미래M&B)로 나왔으며, 이 글에서는 일본어판임을 밝혀둔다.

56 荒井信一, 2005,『역사화해는 가능한가-동아시아에서의 대화를 찾아서(歷史和解は可能か-東アジアでの對話を求めて)』, 岩波書店, 292쪽.

정치는 감정으로 흘러 폭력성이 강해진다"는 서술이 있다.[57] 집필 당시 야스쿠니(靖國) 신사 참배를 '개인의 신조'로 둘러대던 고이즈미 준이치로(小泉純一郎, 1942~) 수상을 가리키는 것은 물론이다. 정치는 "폭력성을 제어하는 기술"이기에 "말의 비중 저하는 제어의 기술로서의 정치의 열화(劣化)"라고 꼬집는다.[58]

정치의 열화는 다름 아닌 일본 민주주의의 쇠락을 가리킨다고 여겨진다. 일본의 역사왜곡과 우경화로 인해 일본의 민주주의가 죽어가고 있다고 생각했던 것이다. 저서에서 더 이상의 논거를 찾을 수 없었지만, 아라이는 역사화해의 진전을 일본 민주주의의 회복이라는 관점에서 바라보고 있었음이 분명하다(후술).

한국과 관련하여 또 하나 소개하고 싶은 것은 문화재의 환수를 위해 노력한 모습이다. 민주당 정권에서 문화재, 특히 조선왕실의궤의 반환이 수면 위로 떠오르자 2010년 6월 발족된 '한국·조선 문화재반환문제연락회의'의 대표로 취임했다. 간 나오토(菅直人, 1946~) 수상의 반환 표명에도 불구하고 진행이 더뎌지자 2011년 4월 일본 국회에서 "조선왕실의궤는 궁내청(황실 관련 업무를 담당-인용자) 서고에 잠들어 있기보다 조선왕조의 문화적 상징으로 고향에 가야 한다"고 발언하여 화제를 불러일으켰다. 그가 왜 문화재를 한국에 돌려주자는 활동에 참가했는가는 2012년에 펴낸 저서 『식민주의와 문화재: 근대 일본과 조선으로부터 생각하다(コロニアリズムと文化財: 近代日本と朝鮮から考える)』(岩波新書)에서 확인할 수 있다.

---

57 荒井信一, 2005, 위의 책, 279쪽.

58 荒井信一, 2005, 위의 책, 280쪽.

사실 아라이는 일찍부터 그림과 예술에 관한 관심이 컸다고 한다(이하는 하야시 인터뷰). 1981년 피카소의 걸작 게르니카를 소장하던 미국이 스페인에 돌려준다는 결정을 하게 되는데, 그런 연장선에서 한국의 문화재 반환에도 관여했다는 것이다. 1991년의 저작 『게르니카 이야기: 피카소와 현대사(ゲルニカ物語: ピカソと現代史)』(이와나미서점)에는 예술에 관한 높은 안목도 숨겨져 있다.

아라이는 사적인 자리에서 필자에게 게르니카에 관한 얘기를 몇 번이나 들려줬다. 그의 얘기를 실천하고자 2010년 스페인을 갈 기회가 있어 마드리드의 프라도 미술관을 찾았다. 그때 구입한 게르니카의 모사품은 지금도 필자의 자택에 있다.

3. 아라이와 한국, 동아시아

아라이는 자국의 전쟁책임 추궁에서 출발하여 현대 세계사를 넘나들며 동아시아에서의 역사화해를 겨냥하여 평생을 연구하고 활동했다. 그가 가고 없는 지금 우리는 무엇을 새길 것인가? 한국의 현 좌표에서 음미하고 싶은 키워드는 민주주의이다.

앞서 거듭 강조했듯이 전쟁책임을 부르짖는 아라이의 시선은 정치와 그 주체의 재구축에 쏠려 있다. 출발은 일본이었지만 그 골격은 동아시아의 현재와 미래로도 자연스럽게 확산되어갔다. 그 실마리는 2006년 11월 16일 지바(千葉) 대학에서 했던 강연 "'핵의 평화'와 동아시아의 역사화해(「核の平和」と東アジアの歴史和解)"에서 유추 가능하다.[59] 2006년

59 core.ac.uk/download/pdf/96965723.pdf, 2018년 11월 20일 조사. 내용은 지바

11월 교토에서 개최된 제6회 포럼에서의 보고를 토대로 했다는 아라이의 발언 중에 필자가 주목하는 것은 한국에서의 '역사전쟁'에 관한 것이다. 당시의 한국의 대통령은 노무현(1946~2009)이었다.

주지하다시피 한국에서는 민주화가 일정 궤도에 오르게 되면서 군사정권하에서의 비인도적인 행위의 진상 규명과 보상, 사죄가 이루어졌고, 그 연장선에서 1948년 정부 수립 및 한국전쟁에서의 민간인 학살, 친일파에 대한 진상 규명이 진행되던 참이었다. 그 안에서 아라이는 간과할 수 없는 '변화'를 포착해냈다. '과거 청산'에서 '과거사 정리'로 옮아가고 있다는 것이다.

과거 청산에는 책임자의 처벌 및 사죄와 배상 요구가 포함된다. 그에 비해 과거사 정리는 처벌보다도 피해자의 명예 회복 및 보상 지불을 우선시한다. 아라이는 책임자 처벌이야말로 "현재 한국의 민주주의란 무엇인가라는 문제가 밀접하게 연루"된다고 지적했다. 한국의 민주주의는 '이미 달성되었다'와 '기득권층과의 타협으로 성립되었다'는 관점이 공존하고 있었으며, 책임자의 철저한 처벌은 현재의 민주주의를 수용하는 기득권층의 기반을 무너뜨리게 되므로 여의치 않다고 파악했다. 따라서 "'과거사 청산'이라는 혁명적인 형태의 해결은 곤란하며 피해자 구제를 우선시하는 '과거사 정리'라는 형태로 타협이 도모"되었다는 것이다.

이런 경과를 바탕으로 아라이는 한국에서 "이원론적인 전후사상(像)으로부터의 탈각이라는 측면이 있었"다고 진단했다. "군사정권 대 민주화 운동, 혹은 한일협정이라면 미국적 정권에 대한 반대 운동과 같은 대

대학의 연구원이 강연과 질의응답을 정리한 것이며, 이하 별도의 언급이 없는 한 마찬가지이다.

립 도식이 아니라, 총체로서의 전후, 혹은 한국 민주주의의 도달점을 고찰하려는 듯 역사의 관점이 변화했다"는 것이다. 2005년 한일협정 문서의 공개는 박정희 정권의 '매국적·반민족적' 측면이 아닌 '차선책'이라는 평가로 이어졌다고 평가한다.

필자는 아라이가 말한 '차선책'과 '타협'이라는 단어가 부정적인 함의보다는 아쉬움을 내포하고 있다고 추측해보았다. 강연에서 "자신은 정치에 대한 기대가 조금 과도할지 모른다"고 고백했듯이 그의 역점은 역사화해라는 '보편적 가치'와 얽힐 수밖에 없는 '정치'에 쏠려 있다. 아라이의 역사화해는 먼 앞날의 '이상'이 아니라 지금 디딘 발밑의 '현실' 속에서 끊임없이 절차탁마되고 있었던 것은 아닐까? 이런 필자의 느낌과 상통하듯 강연 정리자는 다음과 같은 구절로 끝을 맺고 있다.

> 목표로 하는 보편적 가치의 윤곽을 그리고, 그와 연결된 정치를 어떻게 실현할 것인가? 역사인식 문제를 논의하는 데에서도 그런 사고가 요구되는 것은 아닐까?

역사화해는 혁명이지만 정치일 수밖에 없으며, 그래서 민주주의와 궤를 같이한다. 일본은 물론 한국도 중국도 예외가 아니다. 이것이 '이상'을 포기하지 않는 '리얼리스트' 아라이의 강직한 삶을 훑어본 필자의 마지막 감상이다.

Ⅳ. 맺음말

필자가 아라이를 처음 만난 것은 일본 유학 시절인 1993년 무렵이었다. 아내의 일본인 친구가 스루가다이 대학에 근무하고 있었는데, 우리 부부에게 강연을 부탁해왔다. 강연이 끝난 다음 그 친구는 훌륭한 일본사 연구자를 소개하고 싶다면서 옆방으로 데려갔다. 그와의 첫 만남은 '까칠'했다. 화기애애하게 이어지던 얘기 도중에 필자의 지도교수 이름을 물어 답을 했는데, 한순간 그의 얼굴에는 언짢은 기색이 역력했다. 초면에 연유를 물을 수는 없어 몇 마디 나눈 다음 헤어질 수밖에 없었다.

늘 마음에 걸렸던 의문은 몇 년이 지나서 자연스레 풀렸다. 필자의 지도교수 이토 다카시(伊藤隆, 1932~)는 아라이와는 정반대의 역사인식을 가진 보수적인 일본사 연구자였기 때문이었다. 파시즘이라는 용어와 논리를 일본사 연구에 적용해서는 안 된다는 '파시즘 논쟁'을 촉발했으며, 이후에는 새역모가 펴낸 역사교과서의 감수도 도맡았다. 6년 터울로 도쿄대학의 강의실을 드나든 두 역사학자는 그렇게 다른 길을 걸어갔던 것이다.

필자가 아라이와 재회한 것은 유학을 마치고 귀국한 뒤였다. 필자가 근무하는 대학과 스루가다이 대학이 교류를 추진하기로 했는데, 준비단의 일원으로 그가 방한한 것이 계기였다. 이후 아라이가 한국병합과 관련한 심포지엄 참가 등으로 서울에 오거나 필자가 일본을 방문했을 때 많은 얘기를 나눴다. 그중에서 가장 인상에 남은 것은 무라오 지로(村尾次郎, 1914~2006)에 대한 가르침이었다.

무라오 지로는 도쿄대학 국사학과(현재 일본사학과) 출신으로 황국사관의 대부인 히라이즈미 기요시(平泉澄, 1895~1984)의 내제자임을 자청했다. 1956년에는 문부성의 교과서조사관으로 들어가 교과서 검정의

철권을 휘두르며 황국사관의 부활을 꿈꿨다. 1986년 새역모 교과서의 고등학교 버전인 『최신일본사』의 집필에도 관여한 '교과서 우익'의 대부였다. 그런 무라오가 1977년부터 한국의 연구자와 함께 '올바른 한일 교류사'를 펴내기 위해 움직였다는 사실을 알려주었다.[60]

아라이 신이치는 전후 일본에서 역사학이 침략전쟁과 식민지배라는 과거와 어떻게 대면할 것인가를 몸소 고민하고 실천에 옮겼던 연구자이자 활동가였다. 그의 걸음걸음에는 일본 현대사의 중요한 장면이 오롯이 녹아 있는 역사의 산증인이기도 하다. 그리고 그의 행보 속에서 '좋은 일본인'은 '좋은 한국인', '좋은 중국인'과 손을 잡게 되었고, 20세기의

〈사진 3〉 2015년의 아라이와 필자(개인 소장).

60 관련된 자세한 내용은 하종문, 2008, 「무라오 지로, 세지마 류조, 와다 하루키」, 『역사비평』 84호를 참조할 수 있다. 아울러 친일파의 거두 박춘금(1891~1973)의 송덕비가 고향 밀양에 세워졌다가 철거된 일이 있는데, 비문을 작성한 사람이 무라오였다.

극복을 통해 21세기의 바람직한 '동아시아를 꿈꾸는 굳건한 어깨동무가 이루어졌다.

〈사진 3〉은 2015년 11월 28일 일본의 조선대학교에서 열린 심포지엄에서 만나서 찍었다. 돌아가시기 2년 전이었다.

필자는 물론 한국은 지금껏 아라이 신이치와 같은 올곧고 멋진 우군과 함께 역사전쟁을 치러왔다. 시간이 흘러 그런 우호적인 협력자들은 하나 둘 세상을 뜨고 있다. 하지만 일본 보수 세력이 추구하는 역사왜곡이나 우경화도 그 어느 때보다 위기적 상황이다. 우리 안의 '과거사 청산' 또한 미완의 숙제이다.

지금이야말로 진정한 승부처이다. 아라이 신이치의 몫까지 함께 끌어안으며 나아가야 할 역사화해를 향한 대장정, 그 안에 동아시아의 바람직한 내일이 깃들어 있다.

아라이 신이치의 간략한 연보와 저서

* 학술지나 공저 속의 논문은 대부분 이후 간행된 단행본에 수록되는 사례가 많아서 아래에서는 단독 저서의 제명만 굵은 글씨로 게재했으며, 번역본도 같이 수록했다.

1926년 2월 4일	도쿄에서 출생
1945년 4월	도쿄제국대학 문학부 서양사학과 입학
6월	징집
8월	이바라키(茨城) 현 중부 오아라이(大洗) 해안 부근에서 패전을 맞음
1946년 4월	대학에 복학
1949년 2월	주오코론(中央公論)사 입사
3월	도쿄대학 서양사학과 졸업
1950년 6월	주오코론 퇴사
1951년 6월	첫 저서 **『평화의 역사(平和の歴史)』**(福村書店) 간행, 이 무렵 각종 기획과 편집, 저술 등에 아르바이트 형식으로 참가
1954년 2월	역사교육연구소의 발족과 참가
1957년 4월	세이케이(成蹊) 고등학교 교사
1960년 이후	분카가쿠인(文化學院), 가쿠슈인(學習院) 대학, 시즈오카(静岡) 대학, 세이케이 대학, 와세다(早稲田) 대학 등에서 시간강사 역임
1965년 9월	'한일조약에 반대하는 역사가 모임(日韓條約に反對する歴史家の集い)'의 의장으로 '역사가는 한일조약에 반대한다'는 성명서 낭독
1973년 1월	**『제2차 세계대전(第二次世界大戦)』**(東京大學出版會)
1974년 4월	이바라키 대학 문학부 조교수
1977년 3월	**『현대사에서의 아시아: 제국주의와 일본의 전쟁책임(現代史におけるアジア: 帝國主義と日本の戰爭責任)』**(青木書店)
9~10월	중국 사회과학원 초청으로 방중
1982~1985년도	역사학연구회 위원장
1984년 5월	**『미니 세계사: 날짜가 말하는 100년(ミニ世界史: 日付が語るこの100年)』**(社會思想社): 『아사히신문』에 1979년 1월~1983년 5월 매주 연재했던 칼럼 모음
1985년 11월	**『원폭 투하의 길(原爆投下への道)』**(東京大學出版會)
1988년 7월	**『일본의 패전(日本の敗戰)』**(岩波書店, 岩波ブックレット)

1991년 1월	**『게르니카 이야기: 피카소와 현대사(ゲルニカ物語: ピカソと現代史)』**(岩波書店, 岩波新書)
3월	**『세기사를 전하다(世紀史を傳える)』**(同時代社) 이바라키 대학 정년퇴임
4월	스루가다이(駿河台) 대학 현대문화학부 교수로 취임
1993년 9월	'일본의 전쟁책임자료 센터(日本の戰爭責任資料センター)' 발족, 대표로 취임(2003년부터 공동대표)
1995년 7월	**『전쟁책임론(戰爭責任論)』**(岩波書店, 2005년에 岩波現代文庫로 간행)
1996년 12월	'위안부' 문제의 입법 해결을 요구하는 모임(「慰安婦」問題の立法解決を求める會)' 발족, 부회장 취임(2009년부터 공동대표)
1997년 10월	'전후처리의 입법을 요구하는 법률가·유식자 모임(戰後處理の立法を求める法律家有識者の會)' 발족, 부회장 취임(2009년부터 공동대표)
2000년 3월	스루가다이 대학 퇴임
2002년 3월	'역사인식과 동아시아 평화' 포럼 발족, 일본 실행위원회 대표 취임
11월	**『중국 역사와 만나다(中國歷史と出合う)』**(草の根出版會)
2003년 9월	'일본의 과거청산을 요구하는 국제연대협의회' 일본위원회 발족, 2009년부터 공동대표
2005년 12월	'전쟁과 공습문제연구회(戰爭と空爆問題研究會)' 발족, 대표로 취임
2006년 1월	**『역사화해는 가능한가: 동아시아에서의 대화를 찾아서(歷史和解は可能か: 東アジアでの對話を求めて)』**(岩波書店): 한국어판, 『역사화해는 가능한가: 동아시아 역사 문제의 해법을 찾아서』(김태웅 옮김, 2006, 미래M&B): 중국어판, 『歷史和解的可能性』(中國社會科學文獻出版社, 2015)
6월	평화학회 분과회 '전쟁과 공습문제분과회' 설립, 공동대표로 취임
2008년 8월	**『공습의 역사: 끝나지 않는 대량 학살(空爆の歷史: 終わらない大量虐殺)』**(岩波書店): 한국어판, 『폭격의 역사: 끝나지 않는 대량 학살』(윤현명·이승혁 옮김, 2015, 어문)
2010년 6월	'한국·조선 문화재반환문제연락회의' 발족, 대표로 취임
8월	'전국공습피해자연락협의회' 발족, 공동대표로 취임
2012년 7월	**『식민주의와 문화재: 근대 일본과 조선으로부터 생각하다(コロニア**

リズムと文化財: 近代日本と朝鮮から考える)』(岩波新書): 한국어판, 『약탈 문화재는 누구의 것인가: 일제의 문화재 반출과 식민주의 청산의 길』(이태진 · 김은주 옮김, 2014, 태학사)

2017년 10월 11일 담관암으로 서거

참고문헌

하종문, 2008,「무라오 지로, 세지마 류조, 와다 하루키」,『역사비평』 84호.

와다 하루키(和田春樹),「"한국병합 원천무효" 한·일 지식인 성명 의미」,『경향신문』 2010년 6월 7일.

"'핵의 평화'와 동아시아의 역사화해(「核の平和」と東アジアの歴史和解)"(지바대학 강연. core.ac.uk/download/pdf/96965723.pdf, 2018년 11월 20일 조사).

加藤千香子, 2015,「國民國家論と戰後歷史學-「私」論の可能性」,『立命館言語文化研究』 27권 1호.

荒井信一, 1973,『第二次世界大戰-戰後世界史の起点』, 東京大學出版會.

________, 1999,「戰後の諸論爭と現代史論爭」,『年報·日本現代史5 講和問題とアジア』, 現代史料出版.

________, 2005,『戦争責任論-現代史からの問い』, 岩波書店.

________, 2006,『歷史和解は可能か-東アジアでの對話を求めて)』, 岩波書店.

石田雄, 1996,「戰爭責任論再考」,『年報現代史 第2號 現代史と民主主義』, 東出版.

笠原十九司, 2018,「荒井信一の歷史學の意義」,『歷史學研究』 973호.

赤澤史朗, 2000,「戰後日本の戰爭責任論の動向」,『立命館法學』 274호.

竹內好, 1993,『日本とアジア』, ちくま學芸文庫.

和田春樹, 2010. 7,「日韓知識人共同聲明の發表をめぐって」,『世界』.

3장

가토 아키라 역사화해와 역사교육 공동연구의 원류(源流)

우메노 마사노부(梅野正信)
가쿠슈인(学習院)대학 교수, 전 죠에쓰(上越)교육대학 이사 및 부총장

I. 머리말

일본이 피해를 준 아시아 여러 나라, 특히 한국과는 식민지 통치기에 관한 역사인식의 알력, 저어(齟齬)를 해소하지 못하고 있다. 일본의 패전으로부터 60여 년이 흐른 2002년에 양국 정부의 합의에 의거한 역사화해 프로세스인 한일역사공동연구가 진행되었지만 제1기(2002~2005), 제2기(2007~2010) 모두 충분한 성과를 이루었다고 보기는 어렵다. 독일은 프랑스와는 1950년부터, 폴란드와는 1972년부터 역사교과서 협의회를 가동하여 2008년에 독일과 프랑스가 공동으로 역사교과서를 발간하였다. 하지만 일본과 한국 사이에는 그러한 화해 프로세스를 실현하지 못하였다.[1]

역사화해를 지향하는 공동연구 자체는 뜻있는 연구자와 교육자에 의해 한일역사공동연구 이전부터 그리고 한일역사공동연구 후에도 적극적으로 시도되었다. '일본국과 대한민국의 역사교과서 서술에 관한 기초적 연구'(문부성 해외학술연구 1988~1989년 조에쓰교육대학), 실질적인 후계연구가 된 '한일의 공통역사교과서 작성을 위한 종합적 연구'(기반연구(A)2002~2004년 도쿄가쿠게이대학)[2] 등, 다수의 공동연구에 의해 결과물

---

1 한국의 역사교육에서는 민간에서의 역사인식을 둘러싼 이웃나라와의 대화의 성과를 교육과정에 도입하고 있다. 민간의 동향 등을 무시하는 일본의 문부과학성과는 큰 차이가 있다. 君島和彦, 2012, 「韓國の歷史教育と教育課程」, 『歷史評論』 748.

2 기무라 시게미쓰(木村茂光) 교수, 기미지마 가즈히코(君島和彦) 교수를 중심으로하는 도쿄가쿠게이대학(東京學藝大學)과 정재정 교수를 중심으로 하는 한국의 서울시립대학교의 공동연구로 일본 측 역사교육연구회(회장 가토 아키라)와 한국 측 역사교과서 연구회(회장 이존희)의 형태로 계속되었다. 성과로는 역사교육연구회 편, 2003, 『日本と韓國の歷史共通教材をつくる視点-先史時代から現代までの日韓關係史-』, 梨の木舍; 역사교육연구회 편, 2007, 『日韓歷史共通教材』, 明石書店 등을 발

이 발간되었다.[3]

〈사진 1〉 모리오카대학 총장실에서 가토 아키라.

(출처: 가족 소장)

이 글에서는 문부성 해외학술연구(1987) 이후부터 공통역사교과서 작성 프로젝트의 토대 구축에 기여한 가토 아키라(加藤章, 1931~2016)의 발자취를 되돌아보고자 한다. 가토 아키라는 1931년 12월 14일, 일본 동북지방의 이와테(岩手)현 모리오카(盛岡)시 출신이다. 출생지는 난부(南部) 번주의 성, 모리오카성(不來方, 고즈카타) 근처 도시 중심부에 위치하고 있다. 1944년 가토 아키라가 진학한 구제(舊制)중학교 이와테현립 모리오카중학교(1948년 4월부터 이와테현립 모리오카 제1고등학교)는 이시카와 다쿠보쿠(石川啄木, 1886~1912)와 미야자와 겐지(宮澤賢治, 1896~1933)가 재학한 학교이기도 하다. 모리오카 성터에는 다쿠보쿠의 노래비 '고즈카타의 성곽 풀에 나뒹굴어 하늘에 빨려가는 열다섯 살의 마음'(번역-인용자)이 있다. 모리오카 중학 시절을 회상한 한

간하였다.

3 예를 들어, 한일역사교사협의회, 2005, 『朝鮮通信使』, 明石書店; 한일역사교사협의회, 2005, 『미래를 여는 역사(未來をひらく歴史)』, 高文硏; 한일역사교사협의회, 2012, 『新しい東アジアの近現代史』, 日本評論社; 한일역사교사협의회, 2013, 『學びつながる日本と韓國の近現代史』, 明石書店 등의 성과가 있었다.

구절인데 필자가 이 시를 알게 된 것도 가토 아키라가 알려주었기 때문이다. 이시카와 다쿠보쿠는 일본의 '한국병합'(1910년 8월 한국에서는 '강점'이라고 기술하는 경우가 많다) 소식을 전해 듣고 '지도 위 조선국에 검게 먹을 칠하면서 가을 바람 소리를 듣는다'라고 비판한 것으로 유명하다.

1944년에 모리오카중학교에 입학한 가토 아키라는 이듬해 2학년에 패전을 경험했다. 이때 전쟁 중에 영웅으로 출병한 선배가 복학해 돌아왔다. 그들은 패전을 계기로 태도가 달라진 교사에 대한 불신이 강해져서 진학이 결정될 때까지는 그것을 감추고 있었다. 하지만 졸업식 날에 그들의 분노가 폭발했다. 교사도 이에 저항하지 못했다. 모리오카는 혼슈(本州)의 도시 가운데 가장 추운 곳의 하나이다.

> 눈이 남아 있는 졸업식이었다. 예과연(豫科演)에서 복귀한 5학년생이 새하얀 교정에 교사를 줄지어 세우고 한 사람 한 사람 구타하면서 지나쳤다. 열심히 예과연을 추진해 놓고서는 전쟁이 끝나자 더 두꺼운 얼굴을 하고 있는 교사들을 용서할 수 없었던 것이리라. 전후라고 느낀 것은 이때였다.[4]

이 일화는 필자가 가토 아키라로부터 직접 전해 들은 이야기이다. 예과연은 전시 중의 '해군 비행 예과 연습생'의 약칭이다. 아시아·태평양전쟁 말기에는 특별 공격대에 배속되어 많은 사람이 목숨을 잃었다. 구사일생으로 귀환해보니 국가를 위해 죽은 것을 영예라고 장려하였던 바로 그 교사가 이번에는 미국의 민주주의 교육을 예찬하는 교사가 되어 있

4 우메노 마사노부(梅野正信), 2005, 『日本映画にみる教育と社会』, エイデル研究所, 54쪽.

었다. 가토 아키라에게는 전쟁 체험과 교사의 존재 형태, 역사교과서 내용에 대해서는 항상 사실과 민주주의라는 입장에서 보는 것을 중시했다. 그리고 그 자세는 적어도 가토 아키라와 직접 가르침을 받은 나의 체험 범위 내에서는 타협할 수 없는 긍지라고도 할 수 있다.

II. 연구와 교육

가토 아키라의 연구는 일본사, 역사교육사, 역사교육 및 한일 역사교육 등 다양한 분야에 걸쳐 있다. 이하는 역사학, 역사교육 관련 가토 아키라의 주요 논고이다. 이 가운데 한국과의 역사 공동연구를 포함한 역사교육 관계 업적은 2013년 도쿄서적에서 간행된 가토 아키라의 저서 『전후 역사교육사론-일본에서 한국에(戰後歷史教育史論 日本から韓國へ)』에 수록되어 있다.

가토 아키라의 연보와 저술

1944 구제(舊制) 모리오카중학교 입학

1950. 4 도쿄교육대학 문학부 일본사학과 입학

1958. 3 도쿄교육대학 대학원 수료

1958. 4 도호(桐朋) 학원 여자부 중·고등학교 교사

1963 「번정의 확립-난부번-(藩政の確立-南部藩-)」, 『역사교육(歷史教育)』 11-1

1964. 9 오차노미즈(お茶の水)여자대학 부속 중·고등학교 교사

1968 「오다노부나가(織田信長)」, 「아마쿠사시로(天草四郎)」, 『인물일본

사(人物日本史)』, 오우분샤(旺文社)

1969「근세의 리쿠젠 북부(近世における陸前北部)」,『와카모리 다로(和歌森太郎), 리쿠젠북부의 민속(陸前北部の民俗)』, 요시카와코분칸(吉川弘文館)

「난부번의 지방 치교제(南部藩における地方知行制)」,『오차노미즈여자대학 교육학부 부속고교 기요(お茶の水子大學教育學部附屬高校紀要)』17

1971「고등학교의 사회과(高等學校の社會科)」,『중등사회과교육개설(中等社會科教育概說)』, 아오이쇼보(葵書房)

「사회과 지도계획·분야 상호의 관련(社會科の指導計畵·分野相互の關連)」,『중학교 신학습지도요령의 지도사례 사회과편(中學校新學習指導要領の指導事例 社會科編)』, 메이지도서(明治圖書)

1973「난부번의 지방 치교제 2(南部藩における地方知行制 その二)」,『오차노미즈여자대학 교육학부 부속고교 기요(お茶の水女子大學教育學部附屬高校紀要)』18

1975「난부번의 지방 치교제의 정책적 의의(南部藩における地方知行制の政策的意義)」,『근세 봉건지배와 민중사회(近世封建支配と民衆社會)』, 고분도(弘文堂)

1976. 7 나가사키대학(長崎大學) 조교수

1976「누카타 노오키미(額田女王)」,「침묵(沈默)」,「하리쓰케모자에몬(磔茂左衛門)」,『문학작품을 이용한 일본사학습(文學作品を利用した日本史學習)』, 학사출판(學事出版)

1978「사회과의 성립과 국사의 존속(『社會科』の成立と『國史』の存續)」,『나가사키대학 교육학부 교육과학 연구 보고(長崎大學教育學部教育

科學研究報告)』25

「근대 문화의 형성과 발전(近代文化の形成と發展)」,『고등학교 학습지도요령의 전개 사회과편(高等學校學習指導要領の展開 社會科編)』, 메이지도서(明治圖書)

「소요시토모와 그 시대(宗義智とその時代)」,『자연과 문화(自然と文化)』

1980「사회과 역사론의 성립과정(社會科歷史論の成立過程)」,『나가사키대학 교육학부 교과교육학 연구보고(長崎大學教育學部教科教育學研究報告)』3

「전후 역사교육의 원형(戰後歷史教育の原型)」,『시쵸(史潮)』신(新)7, 역사학회(歷史學會)

『일본 성곽사 체계(日本城郭史體系)』17, 나가사키·사가(長崎·佐賀) 신인물왕래사(新人物往來社)

1981. 2 나가사키대학(長崎大學) 교수

1981「치교제도의 성립과 구조(知行制度の成立と構造)」,『사가번의 종합연구(佐賀藩の總合研究)』, 요시카와코분칸(吉川弘文館)

「고교 사회과 일본사의 성립과 전개(高校社會科日本史の成立と展開)」,『나가사키대학 교육학부 교육과학연구보고(長崎大學教育學部教育科學研究報告)』4

「사회과 일본사의 원리와 그 전개(社會科日本史の原理とその展開)」,『지방사연구(地方史研究)』169, 지방사 연구 협의회(地方史研究協議會)

「용조사체제의 전개와 치교구조의 변질(龍造寺體制の展開と知行構造の變質)」,『큐슈문화사(九州文化史)』26, 큐슈대학 문학부(九州大學

文學部)

「막번체제의 확립 · 근세(幕藩體制の確立 · 近世)」, 『나가사키현의 역사와 풍토(長崎縣の歷史と風土)』, 창토사(創土社)

1982 「역사교육의 역사에서 배우는 시점(歷史教育の歷史に學ぶ視点)」, 「전후의 역사교육의 출발과 사회과의 성립(戰後の歷史教育の出發と社會科の成立)」, 「역사교육의 역사에서 얻은 것(歷史教育の歷史からえたもの)」, 「일본사 교육의 이론(日本史教育の理論)」, 『강좌 역사교육(講座歷史教育)』, 고분도(弘文堂)

「와카모리 다로와 역사교육론의 전개(和歌森太郎と歷史教育論の展開)」, 『와카모리 다로 저작집(和歌森太郎著作集)』 13, 고분도(弘文堂)

「시쿠쓰키 · 고지마의 가쿠레 키리시탄(生月 · 五島のかくれキリシタン)」, 『일본사의 무대(日本史の舞台)』 8, 슈에이샤(集英社)

1983. 4 조에쓰교육대학(上越教育大學) 교수

1984 『우리 마을의 역사 · 나가사키(わが町の歷史 · 長崎)』, 분이치소고출판(文一總合出版)

「근세의 계도와 난부번 가신단의 성립(近世における系圖と南部藩家臣團の成立)」, 『난부번 참고 제계도(南部藩參考諸系圖)』, 고쿠쇼간행회(國書刊行會)

「어린이의 시점을 살린 역사학습을 위하여(子どもの立場を生かす歷史學習に向けて)」, 『사회과의 개선 · 변혁(社會科の改善 · 變革)』, 도요칸(東洋館)

1985 「나가사키 도진 야시키 노트(長崎唐人屋敷ノート)」, 『에도의 민중과 사회(江戶の民衆と社會)』, 요시카와코분칸(吉川弘文館); 「난부번 가신단의 경제적 기반(南部藩家臣團の經濟的基盤)」, 「난부 시게나오

의 가신단 정책(南部重直の家臣團政策)」,「난부번 가신단의 치교지와 신전 개발(南部藩家臣團の知行地と新田開發)」,「난부번 가신단의 "이에"의 존속과 동요(南部藩家臣團における『家』の存續と動搖)」,『난부번 참고 제계도(南部藩參考諸系圖)』

1986「역사교육의 현황을 어떻게 파악할 것인가(歷史教育の現狀をどうとらえるか)」,『역사교육의 시점을 찾아서(歷史教育の視点を求めて)』, 교육출판센터(教育出版センター)

「역사독립논의와 고교사회과 재편(歷史獨立論議と高校社會科再編)」, 학습지도연수(學習指導硏修)

1987「사회과교육의 변천(社會科教育の變遷)」,『사회과교육(社會科教育)』, 건면사(建帛社)

「우에스기 겐신의 영국 확대와 경영(上杉謙信の領國擴大と經營)」,『우에스기 겐신의 모든 것(上杉謙信のすべて)』, 신인물왕래사(新人物往來社)

「학교교육의 사회과 역사교육(學校教育における社會科歷史教育)」,『학교교육연구(學校教育硏究)』 2, 일본학교교육학회(日本學校教育學會)

「문화를 중심으로 하는 종합적 학습(文化を中心とする總合的學習)」,『역사교육학 사전(歷史教育學事典)』, 행정

1988「역사교육의 사실과 역사인식(歷史教育における『史實』と歷史認識)」,『조에쓰사회연구(上越社會硏究)』 3, 조에쓰교육대학 사회과교육학회(上越教育大學社會科教育學會)

1989「난부우지(南部氏)」,『일본의 명문가·동북편Ⅰ(日本の名族·東北編Ⅰ)』, 신인물왕래사(新人物往來社)

「역사교육과 지역(歷史教育と地域)」, 아사쿠라 고타로(朝倉隆太郎),

『지역에서 배우는 사회과 교육(地域に學ぶ社會科教育)』, 동양관출판사(東洋館出版社)

1990「역사연구의 다양화와 역사교육 내용의 변천(歷史研究の多樣化と歷史教育內容の變化)」,『사회과교육논총(社會科教育論叢)』37, 전국사회과교육학회(全國社會科教育學會)

1991「역사학습에서 신화·전승의 취급(歷史學習における神話·傳承の扱い)」,『현대 사회과 교육실천 강좌(現代社會科教育實踐講座)』9, 연수출판(研秀出版)

1991. 4~1993. 3 조에쓰교육대학 부속소학교장(上越教育大學付屬小學校長)

1992「"정한론"부터 "조선 개항"까지(『征韓論』から『朝鮮開港』まで)」, 기미지마 가즈히코(君島和彦)·사카이 도시키(坂井俊樹),『조선·한국은 일본의 교과서에 어떻게 기술되어 있는가(朝鮮·韓國は日本の教科書にどう書かれているか)』, 나시노기샤(梨の木舍)

1993. 4~1999. 3 조에쓰교육대학장(上越教育大學長)

1993「역사교육 교류를 하면서(歷史教育交流のなかで)」,『교과서를 한일협력에서 생각한다(教科書を日韓協力で考える)』, 오쓰키서점(大月書店)

「동아시아 근대화 과정을 어떻게 서술할 것인가(東アジアの近代化過程をどう敍述するか)」,『세계사 교육과 동아시아의 근대화상(世界史教育と東アジアの近代化像)』, 한일역사교육심포지엄보고서(韓日歷史教育シンポジウム報告書)

1994「한일 역사교육연구의 하나의 전제(日韓歷史教育研究の一つの前提)」,『현대사회과교육론(現代社會科教育論)』, 데이코쿠서원(帝國書院)

1995「이원순(李元淳)」,『월간 한국문화(月刊韓國文化)』17권 2호, 한

국문화원(韓國文化院)

1997「환일본해 문화와 한일관계(環日本海文化と日韓關係)」,『역사연구(歷史硏究)』四三, 아이치교육대학(愛知敎育大學)

1999. 4 모리오카대학(盛岡大學) 교수

1999「역사관 논쟁의 배경(歷史觀論爭の背景)」,『Frontier』6, 모리오카대학

2000. 4~2006. 3 모리오카대학 학장

2000『일본과 한국의 역사교과서를 읽는 시점(日本と韓國の歷史敎科書を讀む視点)』, 나시노기샤(梨の木舍)

2001「일본에서 본 한국 역사교과서(日本から見た韓國歷史敎科書)」,『비교문화연구연보(比較文化硏究年報)』13, 모리오카대학 비교문화연구센터(盛岡大學比較文化硏究センター)

「환일본해 문화의 역사적 시점(環日本海文化の歷史的視点)」,『Frontier』9, 모리오카대학

2002「"전후"로부터의 출발(『戰後』からの出發)」,『조에쓰시사 통사편 6 현대(上越市史通史編 六 現代)』, 조에쓰시(上越市)

「환일본해 문화(環日本海文化)」,『새로운 한자 한문교육(新しい漢字漢文敎育)』35, 전국한문교육학회(全國漢文敎育學會)

2003「풍성한 구비키의 대지(豊かな頸城の大地)」,『조에쓰시사 통사편 3 근세(上越市史通史編 三 近世)』, 조에쓰시(上越市)

「신단계에 들어간 한일 역사교과서 연구(新段階に入った日韓歷史敎科書硏究)」,『일본과 한국의 역사 공통 교재를 만드는 시점(日本と韓國の歷史共通敎材をつくる視点)』, 나시노기샤(梨の木舍)

2004「근세의 조에쓰(近世における上越)」,『조세쓰시사 통사편 4 근세

(上越市史通史編 四 近世)』;「일본 근대의 조에쓰(日本の近代における上越)」,『조에쓰시사 통사편 5 근대(上越市史通史編 五 近代)』, 조에쓰시(上越市)

『월경하는 역사교육(越境する歴史教育)』, 교육사료출판사(教育史料出版會)

2005. 10~2008. 9 모리오카시 교육위원회(盛岡市教育委員會教育委員長) 위원장

2006「간에이 13년 난부 시게나오 산킨코타이 지참사건의 재검토(寛永一三年南部重直參勤交代遅參事件の再檢討)」,『모리오카대학기요(盛岡大學紀要)』二三

2007. 10~2008. 9 전국시초손 교육위원회 협의회(全國市町村教育委員會協議會) 부회장

2007「한일 역사교육의 가능성을 찾아서(日韓歴史教育の可能性を求めて)」,『한일역사공통교재 한일교류의 역사(日韓歴史共通教材 日韓交流の歴史)』, 아카시서점(明石書店)

2008. 4 즈이호주주쇼(瑞寶中綬章)

2013『전후 역사교육사론-일본에서 한국에-(戰後歴史教育史論 日本から韓國へ)』, 도쿄서적(東京書籍)

2016. 2. 8 영면

III. 1957년 와카모리 다로와의 만남 -'기원절' 부활 반대와 교과서 검정 비판

가토는 1950년 3월에 모리오카 제1고등학교를 졸업하고 도쿄교육대학 문학부 일본사학과, 동대학원 문학연구과(일본사)에서 수학했다. 석사과정을 수료한 것은 1957년 3월이었다. 도쿄교육대학(1973년부터 쓰쿠바대학)에서 가토가 스승으로 모시고 가르침을 받은 사람은 일본사학의 거목인 와카모리 다로(和歌森太郎, 1914~1977)였다.

가토 아키라가 재학한 시기의 와카모리 다로는 일본학술회의 역사학연락위원회 위원장, 일본풍속사학회 이사장, 일본민속학회 대표이사 등의 요직을 겸하고 '기원절(紀元節)' 부활 반대운동에 참여하였다. 1951년 3월 점령기 종료를 앞둔 일본에서 요시다 시게루(吉田茂) 수상이 "일본으로서는 강화조약 후에는 기원절을 회복시키고 싶다"고 발언하여 문제가 되었다. 1952년 1월 25일, 와카모리 다로는 일본역사학협회를 대표하여 2월 11일을 '건국 기념일'로 하는 것을 반대하는 의견서를 문부대신에게 제출했다. 1957년 2월 1일에 '기원절' 문제 간담회가 발족하였는데, 와카모리는 그 참석자 대표를 역임하고 같은 해 5월 8일, 제26 국회 내각위원회에 참고인으로 출석했을 때에는 '기원절' 부활에 반대하는 와카모리 다로에게 방청석의 우익들이 욕설을 퍼붓는 등 공격을 하였다.[5] '기원절' 문제는 결과적으로는 1966년 6월에 '건국 기념일' 제정으로 국회를 통과하여 같은 해 12월 9일에 '건국 기념일'을 2월 11일로 하는 정령(政令)이 공포되었다. 이러한 상황에서 와카모리는 국회·심의회의 참고인이 되는

5 좌담회, 1977. 8,「和歌森太郎氏を偲んで」,『歴史地理教育 266』, 68쪽.

등 모든 상황에서 마지막까지 2월 11일을 기념일로 제정하는 것을 계속 반대하였으며,[6] 1977년 4월 병으로 쓰러지기 직전에도 '일본 국민의 양식과는 다르게 일부 정관계(政官界)의 메이지헌법하의 구 일본 체제하에서의 감각으로 현실과 동떨어진 것을 강요하려는 모의를 하는 자들이 나타나서 구 기원절을 부활'시키려고 한다고 강하게 경고하였다.[7]

가토 아키라는 1958년 3월에 도쿄교육대학 대학원을 수료하고 4월 도호학원(桐朋學園) 여자부 중·고등학교 교사로 부임하였고, 1964년 9월부터는 오차노미즈(お茶の水) 여자대학 부속 중·고등학교 교사가 되었는데, 스승인 와카모리 다로는 교과서 검정과 '기원절' 문제에 반대하는 입장을 명확하게 밝히고 있던 시기에 해당한다. 실제로 필자가 가토에게 '기원절' 문제에 대해 질문했을 때에, 교과서 문제와 기원절 문제 등 역사적 사실과 전쟁에 대한 반성, 한일 근현대사를 직시하는 자세를 일관되게 주장하는 배경에는 전전(戰前)과 전후의 전환점에 학교에 재학했던 체험과 함께 대학, 대학원에서의 경험이 적지 않게 영향을 미치고 있었던 것으로 생각된다.

6 좌담회, 1953. 11, 「歷史觀と歷史敎育」, 『歷史敎育講座 1』, 誠文堂新光社, 145-148쪽.

7 와카모리 다로(和歌森太郎), 1977. 2. 10, 「『建國記念日』滿十年の今」, 『朝日新聞』 夕刊.

IV. 1965년 한일기본조약과 역사화해 프로세스

가토는 패전 후의 역사교육을 되돌아보는 과정에서 "역사교육의 목표와 내용에서 동아시아 여러 나라, 특히 이웃나라이면서도 일본의 식민지였던 조선과의 관계에 대해서는 일본 측에서 의식적으로 충분하게 검토하지 않았다"고 언급하고, 이 배경에는 한일기본조약의 협상 과정에서 일본 측의 협상 태도에 문제가 있었다고 지적한다. 한일회담에서는 1953년 10월, 제3차 한일협상의 일본 측 수석대표 구보타 간이치로(久保田貫一郎)가 "일본도 조선의 철도나 항구를 만들고 농지를 조성하기도 했다"거나 "일본의 식민지 지배는 한국인에게도 많은 이익을 가져다 주었다"라고 식민지 지배를 정당화하는 발언을 한 것에 대해 한국 측이 강하게 항의하면서 결국 회담을 결렬시킨 사실은 잘 알려져 있다. 이 점에 대해서 가토는 "하지만 실제로 당시에 구보타 발언은 패전 후 많은 일본인이 떨쳐버리지 못하고 여전히 안고 있던 오래 묵은 식민지관을 반영한 것이었음을 인정하지 않을 수 없다"[8]라고 지적하였다.

또한 가토는 1964년, 제7차 한일회담 중에 마찬가지로 일본 측 수석대표였던 다카스기 신이치(高杉晋一)가 "일본의 식민지 지배에 대해 사죄할 수 없다", "일본은 좋은 일을 하려고 했다"라는 발언을 한 사실에 대해 "이러한 일본인의 한국관은 단순하게 구 식민주의의 잔존만은 아니다"라고 지적한다.

---

8 日韓歴史教科書研究會編, 1993, 『教科書を日韓協力で考える』, 大月書店, 20-39쪽.

『고사기(古事記)』나 『일본서기(日本書紀)』에 기재되어 있는 주아이(仲哀) 천황의 황후 '진구(神功)황후'가 임나(任那), 신라를 정복했다는 사실(史實)에 반하는 이야기, 또는 한반도 남부지역의 '임나'를 야마토 조정의 식민지라고 하면서 그곳에 일본부를 두었다는 일본 중심의 해석, 또 도요토미 히데요시(豊臣秀吉)의 조선침략의 사실을 정당화하려는 것과 같은 관점, 게다가 사이고 다카모리(西鄕隆盛)가 주장했다고 하는 '정한론'을 당연한 것으로 보는 것과 같은, 전전(戰前)의 국사 교과서를 통해서 심어진 조선에 대한 일방적인 일본 중심의 정복주의 사관이라고 할 수 있는 이데올로기가 전후라고는 하지만 의식 아래에 잠재되어 있기 때문이었다.

가토는 전후 일본이 패전 후 식민지배의 역사적 총괄을 회피한 것이 전후 일본의 커다란 과제이고 '그 배경에는 뿌리 깊은 역사의식'이 있다고 지적했다.

그리고 한일기본조약 체결의 해인 1965년은 한국과 일본의 역사화해 최초의 단서가 되는 해이기도 하다. 그것은 '미완'의 단서였다. 유네스코는 독일-폴란드, 독일-프랑스, 영국 등과 함께 한일 양국에게 역사교육 교류를 위한 학술회합을 권고하였다. 아래 인용문은 가토 아키라가 가장 존경한 한국인으로서 전후 한국 역사학계, 역사교육학계의 중진인 이원순(1926~2018)의 증언이다.

> 유네스코가 한일 양국에 대화 학문 회합을 주선해왔습니다. … 일본 유네스코 국내위원회가 본부로부터의 권고에 답하여 적극적으로 응하겠다고 파리 본부에 보고하고, 파리본부로부터 한국 측에도 제안을 했습니다. … 역사교육 문제를 가지고 전후 처음으로 한일 양국 모임이 결정되었습니

다. 회의 첫 회는 서울에서 두 번째는 도쿄에서 공적인 용어는 영어로 하고, 기록은 영어로 하지만 회의는 양국의 언어로 진행합니다. 상세한 부분까지 결정하고 그해 12월 초순에 개최하도록 결정되었습니다. 그런데 11월에 갑자기 일본 측으로부터 당분간 회의를 연기하자고 제안하였기에 결국 그 회의 계획은 수포로 돌아갔습니다. … 그해는 이에나가(家永) 씨의 교과서 재판(教科書裁判)이 시작된 해입니다. 그래서 일본 측 대표단을 구성하는 데 문부성과 유네스코 사이에 갈등이 있었습니다. 좌파적인 일교조(日教組)를 일본 측 위원에서 뺄 수도 없고 그렇다고 넣을 수도 없는 곤란한 입장이었던 것 같습니다. 조용해지기를 기다리자는 이유에서 연기했던 것이겠죠.[9]

이원순이 언급한 것처럼 1960년대부터 1990년대에 걸쳐서 일본의 역사학, 역사교육은 이에나가재판(家永裁判)과 병행하는 형태로 교육학, 역사교육과 교과서를 둘러싼 입장이 분리되어 사회문제화되었다.

그리고 가토가 재직하고 있던 도쿄교육대학에서는 와카모리 다로와 함께 이에나가 사부로(家永三郎)도 일본사 교수로 재직하고 있었다. 와카모리는 동료이기도 한 이에나가의 소송을 지원하고 있었는데 실제로 와카모리 자신도 교과서 검정의 문제점을 강하게 느끼고 있었다.

일본은 패전으로 인해 연합국군과 미국의 점령을 받고, 전전기의 역사와 지리 교과서에 기술되어 있던 전쟁을 찬양하는 부분을 보이지 않게 먹칠하고, 신화와 황실과의 관련성을 갖게 한 기술을 부정하고, 민주

9 이원순(李元淳), 2004, 「韓國と日本をつなぐ歷史學と歷史教育」, 『21世紀の歷史認識と國際理解』, 明石書店, 93-112쪽(2004년 1월 25일 코리아나 호텔에서 필자가 수록).

주의 사회의 논리를 반영한 사회과 역사교과서의 편찬을 진행하였다.[10] 가토의 스승인 와카모리 다로는 1948년 10월부터 문부성에 설치된 중등 국사교과서 편찬위원회의 부위원장으로서 민주주의를 배우는 사회과 역사교과서 제작에 관여하였다. 또 일본 최초의 사회과 역사교과서 『일본의 성장(日本の成長)』[실업지일본사(實業之日本社), 1950]을 집필하였다.[11] 이 『일본의 성장』(개정판 『일본의 발전(日本の發展)』)은 점령기가 끝난 1956년 1월의 교과서 검정에서 불합격되었다. 와카모리는 1960년 3월에는 일본역사학협회 역사교육특별위원회 대표로서 교과서 검정의 공정성과 역사가의 사관을 존중할 것을 문부대신에게 제안하였다.

아래의 인용문은 가토 아키라가 이에나가교과서 소송을 평가한 것이다.

> 제2차 소송(검정 불합격 처분 취소의 요구)에 대한 '스기모토 판결(杉本判決)'은 검정제도를 전면적으로 위헌이라고 하지는 않았지만 국가권력이 검정제도를 통해서 교육 내용에 직접 개입한 것을 강하게 비판하고 이에나가 측 주장의 정당성을 전적으로 인정하였다. 이 판결의 영향은 매우 커서 교육현장의 양심적인 운동에 용기를 주었을 뿐만 아니라 국민들 사이에도 문제의 본질을 널리 이해시키는 계기가 된 것은 주목할 만하다.[12]

---

10 1945년 12월의 3교과 정지 지령(GHQ), 1945년 5월의 「暫定初等科國史」 편찬 작업의 중지 조치, 9월의 『くにのあゆみ』의 발간 등.

11 우메노 마사노부(梅野正信), 2001, 『和歌森太郎の戰後史』, 教育史料出版會, 우메노 마사노부, 2004, 『社會科歷史教科書成立史-占領期を中心に-』, 日本圖書センター.

12 가토 아키라(加藤章), 2013, 『戰後歷史教育史論』, 東京書籍, 245쪽.

가토 아키라는 도쿄교육대학에서 직계 스승인 와카모리와 가르침을 받은 이에나가 사부로 두 은사로부터 역사교과서를 둘러싼 검열의 문제점을 배우고 있었다.

V. 1976년 이원순과의 만남 -역사화해 프로세스의 단서

1976년 10월, 한국 역사교육연구회 '민족과 역사·역사교육' 심포지엄[13]이 서울에서 개최되었다. 이 심포지엄은 한국의 역사 관련 학회가 학문·교육회의에 일본인을 공식으로 초대한 최초의 자리였다. 이때 이원순이 초대한 일본 측 연구자가 가토 아키라였다.

가토 아키라는 1976년 6월, 오차노미즈 여자대학 부속고등학교 교사에서 나가사키대학 교육학부 조교수로 부임한 직후였다. 그리고 1970년 4월부터(1977년 3월까지) NHK통신 고교 강좌 '일본사' 강사로 활동한 신진기예의 교육자, 연구자로서 널리 알려져 있었다. 아래 인용문은 이원순의 증언이다.

> 일본으로부터 발표자 추천을 의뢰받은 나는 주일 한국대사관에 추천을 부탁했습니다. 대사가 교육관실, 교육 강사에게 추천하도록 조치하였다고 연락을 받았습니다. 당시 수석 교육관이 제 후배였고 서울대학교, 역

---

13 이원순, 1976, 「日本史教科書にみられる韓國史關係記述について」, 『韓』 56(또한 韓國硏究院에서 韓國教育開發院, 「日本教科書にでてくる韓國史の內容の檢討」로 편찬).

사교육학과 출신이었습니다. … 추천하는 데 몇 가지 조건을 제시했습니다. 현재 일본 대학에 있는 선생님은 역사에 대해서 과거의 관점을 가지고 있어서 좋지 않다, 고등학교 선생으로 장래 대학 교수가 될 수 있는 사람, 지명도가 높은 사람 등 세 가지 조건을 붙였습니다. 그렇게 추천받은 사람이 가토 아키라 선생이었습니다. … 당시 가토 선생은 젊었고 장래가 촉망되는 역사교사이자 연구자여서 추천한다는 연락을 받았습니다. 그러면 그 사람에게 협의해달라고 부탁했습니다. 그 후 대사관과 협의하여 전후 처음으로 한국 역사학 관련 학회가 일본인을 학문·교육 회의에 초대하게 되었습니다. 이것이 가토 선생과 나의 첫 만남이었습니다.[14]

한국역사교육연구회 '민족과 역사·역사교육' 심포지엄에서는 가토 아키라가 '일본 역사교육에서의 한국사'라는 주제로 보고하였다. 하지만 그 내용은 한국 연구자들이 쉽게 받아들이기는 어려운 내용이었다. 이에 대해서 이원순은 아래와 같이 증언하였다.

서울의 번화가, 명동에 있는 유네스코회관 5층 강당에서 전후 처음으로 정식 역사교육협의회를 개최했습니다. 그때는 일본에 대해서 사회적으로 상당히 냉정했던 시절이었습니다. 그 모임에서 가토 선생은 매우 겸허하게 이야기하였음에도 젊은 연구자들이 여러 가지 곤란한 질문을 던져서 당황스러웠습니다. 곤혹스러웠을 것입니다. 그래도 이것이 한일 역사교육 관계·정식 교류의 토대가 되었습니다.[15]

14 이원순(李元淳), 2004, 앞의 글.

15 이원순(李元淳), 2004, 앞의 글.

가토도 그때의 일을 다음과 같이 회상하였다.

> 1976년 10월 6일, '민족과 역사 · 역사교육'을 주제로 한 학술대회가 서울 유네스코회관에서 개최되었다. 그 심포지엄에 일본 측에서는 NHK 고교강좌 '일본사'를 담당하고 있던 필자가 초대받았다. 발표 주제는 '일본 역사교육에서의 한국사'였다. … 특히 고대사에서 김석형 논문을 둘러싼 나카쓰카 아키라(中塚明) 씨의 문제제기의 의의에 대해서, 일본사교육의 실태를 묻는 중요한 문제로서 받아들이고 있다는 것, 또 광개토대왕(호태왕)비를 둘러싼 논쟁이 일본의 국가 형성과 관계되는 통설을 흔들고 조선사연구회의 노력도 있어서 중·근세부터 근대에 이르는 시기에 대한 역사교육도 크게 바뀌고 있는 중이라는 것을 언급하였다. 그러나 참가자들은 언급한 신학설을 북한(조선 민주주의 인민공화국) 연구자가 제시했다는 것 등 역사관과 관련하여 질문하였다. 다시 한번 한반도의 남북문제가 부각되면서 사회자였던 이원순 회장에게 폐를 끼쳤다.[16]

가토 아키라의 강연은 한국과 일본의 역사화해를 의식하여 일본의 역사교육자를 공식적으로 초청한 최초의 자리였다. 그리고 가토 아키라와 이원순 사이에는 이후 평생에 걸쳐 깊은 신뢰관계가 형성되었고, 두 사람은 한일 양국의 역사교육, 전후 역사교과서와 관련된 학술연구를 견인하였다. 그 첫 자리가 1976년 서울에서 성사되었다는 점, 가토 아키라와 이원순의 첫 만남의 자리였다는 것을 기록해 두고 싶다.

16 가토 아키라(加藤章), 2013, 『戰後歷史教育史論』, 東京書籍, 271-275쪽.

VI. 1978년 사실에 근거한 식민지기에 대한 자성적 평가

가토 아키라는 1976년 7월에 나가사키대학의 조교수로 부임하여 1981년 2월에 교수가 되었다. 이 시기에 1979년도 학습지도요령에서는 중학교 학습지도요령 사회편을 작성하는 업무에서 협력하게 되었다. 같은 시기에 가토는 민간 출판사가 발행하는 학습지도요령의 해설서에서 일본의 식민지 정책을 비판적으로 학습함으로써 일본의 근대화를 바르게 이해할 수 있도록 해야 한다고 명쾌하게 지적하고 있다.[17]

> 구미 문화를 지극히 이질적인 일본 사회에 적합하도록 일본화해가는 것을 생각하게 하는 것이 중요할 것이다. 그리고 그것은 아시아 최초의 근대 국민국가로서 그 에너지를 다른 아시아 여러 나라에게 강압적으로 밀어 붙이는 관념을 만들어내서 전쟁을 야기한 것에도 주목시키는 것이 중요하다.

> '일본의 근대화와 아시아'에서는 유럽에서 배운 입헌 정치체제와 자본주의화라는 근대화의 2가지 조건을 정비 중이던 일본이 독립국으로서 국제적인 지위를 확립하기 위해서 남겨진 과제였던 조약개정 문제를 어떻게 해결했는가. 그리고 아시아의 선진국으로서의 일본이 조선과 중국에 대해서 왜 침략적 행동을 취하였던가라는 시점에서 고찰시킨다.

---

17 이하의 인용은 모두 다음에서 인용. 가토 아키라(加藤章), 1978, 「近代文化の形成と發展」, 『高等學校學習指導要領の展開 社會科編』, 明治圖書; 가토 아키라, 1987, 「文化を中心とする總合的學習」, 『歴史教育學事典』, ぎょうせい, 309-313쪽.

야마가타 아리토모(山縣有朋)는 아시아 특히 조선을 둘러싼 대립은 청일 사이에서뿐만 아니라 영국과 러시아와의 세계적 수준에서의 대립의 일환으로 파악하여, 조선이야말로 일본의 '이익선'이라는 외교 전략을 성립시키고 있었던 것에 주목해야만 할 것이다. 이것은 또한 과거 "한 개인이 독립하여 한 나라가 독립한다"고 한 후쿠자와 유키치(福澤諭吉)가 "우리 일본인이 언젠가 한번은 일본의 국위를 빛나게 하고 … 동양의 패권을 우리 손으로 쟁취하자"고 한 주장을 하고서 '탈아론'에 도달한 것과 무관하지는 않다.

청일전쟁 개시 직전인 1894년 7월, 영일 신조약이 조인되고 치외법권이 회복되었다. 하지만 영국은 러시아의 남진을 방어하는 것과 맞바꿔 조선에 대한 무력 진출을 인정하고, 청일 개전을 승인한 것이다. 조약 개정을 실현하여 일본과 아시아와의 전쟁에 의한 침략 개시와 불가분의 관계로 연결되어 있었다는 사실을 놓쳐서는 안 된다.

1910년 헤이그 만국평화회의에서 고종 황제가 파견한 밀사의 일본의 침략행위에 대한 외침이 무시된 반면, 이토 히로부미(伊藤博文) 통감은 황제 퇴위를 밀어붙이고 군대를 해산시키는 등의 압력을 강화하였다.

메이지 시기의 일본과 아시아와 관계를 파악하는 데 주의해야 할 점은 '역사적 사실에 대한 이해'라고 하더라도 일본 측만의 사실이 되어서는 안 될 것이다. 일본의 내셔널리즘과 마찬가지로 아시아 특히 한국 내셔널리즘의 상한 서항을 탄압한 다음에 한일병합이 실현되었다는 것을 여기서 명확하게 하는 것이 필요하다.

이원순 교수로부터 서울로 초대받고서 2년 후에 가토는 대표가 되어 한일공동연구를 개시하는 1987년부터 약 10년 전의 일이다. 학습지도요령의 작성에 관여한 사람은, 예를 들어 민간 잡지라고 하더라도 일본의 식민정책을 비판적·자성적으로 파악한 견해를 명확하게 제시하는 것은 상당히 이례적이다. 전쟁과 식민지기의 역사에 대한 가토 아키라의 비판적 역사의식은, 그분의 인생을 관통하고 있던 긍지와 절도가 있었기에 갖게 된 것이었다.

VII. 1982년 근린제국(近隣諸國)조항의 계기성

1983년 4월 가토 아키라는 나가사키대학에서 조에쓰(上越)교육대학 교수로 부임했다. 그 전해인 1982년 6월, 역사교과서 검정 방식이 사회문제가 되어 같은 해 8월에는 스즈키(鈴木) 내각의 미야자와 기이치(宮澤喜一) 관방장관이 '역사교과서에 관한 관방장관 담화'를 발표하였다. 이것은 "한일 공동커뮤니케, 중일공동성명의 정신은 우리나라의 학교교육, 교과서 검정에서도 당연히 존중되어야만 하는데, 오늘날 한국과 중국 등이 이러한 점에 대한 우리나라 교과서 기술을 비판하고 있다. 우리나라로서는 아시아 근린제국과의 우호, 친선을 추진하는 데 이러한 비판에 충분히 귀를 기울이고 정부가 책임을 지고 시정한다"는 내용이었다.[18]

일본 측은 '광주민주화운동'을 진압한 한국 정부와의 역사적 화해에

18 가토 아키라(加藤章), 1988, 「歴史教育における『史實』と歴史認識」, 上越教育大學社會科教育學會, 『上越社會研究3』, 1-4쪽.

대해 정상이 대화하고 1982년 11월에 교과용 도서검정기준·사회과 항목에 '근린 아시아 여러 나라 사이의 근·현대 역사적 사실을 다루는 데 있어서 국제이해와 국제협조의 관점에서 필요한 배려가 있어야 할 것'이라는 이른바 '근린제국조항'을 추가하였다.

가토는 이 근린제국조항의 문안을 "극히 당연한 문안이 추가되었다"고 높이 평가하였다. 이하 이 시기의 가토의 지적을 소개한다. 앞 절에서 지적한 가토의 일본 근현대사에 식민지기의 자성적 기술이 불가결하다는 견해가 다시 명확하게 제시되고 있다.

> 한국에서 발생한 일본 역사교과서 비판의 사회적 배경에는 식민지 지배의 '피해자' 입장에 선 역사교육의 일정한 '성과'가 나타나고 있었다. 이에 비해서 일본 측의 대응은 '가해자'로서의 책임을 결여한 '국제이해와 국제협조의 견지'에 머무르고 있고, 역사교육과 역사교과서의 내용을 일본 측에서 자주적이고 주체적으로 재검토한다는 적극성도 결여되어 있었다. 하지만 그 문제는 정부와 문부성에게 요구할 뿐만 아니라 역사연구와 역사교육에 관계되는 일본 측 연구자와 교사에게 부과된 문제라고 받아들여야만 한다.[19]

또한 가토 아키라는 1983년 역사인류학회 기념 강연에서 이원순의 지적('일본과 한국의 역사교육 문제점')을 고려하여 다음과 같이 언급하였다.

> (이원순의 강연은) 독일과 폴란드가 과거에 침략과 피침략의 역사를 가

19 가토 아키라(加藤章), 1993, 앞의 책.

지고 역사교과서 공동위원회를 조직하였던 사실, 이에 비하여 한일은 가깝고도 먼 관계가 지속되고 있으며, '가깝고도 가까운' 관계를 만들기 위해서 '양국의 역사학 관계자, 또는 역사교육 관계자가 이와 같은 대화를 할 수 있는 기회나 조직이 반드시 설치되기를 바란다'라고 마무리하였다. 교과서문제 직후였던 만큼 이것은 우리들에게 던져진 중대한 과제로 나는 받아들였다. 그리고 그것은 당연히 일본 측이 제안해야만 하는 과제였다.[20]

이렇게 하여 가토는 1976년에 초청한 이원순 교수에게 10년이 지난 후에야 직접 답하기 시작하였다. 그리고 가토 아키라와 이원순을 중심으로 역사화해와 역사교육에 대한 공동연구가 시작되었다.

VIII. 1987년 역사교육 공동연구의 시작

1983년 4월 가토 아키라는 조에쓰교육대학 교수가 되었다. 1993년 4월에 학장(1999년 3월까지)으로 취임하였고, 그 후 1994년 4월에는 모리오카(盛岡)대학 문학부 교수, 2000년 4월부터는 동대학 학장(2006년 3월까지)을 역임하였다. 일본 측 연구자를 대표하는 가토 아키라와 한국 측 연구자를 대표하는 이원순에 의한 20년 이상의 지속적인 학술교류를 조직한 것은 가토가 조에쓰교육대학, 모리오카대학에서 요직을 역임한 시기에 해당한다.

20 가토 아키라(加藤章), 1993, 앞의 책.

1987년 10월 가토 아키라는 조에쓰교육대학에서 사회과 교육학의 니타니 사다오(二谷貞夫), 야마모토 도모카즈(山本友和) 등과 함께 문학부 해외학술연구 '일본국과 대한민국의 역사교과서 서술에 관한 기초적 연구'를 신청하여 채택되었다. 한국에서는 민주화운동이 일어나서 군사 정권에 의한 장기간의 통치가 종식되고 있었다. 마지막 군사 정권기의 노태우 대통령은 1988년에 예정된 서울올림픽 후 국민투표에 의한 대통령 직선제를 실시한다는 성명을 발표하였다.

가토 아키라가 연구자 대표로서 제출한 연구제안서에는 '(1982년의) 일본의 역사교과서를 둘러싼 국제적 비판의 문제는 교육을 넘은 정치적 결착이고 오늘날까지 그 학술적인 해결의 수단이 취해지지 않고 있다'고 명기되어 있다. 가토 아키라는 1988~1989년 단계의 공동연구 성과를 '우리들 스스로 함몰되어 있는 일본 중심의 아시아관, 한국인식이 의문시되는 일이 적지 않았다'고 하면서 다음과 같이 회상하고 있다.

> 객관적인 사실을 가지고 일본의 침략과정을 이야기하려는 경우에도 그 사실로써 무엇을 택할 것인가라는 선택 기준 그 자체가 일본의 입장에서의 시점이 되기 쉽다는 것. 또한 편협한 내셔널리즘의 극복을 의도하여 아시아 속의 일본이라는 입장에 선다고 하더라도 그것은 일본의 팽창주의의 출현이 아닐까라고 받아들여지는 등, 먼저 연구의 전제를 둘러싼 상호 이해가 필요하다는 것을 통감하였다. … 성의와 선의를 가지고 한일관계사의 객관적 사실이나 그 인과관계를 밝히고 역사교육에 활용하려고 하여도 그 사실을 만들어낸 일본이 가해자로서의 책임과 자각을 동반하지 않는다면 새로운 한일관계를 만들어내는 역사교육이 되는 것은 아니지

않는가라는 문제의식이다.[21]

한국 측에서는 서울대학의 이원순, 이민호, 최덕수, 일본 측은 조에쓰교육대학의 가토 아키라, 니타니 사다오, 야마모토 도모카즈 외에 요코야마 도시오(橫山十四男), 다니가와 아키히데(谷川彰英), 다카야마 쓰기요시(高山次嘉), 미야조노 마모루(宮薗衛), 다부치 이소오(田淵五十生) 등과 함께 일본과 한국 양국의 공동연구를 실시하였다. 한국 측 창구는 서울대학의 이원순 교수였다.

공동연구는 기무라 시게미쓰(木村茂光), 기미지마 가즈히코(君島和彦), 사카이 도시키(坂井俊樹)를 중심으로 한 도쿄가쿠게이(東京學藝)대학과 정재정(鄭在貞)을 중심으로 한 서울시립대학에 의한 공동연구로 계승되면서 가토 아키라, 이원순의 신뢰관계에 기반을 두고 계속되었다.

역사교육 공동연구의 성과는 2007년에 발간된 『한일역사공통교재 한일교류의 역사』(아카시서점)이라는 단행본으로 집약되었는데, 여기까지 이르는 과정에서 다양하고 실질적이고 솔직한 토론이 축적되었다. 이하에서는 전근대에 관해서 한국 측이 지적한 일본 역사교과서에 대한 비판적 논점의 일부를 가토가 정리한 것을 인용하였다.[22]

〈한국사의 주체성〉

지금까지 일본사에서 한민족의 역사는 일본사에 필요한 범위를 절취한

21 가토 아키라(加藤章), 1994, 「日韓歷史教育研究の一つの前提」, 『現代社會科教育論』, 帝國書院, 143-152쪽.

22 이하 인용문은 한국 역사교과서 연구회·일본 역사교육 연구회, 2007, 『한일역사 공통 교재 한일 교류의 역사』, 혜안에서 인용.

모양을 갖게 된 결과, 한국사의 일관성뿐만 아니라 주체성까지 경시되어 있다는 것. 예를 들어 한민족에 관한 기술의 첫 출전은 한(漢)의 식민화로서의 낙랑군(樂浪郡)이며 그 이전의 역사를 언급하지 않는 것은 한국이 선사문명이나 부족국가를 이루지 못한 채 중국의 식민지로부터 시작한 것과 같은 역사상을 주는 결과가 되어 있다는 것.

〈삼국문화의 독자성〉

동아시아의 중심을 중국에 두는 일본 측의 시점이 너무 강해서 한반도에서 형성된 삼국문화의 독자성을 경시하고 '대륙문화'라는 표현으로 모호해져 있다. 그러나 한반도로부터의 도래인(渡來人)에 대한 이해가 깊어져 온 것은 인정되지만, 야마토정권이 수행한 역할에 대한 평가는 불충분하고 그것이 야마토정권에 의한 임나지배와 같은 전전의 인식과 기본적으로 다르지 않다는 이해 방식을 잠재시키고 있다.

〈임나 문제와 광개토왕비 문제〉

임나 문제와 광개토왕비 문제에 대해서는 한일 쌍방에서 학설적으로도 명확하지 않은 부분이 많음에도 불구하고 교과서에서 중시하는 경향이 강하다. 그것은 일본 고대사 연구에서 신중한 사료 비판이 되고 있는 『일본서기』에 지나치게 의존하여 아직도 한국은 식민지이고 '왜(倭)'를 고대 통일국가로 보는 것과 같은 선입관을 갖게 하는 결과를 낳고 있다는 것. 또 일당(日唐)관계를 중시하는 경향에 대해서 신라와의 정치적·문화적 교류와 고구려 이민이 세운 발해국과 일본과의 교류가 경시되고 일본의 율령국가 형성에 미친 의의가 약화된 결과로 나타나고 있다.

〈왜구〉

해적 집단이라는 의미보다도 '무역에 종사하면서 때때로 범한 약탈행위'라고 하는 애매함이 보인다. 또한 왜구의 침입이 고려 멸망의 원인이 된다는 시각은 문제가 있다. 고려 정부가 대책에 고심했다는 것은 사실이지만 한국사 연구의 성과는 원(元), 명(明) 교체라는 사회변동의 결과였다고 되어 있다. 게다가 왜구에 의해 큰 피해를 입은 고려 민중에 대한 시점을 결여한 왜구의 평가가 되어 있다.

〈도요토미 히데요시의 조선침략〉

15·16세기의 평화적인 문화교류의 시대-외교·교역·문화의 전파-대장경, 불상·서적 등을 빼고서 갑자기 '분로쿠(文祿)·게이쵸(慶長)의 에키(役)'가 등장한다. 기본적으로 그 침략성과 한민족의 저항에 대해서 언급하도록 되어 있지만 전쟁의 원인에 대해서 '정명가도(征明假道)'요구가 거절되었기 때문이라고 하고 또 전쟁 종결이 일본군의 패전이 주원인이었음에도 불구하고 히데요시의 죽음에 의한 것이라고 기술되어 있는 것에 그치고 있다. 게다가 전쟁에 의한 피해가 인명과 국토의 황폐화, 재물, 문화재 등 막대했다는 것, 또 최근의 연구처럼 침략군에 의한 수많은 노예 획득의 사실 등의 문제가 은폐되어 있다.

이처럼 한국 측의 비판적 지적에 대해서 가토는 "역사연구 심화로 이러한 비판을 납득시킬 수 있는 성과가 축적되고 있다고 보는 것이 좋은데 그러한 연구 성과로서의 사실이 역사교육의 현장에서 어떻게 교재화되고 있는가, 나아가 역사교과서에 등장하기 위해서 교과서 검정을 통과할 수 있는가의 여부는 전술한 고대사 연구자의 상황에서 보아도 결코 낙관적이라고는 할 수 없다."[23]고 말하고, 역사교육의 실제와 실태가 학술적 성과를 고려한 진지한 대응이 필요하다고 지적하고 있다. 그리고 히데요시의 조선침략의 문제에 대해서도 아사오 나오히로(朝尾直弘)의 연구를 "주목할 만한 분석으로 일본사 연구의 새로운 성과"라고 평가하면서도 "역사연구의 성과가 교과서와 역사학습의 장(계몽서의 경우도)에 등장할 경우, 그 사실(史實)을 토대로 삼은 히데요시의 '논리적 필연성'이 그대로 조선침략이라는 역사적 사건에 대한 일본인의 '논리적 필연성'으로 전환한다는, 정말로 아사오 씨의 의도를 넘은 파급효과가 나타날 가능성이 역사적으로 봐도 또 현대의 일본인의 의식상황을 봐도 충분히 있을 수 있다. … 과학적·객관적으로 제시된 사실(史實)이라고 하더라도 이와 같은 경우는 역사교육의 입장에서의 배려 없이는 일본과 한국의 양국민에게 전혀 반대되는 역사의식을 생기게 하여 결과적으로 상호이해에서 멀어지는 일이 일어날 수도 있을 것이다."라고 총괄하였다.

일본과 한국의 역사연구에 관한 실증적 작업, 역사교과서와 역사교육에 관계하는 실제, 역사교육정책의 과제에 각각 정통하여 그 위에서 양국의 학술적 신뢰관계를 고려한 역사화해 프로세스를 실행한 가토 아키라다운 지적이라고 할 수 있다.

---

23 가토 아키라(加藤章), 1988,「歴史教育における『史實』と歴史認識」, 1-4쪽.

IX. 1991년 '한일합동 역사교과서 연구회'의 근현대사 분석[24]

1991년 9월, 제2회 한일합동 역사교과서 연구회에서 가토는 고교 일본사 교과서의 근대 초기의 기술을 분석하여 보고하였다. 여기서는 이하 동 연구회에서의 보고를 중심으로 가토 아키라의 한일 근현대사 관련 지적을 확인하고자 한다.

〈현대 인식으로서의 '진구(神功)황후 전설'〉[25]

'천황'이라는 칭호, '일본'이라는 국호가 제도적으로 정착한 것은 텐무(天武), 지토조(持統朝), 다시 말해 기요미하라(淨御原) 율령 제정 시기인 7세기 후반이라고 보는 시각이 지배적이었다. 이는 곧 이때부터 '일본인'으로서 국가의식을 갖기 시작하였다는 것인데, 일본 열도에서 국가의식의 성립이 진구황후 신라정토 이야기라는 정치 신화를 만들었다라는 구조는 그 후의 일본인의 역사의식 형성에 깊게 관련되어 있다는 것은 말할 필요도 없다. … 오히려 문제는 그 국가의식의 첫 발생이 한반도 지배라는 허구의 '신화'와 세트가 되어 시대의 흐름과 함께 사라지지 않고 계속 살아

24 가토 아키라(加藤章), 1992, 「『征韓論』から『朝鮮開港』まで(日本史教科書分析)」, 『朝鮮·韓國は日本の教科書にどう書かれているか』, 梨の木舍, 23-42쪽. 또한 君島和彦는 "일본사 교과서의 검토는 1991년과 1992년에 「日韓合同歷史教科書研究會」에 의해서 처음으로 실시되었다."고 지적한다(기미지마 가즈히코(君島和彦), 2009, 「日本と韓國での歷史共通認識と歷史共通教材」, 『學術の動向』 3月號, 日本學術協力財團, 70-72쪽). 歷史學研究會, 2004, 『歷史教科書をめぐる日韓對話-日韓合同歷史研究シンポジウム』, 大月書店, 日韓歷史教科書研究會, 1993, 『教科書を日韓協力で考える』, 大月書店.

25 가토 아키라(加藤章), 1992, 위의 책.

있었다는 것이다. … 하나의 민족 하나의 국가라는 단일국가론과 표리의 관계를 유지하면서 이 신화는 "역사적 사실"로써 일본의 근대 역사교육에서 황국사관을 보강하는 역할을 해왔다. '이 허구에 근거한 한반도 지배의 사상이 중세·근세를 거쳐서 '정한론'으로, 더 나아가 식민지화의 근거로서 재생산을 반복하는 구조를 일본 측에서 명확하게 밝히는 것이 필요할 것이다.'[26]

〈강화도사건과 조일수호조규〉

아시아의 일본은 구미 열강의 세력균형하에서 조선 개국의 첨병 역할을 짊어지고 이를 배경으로 과거 일본이 강요받았던 불평등조약과 같은 조일수호조규를 강력한 군대와 대포로 조선에게 강요한 것이다. 이 점에서 일본사 교과서는 실로 사전에 약속이라도 한 것처럼 '일본은 조선에 접근하여 다음 해 조일수호조규(강화도조약)를 맺고 조선을 개국시켰다.' 또는 '맺게 하였다.'라고 기술할 뿐이다. … 한국 근대사 연구 성과를 일본사 교과서에 반영함으로써 '일본이 조선을 개국시킨 것은 어쩔 수 없었다. 오히려 좋은 일을 했다'고 하는 일본 중심의 침략을 정당화하는 것을 멈추고 조선에도 자주적인 발전의 길이 있었다라는 기술로 바꿔야 할 것이다.[27]

〈식민지기〉

우리들의 최근 역사교과서 분석의 결과에서도 일본의 한국 식민지화가 진정한 의미에서 한반도 근대화에 기여했다라고 파악하는 방식은 모두 부정

26 가토 아키라(加藤章), 1992, 앞의 책.

27 가토 아키라(加藤章), 1992, 앞의 책.

되고 있다. 또 신(申)교수가 지적한 것 가운데 청일전쟁, 러일전쟁에서 일본의 승리가 중국·한국·일본의 근대화 성공을 향한 기대감을 가진 시기가 있었음에도 불구하고 일본이 그에 응하지 못하고 오히려 중국과 한국을 침략하기 시작하였다는 시각은 동아시아의 근대화를 전체적으로 파악하려고 하는 구체적인 시점으로서 주목받을 만한 중요한 지적이다.[28]

가토는 일본과 한국의 연구자에 의한 역사교과서 검토 작업이 일본에게 어떤 의미를 부여하는가를 다음과 같이 설명하고 있다.

일본의 교과서 검토를 통해서 가해자로서의 입장을 자각하는 것의 어려움을 알게 되었다. 한국사의 입장에서 나타나는 피해자이고 또 저항의 주체이기도 한 입장에서의 많은 사실이 제시되었다. 예를 들면 '15년 전쟁'관은 중일관계 중심의 역사관이라는 비판과도 연결되듯이 일본의 역사교육뿐만 아니라 동아시아의 역사연구에 새로운 문제 제기를 다양하게 하였다는 것도 또 하나의 수확이었다.[29]

28 가토 아키라(加藤章), 1993, 「東アジアの近代化過程をどう敍述するか」, 『世界史教育と東アジアの近代化像』, 韓日歷史教育シンポジウム(1993年 12月 4~5日) 보고서.

29 가토 아키라(加藤章), 2013, 『戰後歷史教育史論』, 東京書籍.

X. 1989년 학습지도요령의 역사학습[30]

1989년에 학습지도요령이 개정되었다. 그리고 공교롭게도 쇼와(昭和) 천황이 서거한 해이기도 했다. 일본은 쇼와에서 헤이세이(平成)로 원호가 바뀌었다. 가토 아키라는 이 두 개의 역사적 전환점에 있어서 한일관계사 특히 일본이 행한 침략전쟁과 식민지통치에 관련되는 역사적 사실에 근거한 진지하고 자성적인 이해를 촉구하고 있다.[31]

〈단일국가론 비판〉

일본인·일본국 일원론의 역사가 우리들의 의식을 지배하여 온 것도 역시 전전·전후를 통한 의무교육 속에서 뿌리를 내리고 변하지 않았던 국사교육 내지는 일본사 중심의 역사교육의 '성과'가 아니었는지 자문하지 않을 수 없다. … 지금은 역사교육과 관련되는 교사의 의식변혁이야말로 중요한 과제이고 우리들이 변하지 않는 한 아이들과 학생들의 역사의식도 여전히 단일민족국가의 이미지를 계속 재생산할 것이다. 그리고 지금 더욱 뿌리 깊게 잔존하는 민족차별관이나 진정한 국제화를 방해하는 이기적인 자국중심주의는 모두 이 단일민족·단일국가관에 근거한 역사상(像)에 기인하고 있는 것을 생각하면 역사교육 개혁을 위한 관점은 자연스럽게 명확해질 것이다.

---

30 가토 아키라(加藤章), 1989,「歷史教育と地域」,『地域に學ぶ社會科教育』, 東洋館出版社, 32-46쪽.

31 이하의 인용은 모두 다음에서 인용. 가토 아키라(加藤章), 1989,「國際化へ向けての歷史教育の立場」, 日本社會科教育學會編,『社會科教育』323.

〈침략 전쟁론의 학습〉

영국을 비롯하여 세계 국가들의 천황의 전쟁책임론과 침략전쟁론의 뉴스를 초등학교와 중학교의 현행 사회과에서 어떻게 교재화 하고, 수업에서 활용할 것인가. 도입하여서 문제 제기를 할 것인가. … 학생들의 일상성에 혼란을 주면서 왜 이렇게 비판받는가를 학습하는 좋은 기회였다고 생각하는 것이 사회과 역사의 입장이다. 교과서에 기술되지 않은 부분에서 교과서의 문장 뒤에 있는 복잡한 역사를 다루고 사실을 둘러싼 해석의 차이와 과거가 현재에도 아직 계속해서 살아있다는 실례를 체득하는 것에서 학생들 나름대로 일본의 역사를 통해서 세계와의 연계에 눈을 뜨는 중요한 기회가 될 것이다. 지금이라도 늦지 않았다.

〈국제적 시점〉

발달 단계에 따라서 일본의 근대사가 외국에서 어떻게 비춰지고 있는지를 살펴보며 생각하는 것은 지금 동 세대의 한국과 중국, 동남아시아의 학생들과 교류하기 위해서라도 최소한 필요한 지식이다. 이 부분, 중학교에서는 '두 번의 세계대전과 일본'의 내용에서 '국제정세의 대강을 배경으로' 국내의 움직임과 맞춰서 '중국 등 아시아 여러 나라와의 관계를 다룬다'는 것이 특별히 제시되어 있는 것은 마침내 '침략전쟁을 둘러싼 아시아 여러 나라의 시각을 상대국의 현재 교과서 기술 등도 자료로 사용함으로써 상대적으로 인정해가는 방향이 생성되고 있다고 평가할 수 있을 것이다. 전전(戰前)의 자국중심주의의 역사과 교육에서 국제화된 사회에 부합한 역사교육으로 발전하기 위해서는 현대의 일본과 국제사회가 끊임없이 교차하는 것과 같은 문제의식의 역사교육이 되지 않으면 안 될 것이다.

XI. 1996년 『신편 일본사』 비판

1990년대에 이르러 한일 정부의 공적 조정이 일정한 성과를 내기 시작했다. 노태우 대통령의 방일을 환영하는 만찬회에서 미야자와(宮澤) 수상이 "일본 국민은 우선 무엇보다도 과거 한 시기에 귀국 국민이 우리나라의 행위에 의해 견디기 어려운 고통과 슬픔을 체험한 사실을 상기하고 반성하는 마음을 잊지 않도록 하지 않으면 안 됩니다. 저는 총리로서 다시 한번 귀국 국민들에게 반성과 사죄의 마음을 말씀드리고 싶습니다"(1992년 1월)라고 했다.

또 고노(河野) 관방장관의 "군의 관여하에 수많은 여성의 명예와 존엄에 깊은 상처를 입힌 문제이다. 정부는 이번 기회에 다시금 그 출신지의 여하를 떠나 소위 종군'위안부'로서 헤아릴 수 없는 고통을 겪고 심신에 치유하기 어려운 상처를 입은 모든 분들에게 진심으로 사죄와 반성의 심정을 말씀드립니다"(1993년 8월)라는 담화, 나아가 전후 50년을 맞이하여 무라야마(村山) 총리대신 담화(1994년 8월), 중의원 '역사를 교훈으로 평화에 대한 결의를 새롭게 하는 결의'(1995년 6월), '여성을 위한 아시아 평화 국민기금'(1995년 7월) 등이 발표되었다.

역대 총리의 이름으로 일본군'위안부' 문제에 대한 견해가 공표된 것도 이 시기였다.

> 이른바 '종군 위안부' 문제는 당시 군의 관여하에 수많은 여성의 명예와 존엄에 깊은 상처를 입힌 문제이다. 저는 일본국 내각 총리대신으로서 다시 한번 이른바 '종군 위안부'로서 헤아릴 수 없는 고통을 겪고 심신에 치

유하기 어려운 상처를 입은 모든 분들에게 진심으로 사죄와 반성의 마음을 말씀드립니다.(1996년 8월. '전 "위안부" 분들에 대한 내각총리대신의 편지'. 하시모토 류타로(橋本龍太郎), 오부치 게이죠(小淵惠三), 모리 요시로(森喜朗), 고이즈미 준이치로(小泉純一郎) 서명)[32]

1998년 10월에는 오부치 수상·김대중 대통령에 의한 한일공동선언에서 '새로운 한일 파트너십', '재일 한국인 지위 향상', '정부 간 유학생과 청소년 교류 프로그램의 충실', '한국에서 일본 문화를 개방한다'는 등의 방침을 발표하였다. 한편 일본군'위안부' 문제를 포함한 식민지 지배에 대한 반성 등이 정부 견해, 국회 결의 등으로 표명되는 가운데 이에 반발하는 일본 내의 주장도 표면화되었다. 고교 일본사 교과서로서는 전후 처음으로 명확하게 보수적 입장을 기술한 교과서가 검정을 통과했다. 바로 『신편 일본사』이다.[33]

가토 아키라는 당시 『외압에 흔들리는 일본사』(코우분샤(光文社), 1987)를 발표하여 『신편 일본사』를 옹호하는 대표적인 보수 논객의 한 사람인 하야시 겐타로(林健太郎)의 견해를 다음과 같이 비판하였다.

역사 독립론의 배경이 더욱더 명확하게 되었다. 부제로 '교과서 문제를 생각한다'고 했듯이 1986년(쇼와 61)년의 『신편 일본사』를 둘러싼 문제와 1982년(쇼와 57)의 이른바 '침략·진출' 문제를 둘러싸고 매스컴과 정부의 대응을 강하게 비판하고, 나아가 개인 입장에서 교과서의 '마르크스주

---

32 https://www.mofa.go.jp.

33 『新編日本史』(原書房)의 검정 통과는 1986년 6월, 「神武建國神話」, 「三種の神器」, 「新嘗祭」, 「大嘗祭」, 「東郷平八郎」 등의 기재가 문제가 되었다.

의적 경향'을 논단한 것이다. … 하야시 씨의 경우, 문제는 역사학습이 현재에도 더욱 마르크스주의 영향하에 있다는 시각에서 논하여지고 있다는 것에 초점이 있다. 사회과는 사회과학의 입장과 동일하다고 하고 역사에서 인간성이 경시되고 있는 것이 큰 불안의 원인이라고 생각한다. 전체적으로 하야시 씨는 사회과에 대한 강한 불신감을 가지고 있는 것이 확실하지만 그렇다 하더라도 하야시 씨의 사회과 관점은 사회과 교육 40년의 역사에서 볼 때 너무 일방적이라고 할 수 있다.[34]

가토 아키라는 한일 역사교육 공동연구가 이러한 퇴행적 견해로 인해 수포로 돌아가는 것처럼 보인 것이 안타까웠던 것이다.

XII. 2000년 '과거청산' 심포지엄 -정재정 교수와의 대화

1998년 10월 김대중 대통령이 일본을 방문했고, 이때 '한일공동선언'이 발표되었다. 김대중 대통령은 오부치 수상의 발언, '일본이 과거 한때 식민지 지배로 인하여 한국 국민에게 다대한 손해와 고통을 안겨 주었다는 역사적 사실을 겸허히 받아들이면서, 이에 대하여 통절한 반성과 마음으로부터 사죄'한 것에 대해서 '(오부치 총리대신의) 역사인식 표명을 진지하게 받아들이고 이를 평가하는 동시에, 양국이 과거의 불행한 역사를 극복하고 화해와 선린우호협력에 입각한 미래지향적인 관계를 발전

34 가토 아키라(加藤章), 2013, 앞의 책, 124쪽.

시키기 위하여 서로 노력하는 것이 시대적 요청이라는 뜻을 표명하였다.'고 했다. 한국에서는 군사정권이 종식되고 국민의 직접 선거에 의한 대통령도 3대째가 되어 민주화가 진행되고 있었다. 그 위에서 역사화해 프로세스가 급속하게 진전되는 것처럼 보이는 시기였다.

2000년 11월 4일, 서울특별시에서 한일문화교류정책 자문위원회 주최의 한일문화심포지엄 '"과거청산"과 21세기 한일관계'가 개최된 것은 이 시기였다.[35]

가고시마(鹿兒島)대학에 재직하고 있던 필자는 이 심포지엄 직전에 가토 아키라로부터 연락을 받고 당시 예정하고 있던 강연 등의 일정을 모두 취소하고 이 회의에 참가하였다. 되돌아보면 이때 가토의 권유가 없었더라면 그 후 한일 역사교육연구에 관계하는 일은 없었을지도 모른다. 필자에게 이 심포지엄은 소중한 경험이었다. 사회는 이원순(당시 국사편찬위원회 위원장)과 지명관(池明觀, 당시 한일문화교류회 위원장)이었다. 가토는 제3분과에서 '한일 역사교과서에 대해서'로 보고했다. 이때 한국측의 주제 발표자는 정재정 교수(서울시립대)였다. 정재정은 '한국에서 본 일본 역사교과서'라는 주제로 보고하였다. 가토는 일본역사교과서 기술을 비판하고 정재정의 보고에 대해 다음과 같이 발언하였다.

> 정재정 교수가 최근 일본의 새로운 교과서 기술 내용에 대해서 얻은 정보에 의하면 검정 중인 역사교과서의 내용이 '종군위안부', '난징대학살', '삼광(三光)작전' 등에 관한 기술이 대폭 축소되고, '침략'이 '진출'로 바뀌고

35 가토 아키라(加藤章), 2001, 「日本から見た韓國歷史教科書」, 盛岡大學比較文化研究センター, 『比較文化研究年報』 13, 1-13쪽.

식민지 지배의 실태를 모호하게 기술하고, 또 '한국병합'을 국제사회의 승인을 받은 합법적인 사건으로 기술하고 있다는 것이다. 이는 1982년 당시 상황으로 후퇴하고 있는 것이 아니냐고 지적했다. 그 배경에 '새로운 역사교과서를 만드는 모임'(이하 '새역모')과 같은 우익계열의 국가주의자가 전개해 온 교과서 공격의 영향을 받고 있는 것은 아닌가, 이것은 문부성에 의한 '사전 지도'와 교과서 채택률 저하를 피하려고 하는 출판사 측의 '자주 규제'라는 형태로 나타나고 있는 것은 아닌가.[36]

이와 같은 시기에 가토도 "'새역모'등의 활동 가운데 일본중심주의를 지나치게 강조하면, 이제까지 노력하여 솔직한 대화를 할 수 있게 된 한일 문화교류와 교과서 연구의 분위기를 또 무너뜨리지 않을지 우려됩니다"[37]고 지적하였다. 정재정이 표명한 위기감은 가토와 마찬가지였다. 그래도 가토는 "양국 역사교과서 연구를 통한 내용 개선에 대한 노력이 교육을 통해서 역사인식의 공유 부분을 넓혀가는 것에 도움이 되는 것을 믿어 의심치 않는다"[38]고 하였다.

가토 아키라는 정재정으로부터 강한 비판을 받으면서도 이를 신중하게 받아들이고 스스로 반성하고 계속 새로운 제안을 했다. 일본과 한국의 미래의 가능성을 믿어 의심치 않았던 것이다.

---

36 가토 아키라(加藤章), 2001, 앞의 글.

37 가토 아키라(加藤章), 1991, 「環日本海文化の歴史的視点」, 盛岡大學, 『Frontier』 9, 14-17쪽.

38 歴史教育研究會編, 2000, 『日本と韓國の歴史教科書を讀む視点』, 梨の木舍.

XIII. 이원순과의 신뢰관계

가토 아키라가 일본과 한국의 역사교육, 역사교과서에 관한 공동연구를 진행한 배경에는 일본 측에서는 니타니 사다오(二谷貞夫, 조에쓰교육대학), 기무라 시게미츠(木村茂光), 기미지마 가즈히코(君島和彦), 사카이 도시키(坂井俊樹, 도쿄가쿠게이대학)를 비롯한 다수의 연구자, 교육자와의 신뢰관계가 있었다. 그리고 한국 측에도 정재정을 비롯한 서울시립대학, 서울대학을 중심으로 한 연구자, 교육자와의 신뢰관계가 있었다. 그 위에 역시 한국의 이원순과의 신뢰관계를 언급하지 않을 수 없다.

이원순은 한국에서 역사학, 역사교육계의 중진으로 알려져 있다. 1926년생이며 전전 경성사범학교를 거쳐 1949년에 서울대학교 사범대학 역사과를 졸업하였다. 중학교와 고교 교사, 한양대학교 교수를 거쳐 1967년에 서울대학교에 부임하여 사범대학 학장을 역임하였다. 퇴임 후에는 한국의 국사편찬위원장을 역임하였다. 2018년 8월 10일 소천하였다. 92세였다.[39]

가토 아키라는 고교 교사에서 나가사키대학에 부임한 직후, 1976년 10월에 이원순의 초청으로 한국을 방문하였다. 이때부터 가토의 소천(2016년 2월 8일)까지 40년 동안 계속 교류하였다.

> 이원순 선생님과는 1976년 서울에서 개최된 한국의 역사교육연구회 주최 '민족과 역사·역사교육' 심포지엄에 초청받은 이래 우호적으로 교류하고 있다.

---

39 이원순(李元淳), 1994, 『韓國からみた日本の歷史教育』, 青木書店.

한국뿐만 아니라 일본의 역사교육에 대해 깊은 연구를 축적하고 날카로운 문제의식과 명쾌함, 그리고 알기 쉬운 발언으로 여러 학회와 연구회를 리드해왔다. 때로 신랄한 발언이 오고 가더라도 원만한 품성으로 뒤끝을 남기는 일이 거의 없었다.[40]

필자는 가토 아키라가 이원순에 대해서 항상 존경하는 마음을 가지고 이야기하고 있던 것을 기억한다. 한일 공동연구와 교류를 유지시킨 것은 무엇보다도 가토 아키라의 이원순에 대한 신뢰에 바탕을 둔 것이었다는 것을 기록하고 싶다.

XIV. 맺음말

가토 아키라와의 만남은 필자가 나가사키의 미션스쿨에 재직하고 있던 시절, 나가사키대학의 가토 연구실을 방문하여 역사와 역사교육에 대해서 가르침을 받은 것에서부터 시작되었다. 가토 교수가 나가사키대학을 퇴임하고 조에쓰교육대학 학교교육학부 교수로 전출하게 되었다. 1983년 4월이었다. 필자는 망설이지 않고 휴직하고 조에쓰로 가기로 마음먹었다. 1984년 4월부터 1986년 3월까지 가토 밑에서 석사 과정의 연구 지도를 받을 수 있었다.

석사과정을 마친 1986년 여름, 가토의 권유를 받고 한국 답사 여행에

40 가토 아키라(加藤章), 1995, 「李元淳」, 韓國文化院, 『月刊 韓國文化』 17-2, 38-41쪽.

참가했을 때의 일이다. '근세 한일관계의 여행-분로쿠·게이쵸(文祿·慶長)의 에키(役)[임진왜란·정유재란]을 중심으로'라는 주제로 가토 선생님이 프로그램을 기획한 답사 여행이었다. 7월 31일부터 8월 6일까지의 답사 여행 중에 서울에 도착했을 때, 당시 조선총독부 건물을 지나 안쪽으로 들어가서 오르막 언덕길을 걷는 중에 우편에 명성황후 암살비와 그것을 묘사한 벽면의 그림이 있었다. 필자는 경솔[迂闊]하게도 '사진 찍을까요'라고 선생님에게 물었고, 선생님은 '일본인의 비열한 행위 앞에서 사진을 찍고 싶지 않다'고 말씀하셨다. 그 '비열한'이라는 역사인식에 감동하여 스스로 부끄러워한 것을 선명하게 기억하고 있다.

가토 아키라가 권유한 것은 앞에서 언급한 바와 같이 2000년에 서울에서 개최된 '과거청산' 심포지엄이었다. 그 심포지엄 다음 날로 기억하는데, 가토 선생님과 함께 이원순 선생님 자택에 초대되었고, 서울대학 선생님들과 함께 강화도 견학에 참가할 수 있었다. 이원순 선생님은 그 후 가토 아키라 문하생이라는 이유로 친근하고도 엄하게 대해주셨다. 그 모든 것이 가토 선생님이 계시지 않았다면 얻을 수 없었던 인생의 전기였다.

2013년 가토 아키라의 역사교육론을 집대성한 『전후 역사교육사론-일본에서 한국에』(도쿄서적) 저서가 완성되었을 때는 출판이 되기 훨씬 이전부터 이원순 선생님에게 직접 전달해야 한다고 말씀하고 계셨다. 다음 사진은 필자도 함께 동행하여 서울에서 가토 선생님이 그 책을 이원순 선생님에게 증정하실 때의 것이다(사진 2). 2013년 11월 15일, 장소는 서울 명동 기독교 평화센터, 이원순 선생님의 연구실, 오후 1시 경이었다. 그 후 이원순 선생님 단골 가게에서 점심을 대접받았다. 이제 가토 아키라와 이원순 두 분 선생님은 함께 고인이 되셨다. 두 거성에게 근접할 수도 없지만 남아있는 우리들의 책임은 무겁다고 생각한다.

〈사진 2〉 2013년 11월 15일, 이원순 교수의 연구실에서. 〈아래 사진〉 왼쪽부터 시계방향으로 이원순 교수, 가토 아키라 교수, 필자(우메노 마사노부), 서의식 교수(필자 소장).

참고문헌

이원순·정재정 편저, 2002, 『일본 역사교과서, 무엇이 문제인가』, 동방미디어.

李元淳, 1976, 「日本史教科書にみられる韓國史關係記述について」, 『韓』 56.

______, 1994, 『韓國からみた日本の歷史教育』, 青木書店.

______, 2004, 「韓國と日本をつなぐ歷史學と歷史教育」, 二谷貞夫 편, 『21世紀の歷史認識と國際理解』, 明石書店.

加藤章, 1953, 「歷史觀と歷史教育」, 『歷史教育講座』 1, 誠文堂新光社.

______, 1977, 「和歌森太郎氏を偲んで」, 『歷史地理教育』 266.

______, 1978, 「近代文化の形成と發展」, 佐藤照雄, 『高等學校學習指導要領の展開 社會科編』, 明治圖書.

______, 1987, 「文化を中心とする總合的學習」, 『歷史教育學事典』, ぎょうせい.

______, 1988, 「歷史教育における『史實』と歷史認識」, 上越教育大學社會科教育學會, 『上越社會研究』 3.

______, 1989, 「歷史教育と地域」, 『地域に學ぶ社會科教育』, 東洋館出版社.

______, 1989, 「國際化へ向けての歷史教育の立場」, 日本社會科教育學會編, 『社會科教育』 323.

______, 1991, 「環日本海文化の歷史的視点」, 盛岡大學, 『Frontier』 9.

______, 1992, 「『征韓論』から『朝鮮開港』まで(日本史教科書分析)」, 『朝鮮·韓國は日本の教科書にどう書かれているか』, 梨の木舍.

______, 1993, 「東アジアの近代化過程をどう敍述するか」, 韓日歷史教育シンポジウム報告書, 『世界史教育と東アジアの近代化像』.

______, 1995, 「李元淳」, 韓國文化院, 『月刊 韓國文化』 17-2.

______, 2001, 「日本から見た韓國歷史教科書」, 盛岡大學比較文化研究センター, 『比較文化研究年報』 13.

______, 2013, 『戰後歷史教育史論 日本から韓國へ』, 東京書籍.

君島和彦, 2009, 「日本と韓國での歷史共通認識と歷史共通教材」, 『學術の動向』3月號, 日本學術協力財團.

________, 2012, 「韓國の歷史教育と教育課程」, 『歷史評論』 748.

梅野正信, 2001, 『和歌森太郎の戰後史』, 教育史料出版會.

________, 2004,『社會科歷史教科書成立史-占領期を中心に-』, 日本圖書センター.

________, 2005,『日本映畵にみる教育と社會』, エイデル研究所.

二谷貞夫 편, 2004,『21世紀の歷史認識と國際理解』, 明石書店.

歷史教育硏究會 편, 1993,『教科書を日韓協力で考える』, 大月書店.

________________, 2003,『日本と韓國の歷史共通教材をつくる視点-先史時代から現代までの日韓關係史-』, 梨の木舍.

________________, 2007,『日韓歷史共通教材』, 明石書店.

和歌森太郎, 1977. 2. 10,「『建國記念日』滿十年の今」,『朝日新聞』, 夕刊.

4장

호소카와 가로쿠의
일본 제국주의 인식과 식민지 조선통치 비판

서종진
동북아역사재단 연구위원

I. 머리말

아래 인용문은 1942년에 반전주의를 고취하고 공산주의를 선동하였다는 혐의로 '특고(特高)'에 체포된 호소카와 가로쿠(細川嘉六)의 글이다. 일본이 제국주의 팽창정책을 추진하던 시기에 월간 잡지 『개조(改造)』에 「세계의 동향과 일본」이라는 제목으로 발표되었다.

> 야마토(大和) 민족이 일·청전쟁과 일·러전쟁 이후와 같이 의연하게 구미 제국주의의 추종자로서 아시아 여러 민족을 대할 때는 아시아 여러 민족 가운데 고립되는 위험을 자초하는 것이다. 분명한 것은 일본에 의해서 구미 세력을 구축(驅逐)하게 된 아시아의 여러 민족들이 구미 제국주의의 아류자로서의 야마토 민족에게 갈망할 것은 없다.[1]

호소카와는 일본이 국제 정세를 청일전쟁과 러일전쟁, 제1차 세계대전 당시의 감각으로만 파악하는 데 그치고 있어서 시야가 좁다고 비판하고 있다. 근대 일본이 구미 제국주의 추종자로서 그들의 '아류'에 불과한 진로를 선택한 결과 아시아 여러 민족을 영도(領導)하는 것에 실패하였다는 것이다. 「세계의 동향과 일본」의 주요 내용은 제국주의 열강의 모순과 대립에 주목하고 '소련'의 역할과 공업 발전에 눈을 돌려야 한다고 강조하고, 이집트와 터키, 이란, 아프카니스탄 등의 발전을 언급하면서 특히 인도와 중국의 민족운동, 반제국주의 운동의 고양과 그 미래에

---

1 細川嘉六, 1942, 「世界史の動向と日本」, 『改造』, 9月號. 細川嘉六, 1972, 『細川嘉六著作集 第三巻』, 理論社 재인용.

대해서 주의해야 한다는 것으로 요약할 수 있다.

이 글은 1942년 8~9월에 연재되었는데, '반전(反戰)사상을 고취'하고 '공산주의적 계몽 논문'이라는 이유로 이 글이 게재된 월간지 『개조』가 판매 금지되었고 필자인 호소카와는 치안유지법 위반 혐의로 검거되었다. 사건은 여기서 그치지 않고 1943년 5월에는 호소카와와 '공산당 재건 모의'라는 혐의로 당시 진보적인 잡지를 발간하고 있던 주오코론샤(中央公論社) 소속 편집자들도 함께 체포되었다. 이 사건이 전시하의 사상과 표현에 대한 대표적인 언론탄압 사건으로 알려진 '요코하마(横浜)사건'[2]이며 호소카와는 이 사건의 중심인물이었다. 현재 호소카와는 이 '요코하마사건'과 관련지어서 그 중심인물로서 묘사되고 있다.

치안유지법 위반으로 체포된 호소카와는 이후 스가모(巣鴨) 구치소와 요코하마 감옥에서 조사를 받다가 패전을 맞았다. 전시 체제하에서 엄격한 검열을 받던 시기였기에 호소카와의 저술 활동은 조심스럽게 진행되었지만 일단 검열을 통과하여 출판된 논문들이 문제가 되었던 것이다. 아시아·태평양전쟁 이후 더욱 엄격해진 언론통제 속에서 요코하마사건으로 검거된 이후에는 호소카와의 저술 활동도 중단되었기 때문에 전시 재야에서 활동한 저명한 언론인이자 국제정치학자, 평론가의 한 사람이었던 호소카와의 논저는 패전 후가 되어서야 정식으로 발간되었다. 또한 요코하마사건 관련 자료와 기록도 패전 직전에 '특고' 당국이 폐기

---

2 요코하마사건은 1942~1943년에 걸쳐 공산당 관계자들을 검거하는 과정에서 호소카와를 포함한 언론 관계자들을 연관시켜서 날조한 사건을 일컫는다. 호소카와는 도야마현 도마리에서 일본 공산당 재건을 준비하기 위해 모의했다는 혐의로 체포되었고, 치안유지법을 위반하였다는 것이다. 요코하마사건의 본질은 전시체제하에서의 언론탄압이었다. 中村智子, 1979, 『横浜事件の人びと』, 田畑書店 참조.

처분해서 변호인 측이 보관한 기록에 의해 사건의 전말이 재구성될 수 있었다.[3] 호소카와는 제국주의, 민족문제, 외교, 식민통치 문제 등에 관심을 가지고, 일본의 식민정책을 비판하였음에도 불구하고 지금까지 한국에도 그다지 소개되지 않은 것은 이러한 배경 때문이었다.

이 글의 과제는 호소카와 가로쿠의 삶을 간략하게 소개하고 그의 저작 가운데 『식민사(植民史)』에 초점을 맞추어 근대 일본 제국주의의 식민통치론을 소개하고 분석하는 것이다. 이 글이 한일 역사화해라는 기획연구로 출발하였기에 먼저 '화해'와 대화의 선구자로서 호소카와를 소개하려고 한다. 그 다음으로 연구자로서 호소카와가 일본 제국주의론 연구의 일환으로 식민지 통치론을 집대성하여 1941년에 발표한 『식민사』를 검토하겠다.[4] 이 저작은 일본 제국주의에 의해 식민지 또는 반식민지 상태로 통치되거나 점령을 받았던 '타이완', '조선', '만주', '동아공영권' 등의 지역을 연구 대상으로 하여 구성되어 있다.[5]

---

3 도쿄형사지방재판소에서 치안유지법 위반 피의사건으로 호소카와가 조사를 받은 내용을 운노(海野普吉) 변호사 측의 자료를 정리하여 『細川嘉六獄中調書』(1989)라는 제목의 단행본으로 발간되었다. 요코하마사건의 중심인물로서 호소카와는 치안유지법으로 검거되었음에도 '전향'을 하지 않은 지식인으로 알려져 있다. 森川金壽編著, 1989, 『細川嘉六獄中調書』, 不二出版 참조.

4 호소카와의 『植民史』는 동양경제신보사가 기획한 『現代日本文明史』 전 18권의 시리즈 가운데 제10권으로 집필되었다. 처음에 식민사는 야나이하라 다다오(矢内原忠雄)가 집필하도록 계획되었으나, 의뢰를 받은 야나이하라가 개인적인 사정으로 집필할 수 없게 되어 결국 호소카와가 담당하게 되었다고 한다. 이렇게 기획된 문명사 시리즈에는 외교사, 과학사 등이 포함되어 있었으며, 1940년 6월부터 간행되었다. 이 시기에 식민사라는 주제를 담당하여 집필한다는 것은 '곤란하고 위험'한 연구 과제였다. 小宮山量平, 1972, 『植民史』=解說 「暗黑化の激流に抗した憂國の學風」, 細川嘉六, 『細川嘉六著作集 第二卷』, 理論社, 493쪽.

5 아사다 교지(淺田喬二)는 식민사에서 연구 대상 지역을 '만주'와 '대동아공영권'을 포함시킨 것은 문제라고 지적하고 있다. 전후에 발간된 호소카와의 조사 기록을 보면, 호소카와는 이들 지역에 대해서 식민지 또는 반식민지에 대한 연구라고 지칭하고

호소카와의 식민지 연구 및 저작은 전시체제기에 저술되었고 그의 식민론이 비판적으로 기술되었다는 면에서 주목하여야 한다. 필자의 소견으로는 그의 비판론은 선구적이었으며, 실증적인 연구 업적은 후대의 연구와 비교하여도 손색이 없을 정도이다. 현재의 시점에서 보면 어쩌면 평이하다고 할 수도 있겠지만, 당시의 시대 상황과 연구 조건에서 자료를 수집하고 실증적으로 분석하였다는 점은 평가하지 않을 수 없다.

근대 일본의 식민정책을 제한적으로나마 비판하였던 지식인은 요시노 사쿠조(吉野作造), 야나이하라 다다오(矢内原忠雄) 등 극히 소수에 불과하였는데, 이들의 식민통치 비판은 제한적이나마 학문적인 자유가 허용되었던 제국대학에서의 목소리였다. 더구나 그 비판은 식민지의 '독립'을 전제로 한 것은 아니었다는 것이 한계점으로 지적되고 있다. 그렇다면 호소카와의 식민지 통치론을 객관적으로 평가하기 위해서는 당시의 상황을 고려하면서 호소카와가 저술한 『식민사』의 내용을 세심하게 분석할 필요가 있다. 이 글에서는 이러한 문제의식에서 근대 일본 제국주의의 침략전쟁이 확대되고 식민지를 동화시키려는 정책들이 강행되면서 제국주의적인 국가 정책에 대해 비판하고 저항한 소수의 지식인 가운데 한 사람으로서의 호소카와의 행적, 사상 등을 그의 대표작의 하나인 『식민사』를 통해서 살펴보도록 하겠다. 특히 호소카와의 제국주의와 식민주의에 대한 기본 인식과 이에 근거한 비판을 일본 제국주의의 한반도 식민통치에 초점을 맞추어서 고찰하도록 하겠다.[6]

있다. 호소카와는 당시 일본 제국주의가 침략하여 점령한 이들 지역을 식민지와 함께 반식민 지역이나 국가를 포함시켜서 폭넓게 인식하고 있었다는 것을 알 수 있다. 淺田喬二, 1985, 『日本知識人の植民地認識』, 校倉書房 참조.

6 식민지기 조선의 농촌 및 농민 등에 대해서는 다수의 선행연구가 축적되어 있다. 이

II. 호소카와의 발자취

1. 출생과 성장[7]

〈사진 1〉 호소카와 가로쿠.

(출처: 요코하마사건·재심재판=기록/자료간행회 편저, 2011, 『다큐멘트 요코하마사건(ドキュメント横浜事件)』, 고분켄)

호소카와 가로쿠는 1888년 9월 도야마(富山)현 도마리(泊)에서 3형제 중 장남으로 태어났다. 에치고(越後)의 명소 오야후지(親不知)에서 약 12킬로미터 동쪽에 위치하고 있다. 호소카와는 1902년에 도마리 심상고등소학교를 우수한 성적으로 졸업하였다. 소년 호소카와는 입수하기 어려웠던 영어 사전을 구입하러 먼 거리를 걸어서 구입할 정도로 학구열을 가지고 있었다. 당시 그 지역에서는 지방 재력가들이 우수한 학생들을 지원하는 관행이 있었는데, 호소카와도 호쿠리쿠(北陸) 지역에서 널리 알려진 온천을 운영하던 이토(伊東) 집안의 후원을 받으면

논문을 작성하는 데에 있어서 허수열, 2011, 『일제초기 조선의 농업』, 한길사; 김용섭, 2000, 『한국 근현대 농업사 연구』, 지식산업사; 차기벽 엮음, 1985, 『일제의 한국 식민통치』, 정음사; 宮嶋博史, 1982, 「植民地下朝鮮人大地主の存在形態に關する試論」, 飯沼二郎·姜在彦編, 『植民地期朝鮮の社會と抵抗』, 未來社 등의 선행 연구를 참조하였다.

7 호소카와의 생애와 발자취에 대한 연구가 많지 않은 관계로 이 장절 부분은 주로 田中伸尙, 1974, 『未完の戰時下抵抗』, 岩波書店을 참고하여 작성하였다.

서 학업을 계속할 수 있었다.

호소카와는 1903년 12월에 도야마현 심상소학교 준교원의 면허를 취득하였다. 1904년 3월 말 15세가 되던 때에 그 지역의 미야자키(宮崎)심상소학교의 준교사가 되었고, 당시 나이로 급료를 받는 현의 정식 교직원이 된 것은 파격적인 일이었다. 하지만 호소카와는 1905년 6월에 학교를 퇴직하였는데, 그 이유는 교육행정관인 군(郡) 시학관(視學官)과의 갈등이었다.

고향에서 교직을 그만둔 호소카와는 도쿄로 상경하여 도쿄제국대학 정치학 교수였던 오노즈카 기헤이지(小野塚喜平次)[8] 집에서 서생 생활을 시작하였다. 오노즈카는 호소카와와 동향이 아닌 에치고 출신이었지만 당시 대학 졸업 직전의 고향 선배의 소개로 알게 되었다. 이때의 인연을 시작으로 오노즈카는 일생 동안 호소카와의 후견인이 되었다. 자녀가 없었던 오노즈카 부부는 이후에도 호소카와에게 항상 관심을 가지면서 돌봐주었다. 오노즈카 부부는 가난한 어촌 집안 출신의 호소카와에게 예의범절부터 사회생활에 필요한 기본 태도까지 가르치면서 소년 호소카와와 함께 생활하였다. 호소카와는 오노즈카 교수와의 인연으로 도쿄 생활을 시작하면서 예비학교를 다니고 학업에 전념하였다. 오노즈카 집에서 3년 정도 생활한 호소카와는 19세가 되던 해에 오노즈카 집에서 나와서 홀로 생활하면서 긴죠(錦城)중학교 4학년에 편입하여 1910년 봄에 중학교를 졸업하였다.

1910년 9월, 22세의 호소카와는 제일고등학교 영법과에 진학하였다.

---

8 오노즈카 교수는 1903년 6월 대러시아 주전론을 전개했던 '7박사 건백사건' 서명자의 한 사람으로 당시 대러시아 강경파 가운데 한 사람이었다.

이때에 호소카와는 도야마와 가가(加賀) 등 지역 출신자에게 수여하는 '가에쓰노(加越能) 장학금'과 함께 오노즈카의 배려로 자산가의 지원을 받았다. 1910년은 제국 일본이 대외적으로 한반도 강제 병합을 단행하였고 국내적으로 '대역(大逆)사건'[9]이 일어났던 시기였다. 이듬해 대역사건에 대한 판결로 12명의 사형이 집행되는 공포 분위기 속에서 제일고등학교에 재학 중이었지만, 청년기의 호소카와는 정치적인 사건에 대해서 거의 언급하지 않았다. 그렇다고 제일고등학교 시절의 호소카와가 입신출세를 지향하고 있지는 않았으며, 학업은 사회에 공헌하고 진리탐구를 추구하는 것이라는 신념을 지니고 있었다고 한다.

1913년에 호소카와는 오노즈카가 재직하고 있던 도쿄제국대학 법학부 정치학과에 입학하여 본격적으로 학문의 길에 입문하였다. 오노즈카로부터 근대 정치학과 정치학사 강의를 듣고 오노즈카의 세미나에 소속되면서 지도 교수의 주전공이었던 민주주의 사상을 배웠다. 또 통계학의 권위자였던 다카노 이와사부로(高野岩三郎)의 지도를 받으면서 실증적인 연구 방법을 익히기도 하였다. 오노즈카와 다카노로부터 지도를 받은 호소카와가 점차 현실 사회와 정치에 관심을 갖고 연계의 필요성을 갖게 된 데에는 후일 다카노와의 재회가 하나의 계기가 되었다고 한다. 도쿄제국대학 시절에 호소카와는 교수들의 지도를 받으면서 학자로서의 연구 자세와 생활 태도를 존경하면서 사회에 진출하여 활동하겠다는 다짐을 하였다.

---

9 1910~1911년에 메이지 번벌정부가 천황암살 계획 용의로 고토쿠 슈스이(幸德秋水) 등 무정부주의자, 사회주의자 총 26명을 체포하여 기소, 최종적으로 12명을 사형 집행한 사건이다. 이 대역(大逆)사건은 사회주의 운동을 탄압하기 위해 날조된 사건이라고 대내외적으로 비판을 받았다.

1917년 봄에 도쿄제국대학을 졸업한 호소카와는 스미토모(住友) 총본사에 취직하였다. 이것은 오노즈카 교수가 당시 28세가 된 호소카와의 생활을 걱정하여 당시 스미토모의 중역을 맡고 있었던 지인에게 호소카와를 소개한 것이 계기가 되었다. 대기업 스미토모에 근무하는 것은 당시 엘리트들의 출세 코스로 알려져 있었다. 오노즈카 부부는 어려운 환경에서 성장하였음에도 불구하고 개인의 입신출세를 추구하기보다는 사회 정의를 중시하고, 밝고 활달한 품성을 가진 호소카와에게 호감을 갖고 있었다. 오노즈카 부부가 타인에게 후의를 베풀고 취업을 알선하는 것은 드문 일이었지만, 호소카와에게 호감을 갖고서 후견인이 되어 수차례 나서서 취업을 주선하였다. 이러한 후의와 배려에도 불구하고 호소카와는 스미토모 취직 후 불과 1년 반 만에 후견인이자 은사의 기대와 배려를 뒤로한 채 스미토모에 사직서를 제출하고 퇴직하였다.

대학 졸업과 스미토모 시절의 시국은 러시아혁명과 시베리아출병으로 인해 일본 정계도 동요하던 때였다. 게다가 1918년 7월 초부터 도야마현 작은 어촌마을의 주부들이 지역 밖으로 쌀이 이출되는 상황을 거부하면서 시작된 저항운동이 전국으로 확산되었다. 8월경부터는 언론들도 쌀값 폭등과 '쌀 소동'을 보도하기 시작하였다. 도야마현은 호소카와의 고향이었고 쌀 이출을 반대하는 지방 농어촌의 저항은 점차 도시로 확산되어 공장이나 탄광 지역의 노동자들도 합류하였고, 전국적인 대중운동으로 확대되어 각 지역에서는 파업이 속출하였다. 호소카와는 고향 도야마현에서 촉발된 '쌀 소동'을 주제로 연구를 하였는데,[10] 이러한 연

10 細川嘉六, 1931~1932,「大正七年米騷動資料」,『大原社會問題硏究所雜誌』第九卷 第1-2號, 第十卷 第1號. 細川嘉六, 1972,『細川嘉六著作集 第一卷』, 理論社 수록.

구는 호소카와가 훗날 제국과 식민지 농촌문제에 대해 관심을 갖는 계기가 되었다.

2. 연구자에서 운동가로

1917년부터 1918년의 국내외 정세의 급격한 변화, 즉 제1차 세계대전, 러시아혁명, 다이쇼(大正) 데모크라시 사조와 정당세력의 성장, 특히 민중들이 주체가 되어 발생한 '쌀 소동'은 농촌문제와 산업화에 따른 도시 노동자들의 대중운동으로 발전하였고 이들 일련의 정세 변화는 호소카와의 사상과 연구 방향에도 영향을 주었다. 앞에서 언급한 대로 '대역사건'과 사회주의 사상 탄압 시기에 정치와는 거리를 두었던 호소카와의 모습과는 달리 이 시기에는 정치적인 사건에 관심을 갖고 반응을 보이기 시작한 것이다.

스미토모를 퇴사할 즈음에 호소카와는 입사할 때 면접관이었던 스미토모 총이사 스즈키의 알선으로 요미우리신문(讀賣新聞)사 기자로 입사하였다. 스즈키 총이사의 친형인 아키즈키 사쓰오(秋月左都夫)가 당시 요미우리의 사장이었던 관계로 스즈키 총이사는 불과 1년 반 정도밖에 스미토모에 재직하지 않았던 호소카와를 신문사에 추천하였다. 이는 과거 오노즈카 교수와의 관계도 있었겠지만 스미토모 재직 시절 호소카와의 강직함과 언행이 사람들에게 인상 깊게 남았다는 것을 의미하기도 했다. 그런데 호소카와의 요미우리신문 기자 생활도 그다지 오래가지 못했다. 『요미우리신문』의 발행 부수 격감으로 신문사가 매각되자 아키즈키 사장도 사임하였고, 1919년의 신문사 파업으로 『요미우리신문』도 발행을 정지하게 되었다. 이때 파업에 동참한 호소카와도 여름에 요미우리신문사를 퇴사하였다.

스미토모 퇴사 이후 요미우리신문사로 이직한 지 1년이 안되어 다시 소속이 없어진 호소카와에게 도쿄제국대학 시절의 스승인 경제학부의 다카노 이와사부로 교수로부터 연구활동을 할 수 있는 포스트인 '조수' 제안이 들어왔다. 다카노는 실증적인 연구 방법과 현장을 중시하는 통계학자였는데, 스승의 연구소에서 호소카와는 도쿄 쓰키시마(月島) 노동자들의 조사에 참여하였다. 호소카와는 현장에서 자본에 착취당하고 있는 노동자의 실상을 이때 처음으로 접하게 되었다.

다카노의 지도하에서 호소카와는 영국의 탄광노동자 파업 문제를 테마로 연구자의 길을 걷게 되었지만, 다카노 연구실에서의 연구자로서의 조수 생활도 그리 길지 않았다. 1920년 1월에 도쿄제국대학 경제학부 모리토 다츠오(森戶辰男) 교수가 학부 기관지 창간호에 무정부주의자 크로포토킨(Kropotkin) 연구논문을 발표하였는데, 이것이 사회문제가 된 이른바 '모리토사건'이다. 모리토사건으로 우익의 공격을 받은 모리토는 휴직을 하게 되었는데, 문제는 여기에 그치지 않고 확대되었다. 관헌이 신문지법 위반 혐의로 모리토와 잡지 편집 발행인 오우치 효에이(大內兵衛) 교수까지 기소한 것이었다. 모리토와 오우치 교수는 유죄 판결을 받았고, 도쿄제국대학 경제학부에 소속되었던 연구실의 유능한 소장파 연구자들이 대학을 떠나게 되었다. 그들 중 일부는 오하라 마고사부로(大原孫三郞)가 설립한 오사카(大阪)의 사회노동문제 연구기관인 오하라사회문제연구소(大原社會問題硏究所)의 소장으로 자리를 옮긴 다카노의 밑으로 모여들었다. 당시의 오하라 연구소에는 노동운동과 농민운동가들도 출입하고 있었으며, 마르크스주의를 기본으로 한 연구와 실천운동이 연계되어 독특한 연구기관으로서 다수의 연구자들이 활발하게 활동하는 거점이었다. 이곳의 소장과 연구자들과 교류하고 있었던 호소카와도 연구소의 연구원으로 참여하면서 관서(關西) 지방으로 거점을 옮기게 된다.

오사카의 오하라사회문제연구소에서 호소카와는 다카노 연구실에서 시작한 영국 탄광노동조합운동의 연구를 계속하는 한편, 러시아혁명과 중국혁명 등을 연구하는 전문가들과 교류하면서 관심 분야와 연구 시야를 넓혀갔다. 호소카와는 문헌 연구와 함께 현장 노동운동도 체험하면서 감명을 받은 저작이 레닌의 『제국주의론』이었다고 언급한다. 호소카와는 당시 세계 자본주의체제하에서 제국주의 열강이 반식민지와 식민지를 지배하고 민중을 착취하는 상황을 보면서 자본주의 사회의 모순과 문제점을 인식하면서 이를 비판할 필요성을 느끼게 되었다. 호소카와는 이 시기에 마르크스주의 관련 참고문헌을 집중적으로 독해하고 연구소 기관지에 연구 논문을 발표하였고 국내 사회문제와 실증 연구를 연계시키면서 활동하였다.

한편 오하라사회문제연구소는 매년 연구원을 외국에 파견하여 견문을 넓히게 하는 프로그램을 운영하고 있었다. 호소카와는 이 프로그램의 일환으로 1925년 여름부터 1926년 봄까지 유럽 지역에 파견되었다. 호소카와는 독일, 프랑스, 영국, 그리고 소련을 방문하였는데, 베를린에서 3개월간 체류하면서 매일 고서점에 들러 레닌의 『제국주의론』에서 인용한 서적과 자료를 구입하였다. 다른 연구자들이 현지의 저명한 연구자를 방문하여 지도를 받거나, 인적 네트워크를 구축하는 등의 활동을 하였던 것과는 달리 호소카와는 오사카에 귀국하였을 때에 주머니가 무일푼일 정도로 자료 수집에 전념하였다고 한다. 호소카와는 파견 기간 중 잊을 수 없는 일로 귀국 직전인 1926년 3월에 모스크바에서 국제공산주의운동 지도자인 가타야마 센(片山潛)을 방문하였고, 이때 '붉은 광장'의 레닌 묘를 참배한 것을 꼽고 있다.

호소카와는 오하라사회문제연구소에서 1920~1936년까지 약 16년간 비교적 오랜 시간 적을 두면서 활동하였다. 오하라사회문제연구소 생활은 호소카와의 연구와 저술 활동에 있어서 중요한 시기였다고 볼 수 있다. 동 연구소의 자유로운 분위기가 호소카와를 안주시켰기에 이 시기에 호소카와는 기초 자료 수집과 연구에 집중하면서 오자키 호즈미(尾崎秀實), 가자미 아키라(風見章) 등과 친분을 쌓으면서 교류의 폭도 넓혀갔다. 1920년대의 오사카는 '쌀 소동' 이후 각종 노동조합이 결성되어 집회가 개최되면서 도쿄보다 노동운동이 활발하게 전개되고 있던 지역이었다. 호소카와는 노동운동과 함께 언론탄압 반대 운동에도 관여하게 되면서 1933년에 '치안유지법' 위반으로 검거되어 유치장에 수감되기도 하였다. 오사카에서의 연구 생활과 현장 경험, 네트워크 구축으로 만난 인물들이 호소카와를 활동가로 변모시키는 토양을 제공하였다고 볼 수 있다.

3. 정치 평론활동과 '요코하마사건'

오하라사회문제연구소를 그만두고 도쿄로 돌아온 호소카와를 염려하여 일자리를 소개해준 사람은 오노즈카였다. 남만주철도주식회사(이하 '만철滿鐵')와 관계하고 있던 지인에게 의뢰하여 호소카와는 '만철' 도쿄지사의 임시 촉탁으로 들어가게 되었다. 당시는 중일전쟁 발발 후 일본 제국주의의 대륙침략이 확대되어가던 때였고, 오자키 호즈미도 '만철' 촉탁으로 근무하고 있었다. 오자키는 중국 침략전쟁과 관련하여 활동하고 있었던 때였고, 호소카와도 잡지에 정치평론을 발표하였다. 오사카에 이어 도쿄로 활동 범위를 넓히게 된 호소카와는 언론계의 젊은 편집자들과 교류하면서 친분을 쌓았다.

1942년 호소카와는 동양경제신보사에서 발간한 『식민사(植民史)』를 집필하였는데, 이 저서의 원고료의 일부로 당시로서는 큰돈이었던 500엔을 받았다. 호소카와는 이 원고료로 신세를 진 젊은 편집자와 언론 관계자들과 함께 자리를 마련하려고 계획하였다. 전시 체제였던 당시 도쿄에서 젊은 편집자들을 풍족하게 대접하기에는 부족하다고 생각한 호소카와는 자신의 고향인 도마리로 그들을 초대하려는 계획을 실행했다.

1942년 7월 2일 아침 호소카와는 먼저 부인을 동행하고 고향으로 출발하였다. 『개조』 8월호에 호소카와의 논문 「세계사의 동향과 일본」이 발표되기 직전이었다. 호소카와는 동북지방의 히라이즈미(平泉), 마쓰시마(松島), 니이가타(新潟), 나가오카(長岡) 등을 경유하여 초대한 편

〈사진 2〉 1942년 7월, 도마리의 몬자(紋左)에서 편집자들과 함께(뒷줄 중앙이 호소카와).

(출처: 요코하마사건 · 재심재판=기록/자료간행회 편저, 2011, 『다큐멘트 요코하마사건(ドキュメント横浜事件)』, 고분켄)

집자들과 만나기로 한 도마리의 여관 '몬자(紋左)'에 5일 아침에 도착하였다. 초대받은 7명의 편집자들은 도쿄에서 각자 출발하였는데, 이들 모두 호소카와와 친하게 교류하던 사람들이었다. 예정대로 호소카와와 일행은 전시기 식량 사정이 좋지 않았던 도쿄를 벗어나 도마리에서 저렴하게 회합을 즐길 수 있었다. 다음 날인 6일 아침 식사 전에 몬자의 정원에서 기념사진을 찍었는데 이 사진이 나중에 '요코하마사건'을 날조하는 데 이용되었다.

호소카와는 자신이 검거되었던 이유가 된 「세계사의 동향과 일본」이라는 주제의 논문을 집필하게 된 동기를 피의자 신분으로 조사를 받으면서 아래와 같이 답하고 있다.[11]

> 대동아전쟁 발발과 함께 이번에 제2차 세계대전은 사태가 예사롭지 않고 곤란에 직면하고 있음에도 불구하고, 우리나라(일본-이하 인용문에서 동일)의 지도자와 일반 국민은 이 국제적 사정 특히 세계사적 동향을 이해하지 못하고, 아시아문제에 대해서도 여전히 제국주의적 사고 내지 비과학적 사상이 지배적이기 때문에, 이러한 경향에 반대하고 그 몽매함을 깨우치려고 집필한 것입니다.[12]

그리고 이 글의 중심 내용을 훗날 아래와 같이 언급하고 있다.

> 지나를 비롯한 아시아 여러 민족의 변함없는 염원은 그들이 각각 제국주

11 森川金壽編著, 1989, 앞의 책 참조.

12 森川金壽編著, 1989, 위의 책, 231~232쪽.

의 지배로부터 해방, 이 해방에 의한 각각 혁신의 단행, 나아가 이 혁신에 의한 민족적 향상 발전 외에는 없다. 염원을 이해한 대륙정책은 첫째는 각 민족국의 영토 보존과 자립 독립을 확인한다. 둘째는 타 열강보다는 일본 측이 각 민족에게 유리한 조건으로 경제적 지원을 한다. 셋째는 각 민족에 자기의 문화를 강제하지 않는 것. 이런 것들이다.[13]

1942년 9월 14일에 세타가야(世田谷) 경찰서는 「세계사의 동향과 일본」이라는 글을 문제삼아 호소카와를 체포하였다. 체포 당일부터 호소카와는 세타가야 경찰서에서 경시청 특고과의 취조를 받았는데, 조사는 체포 이후부터 1943년 4월 13일까지 총 31회에 달하고 있다. 심문은 호소카와가 읽은 서적과 논문제목, 집필한 논문과 그 내용, 공산주의를 신봉하게 된 경위, 일본공산당에 대한 태도, 국제공산주의 운동의 조직이었던 코민테른에 대한 태도, 일본 자본주의 발전과정, 일본 제국주의 이해, 천황제(특고는 '우리 군주제'라고 부름)에 대한 평가, 전쟁의 귀추 등 다양하였다. 특고는 「세계사의 동향과 일본」을 비롯하여 식민사를 포함한 일련의 저작물에서의 호소카와의 언론·출판·표현 활동이 '국체(國體)' 변혁과 공산주의 사회의 실현을 목적으로 한 선전물이었다는 혐의를 지우려고 하였다.

호소카와에 대한 심문을 마친 특고는 검사에게 '엄중 처벌'을 요구하였고 1943년 5월 10일 자로 장문의 '의견서'를 제출하였다. 이 의견서에는 호소카와의 언론 활동을 소개하면서 모든 것이 공산주의 선전활동의 일환이었다고 결론을 내리고 반전(反戰)적 불온사상의 선전을 하여

13 森川金壽編著, 1989, 앞의 책 참조.

국내 지식층에게 미친 악영향은 심각하다고 결론지었다.

특고의 조사 결과 작성된 의견서는 호소카와의 평론활동을 치안유지법 제5조 공산주의 선전이라는 법률 위반으로 몰아가도록 날조된 것이었다. 이는 객관적인 증거보다 조사 당국의 자의적인 해석이 우선하는 전형적인 사상 탄압이었다. 1943년 5월에 호소카와의 '범죄'는 치안유지법 위반 용의였다. 검사의 조사도 '공산당 재건'이라는 혐의로 1943년 8월 말~9월 초까지 계속되었는데, 9월 11일에 기소되어 도쿄지방재판소의 예심 판사의 조사가 시작되었다. 조사 과정에서 검사는 호소카와가 저술활동을 통해서 선전하려고 했던 내용을 1) 제국주의 전쟁반대, 2) 파시즘반대, 3) 식민지·반식민지 민족에 대한 제국주의 정책의 반대와 그들 피압박민족의 해방(解放), 4) 소비에트 러시아의 옹호, 5) 중국 프롤레타리아 혁명의 옹호 등으로 정리하여 심문하였다.[14]

사법성의 『사상월보(思想月報)』(1943년 9월)에 게재된 기소장에 따르면 호소카와가 1935~1942년까지 약 7년 동안 발표한 논문 가운데 「세계사의 동향과 일본」을 포함한 8개의 글은 '합법적 표현하에서 공산주의적 세계관을 교묘하게 전개'하였고 일반에게 준 영향은 알 수 없을 정도라고 되어 있다.[15] 검사 조사 단계에서도 호소카와사건은 경시청 '특고'와 동일하게 어디까지나 호소카와의 표현활동에 대한 치안유지법 위반이었다. 당국이 작성한 기소 이유 가운데 호소카와의 논문이 공산주의 사상을 선전하고 있다는 검사의 해석과 판단에 대해서 '호소카와가 부인하는 부분'이라는 단서가 붙어 있다.

14 森川金壽編著, 1989, 앞의 책, 233쪽.

15 국가보훈처, 2012, 『일본 사법성 형사국 思想月報』, 역사공간 참조.

III. 호소카와의 일본 제국주의 인식과 식민주의 비판

1. 호소카와의 일본 제국주의 인식

호소카와의 주요 연구 분야 및 주제는 제국주의론, 외교, 민족문제, 식민지 통치 등으로 분류할 수 있다. 이러한 주제 가운데 호소카와의 식민지 통치와 관련된 『식민사』[16] 저술은 앞에서 기술한 바와 같이 1940년에 동양경제신보사가 기획한 총 18권의 『현대일본문명사』 시리즈 가운데 제10권의 주제로 시작되었다. 이 식민사는 서론을 포함하여 '타이완', '조선', '만주', '동아공영권' 등 총 5편으로 구성되어 있다. 이 방대한 저술 작업은 호소카와와 그의 지인인 미즈노(水野成)의 합작으로 단기간에 진행되어 완성을 할 수 있었다고 한다. 이 사실은 호소카와가 훗날 검거되어 조사를 받는 과정에서 밝힌 것이다. 호소카와에 따르면 『식민사』 저술에서 전체 계획과 지시는 자신이 하였으며, 내용의 기술 방법과 기획도 자신이 입안하였다고 한다. 호소카와는 서론 부분과 '동아공영권' 부분을 기술하였으며 나머지 부분은 미즈노가 기술하였다. 즉 서론 제1편의 1장부터 3장까지의 식민지의 근본문제, 식민지 영유의 시대와 극동의 상태, 식민지 영유와 열강 세계정책의 관계 등의 총론 부분과 마

16 동양경제신보사가 기획한 총 18권 가운데 1940부터 1942년까지 14권이 간행되었다. 제10권으로 간행된 식민사의 저술은 호소카와와 미즈노 조수가 협력하여 완성하였다. 호소카와가 전체를 구상하고 기술 방법을 지시하였고 자료 수집과 정리를 미즈노가 담당하였다고 밝히고 있다. 호소카와와 미즈노는 식민사에 기술된 내용에 대해서는 두 사람의 의견이 일치한다고 밝히고 있는 점으로 봐서 긴밀한 의견교환을 하면서 집필하였음을 알 수 있다. 森川金壽編著, 1989, 앞의 책 참조.

〈사진 3〉 (왼쪽)『현대일본문명사』 표지, (오른쪽)『식민사』,『현대일본문명사』.

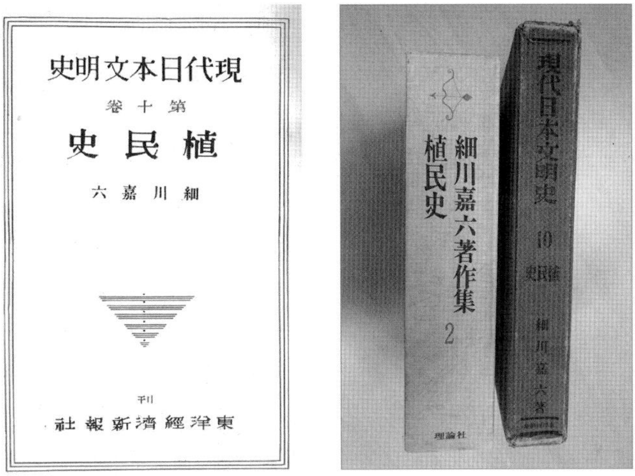

(출처: 필자)

지막 제5편의 '동아공영권' 부분은 호소카와가 직접 집필하였다. 각론에 해당하는 각 식민지 및 반식민지 국가와 지역의 세부적인 자료 수집과 집필은 조수인 미즈노가 자료를 수집하고 정리, 초고를 작성하는 등의 도움을 받아서 분담하여 집필하고 완성한 것이다.[17]

호소카와의 식민통치론을 파악하기 위해 먼저 일본 제국주의와 식민지 영유에 대한 기본적인 인식을 검토할 필요가 있는데, 그는 제국주의와 식민주의에 대해서 다음과 같이 언급하고 있다.

> 열강이 열강이 된 이유는 정지하지 않는 생산력의 발전을 기초로 하고 있으며, 생산력의 발전은 과잉 상품과 자본의 출구, 원자재의 공급지를 필요로 한다는 것이다. 자신의 식민지를 영유한다는 것은 적어도 강대국으

17 森川金壽編著, 1989, 앞의 책, 214쪽.

로서 자립하기 위해서 빼놓을 수 없는 조건이다.[18]

호소카와는 제국주의를 세계 자본주의 체제 발전과 연계하여 인식하고, 세계 자본주의의 발전 과정에서 제국주의 열강은 '자립'을 위해서 상품과 자본 시장인 동시에 원료 공급지로서의 식민지를 필요로 한다고 보았다. 호소카와의 기본 인식은 일본 제국주의에 대한 기본 인식으로 이어진다. 즉 일본 제국주의의 성립과 발전 과정을, 자본의 생산과 집중으로 독점자본을 형성하고, 상품 시장의 필요에 의해 국가 권력의 보호하에 식민지를 획득하게 된다는 일련의 자본주의 발전이라는 관점에서 파악하였다.

일본은 1854년의 '미일화친조약'과 1858년의 '미일수호통상조약'의 체결을 계기로 자본주의 세계에 편입되었다. 구미 제국주의 국가의 함포외교로 인해 불평등조약을 체결하고 개국한 일본은 정치·경제·사회적으로 혼란과 불안에 직면하였다. 일본의 세계자본주의 체제 편입으로 구미 열강들은 경제적, 군사적으로 영향력을 강화하려고 하였고 이는 일본 국내 정쟁과 결합하여 사회 갈등과 대립을 고양시키는 결과를 초래하였다. 국내외 위기와 혼란 상황 속에서 수립된 메이지정부는 외세에 대항하여 자립을 위한 '식산흥업' 정책을 목표로 내세웠는데 이는 근대국가의 성립과 자본주의화를 의미하였다. 자본주의 국가로서의 일본은 국내적으로는 농촌사회의 희생 위에 기생적인 지주제와 국가 보호하의 '정상(政商) 자본'을 성장시키면서, 대외적으로는 시장획득을 위한 해외 '진출'과 '침략'의 길을 선택하였다. 자본주의 세계체제 안에서 일본은

---

18 細川嘉六, 1972, 『細川嘉六著作集 第二卷 植民史』, 理論社, 17쪽.

'자립'을 위한 식산흥업과 부국강병을 명분으로 내세우면서 대외적으로 상품시장과 원료시장을 요구하게 되었고, 결국 해외 시장으로서의 식민지 쟁탈전에 뛰어들어 식민지 획득을 위한 대외 팽창정책을 강행하였다.

이상의 과정을 거친 근대 일본을 바라보는 호소카와에게 있어서 제국주의는 자본주의 세계체제의 일환으로 성립된 것이고, 일본 제국주의는 후발 주자로서 동아시아에서 제국주의 열강의 식민지 쟁탈과 밀접한 관계를 가지고 전개된다고 보았다. 호소카와는 후발 제국주의 국가 일본이 감행한 청일전쟁을 정치와 군사적인 측면보다는 경제적인 면에서의 자본에 의해 국가의 미래 운명을 결정짓는 '시련'이라고 묘사하고 있다.

> 청일전쟁은 일지(日支) 간의 조선에서의 헤게모니 쟁탈전이고, 일본의 대륙 진출 운명을 결정짓는 최초의 큰 시련이었다. 그것은 일본의 정치적·군사적 요구로부터도 나온 것이지만 그 근본에는 이미 산업 자본에 의한 경제적인 필요성이 존재하고 있었다.[19]

호소카와는 식산흥업 및 부국강병, 자본주의화 과정에서 일본은 열강, 특히 영국과 미국의 지원에 의존하여 식민지 쟁탈과 대외 팽창정책이 가능하게 되었다고 보고 있다. 호소카와는 청일전쟁에서 러일전쟁에 이르는 시기를 일본이 식민지 획득 경쟁에서 '후진성'을 극복하기 위한 시기로 간주하고, 이 단기간에 대해서 "구미 열강의 세계 지배에 대해서 아시아에 있어서 하나의 반항세력이 된 것은 세계 식민사에 유례없는

19 細川嘉六, 1972, 앞의 책, 207쪽.

것"[20]이라고 평가하고 있다. 그리고 호소카와는 근대 일본의 자본주의화의 기점이라고 볼 수 있는 러일전쟁에 대해서 다음과 같이 논하고 있다.

> 당시의 러국의 무력은 일본에게는 너무나도 강대하였고, 청일전쟁에 즈음한 때의 지나(支那)처럼 단독으로 이를 타도할 자신은 좀처럼 가질 수 없었다. 이리하여 마침내 1902년 1월 30일 영일동맹을 체결하여 당시의 세계 최대 자본주의국이고 더구나 러국과 가장 첨예하게 대립하고 있던 영국을 아군으로 끌어들이는 것에 성공하고 동시에 미국으로부터도 자본을 원조받을 수 있는 가능성이 생겼으므로 드디어 러국과의 결전의 준비를 진행해갔다.[21]

제국주의 열강의 틈바구니 속에서 후발 제국주의 국가인 일본의 식민지 쟁탈을 위한 전쟁은 일본의 자본주의 성립과 성장에서 중요한 계기가 되었고, 이들 전쟁을 수행하는 일본 제국주의로서는 선진 구미 제국주의 열강의 군사적, 경제적 지원 없이는 전쟁을 수행할 수 없었다고 파악하였다. 호소카와는 당시 후발 국가로서의 근대 일본 제국주의를 구미 열강에 '의존'적이고 '종속'적 제국주의라고 부르는 근거로 이 부분을 지적하고 있다.

제국주의 국가로서의 일본을 세계 자본주의 체제의 발전 선상에서 바라볼 때, 식민지 쟁탈전에 뒤늦게 뛰어든 일본은 선진 제국주의 국가인 구미 열강과 비교할 때 '후진'이고 '종속'된 제국주의라는 것이 호소카와

20 細川嘉六, 1972, 앞의 책, 46쪽.

21 細川嘉六, 1972, 앞의 책, 213~214쪽.

의 근대 일본 제국주의에 대한 기본 인식이다. 호소카와는 근대 일본은 '종속', '후발' 제국주의 국가라는 조건 때문에 그 출발에서부터 선진 자본주의 국가에 대해서는 의존적이고 해외 시장 및 자원 확보를 위해 침략적인 자본주의 국가의 성격을 갖게 되었음을 간파하고 이를 적시한 것이다. 식민지 획득을 통해 독점자본주의와 전시 국가 독점자본주의로 이행하였다는 것이다.

2. 호소카와의 일본 식민주의 인식

호소카와는 일본 제국주의의 '후진성', '종속성'이 구미 열강과는 다른 성격의 식민지 제국 형성으로 이어진다고 보았다. 제국 일본의 특징의 하나는 구미 열강의 식민지와는 달리 인접 지역을 식민지화하여 제국을 형성하게 되었다는 것이다. '후발' 주자로서의 제국주의 일본은 이미 구미 열강이 세계를 분할하여 블록을 형성한 상황이었기에 지리적으로는 인접 지역을 식민지로 영유할 수밖에 없었다는 것이다.[22]

> 일본은 메이지유신을 출발점으로 하여 동양에서 유일한 자본주의국으로서 급격한 자본주의화의 길로 나아가고, 더구나 일본 정치 경제의 내재적 요청에 사로잡혀서 자본주의 발달의 첫발 때부터 이미 식민지 시장으로서 지리적으로 근접한 조선 또는 타이완을 요구하고 있었다.[23]

22 細川嘉六, 1972, 앞의 책, 19쪽.

23 細川嘉六, 1972, 앞의 책, 197쪽.

일본 제국주의는 선진 열강에 대항하여 후진성을 만회하기 위해서 지리적으로 근접한 지역에서 독점적 시장을 개척하지 않을 수 없었다는 것이다. 그런데 여기서 주목할 부분은 열강의 식민주의는 문명과 야만이라는 이분법적인 세계관에 의거하여 식민통치를 합리화하고 있었지만, 호소카와는 일본 제국주의가 영유하게 된 식민지를 단지 '야만'으로만 인식하지 않고 있다는 점이다. 호소카와는 종주국으로서의 일본과 식민지는 서구의 제국주의 국가와 식민지의 관계처럼 '미개 야만의 범위를 벗어나지 않았고 또는 벗어나지 않은 여러 민족에 대한 관계'와는 '다르다'고 지적하고, 종주국 일본과 식민지의 민족과 인종, 문화의 '일치'를 강조하고 있다.

> 만주, 조선, 타이완에 관해서 보면 말할 것도 없이 지나 민족과 인종이 동일하고 문화의 근원도 일치하고 더구나 이 점에 있어서 일본 민족 또한 이들 여러 민족과 다르지 않다. 이 일치는 여러 민족 간의 이해가 중대한 대립을 이루고 있는 경우, 오히려 그 대립을 격화시키는 결과가 되는 것은 명백하다.[24]

호소카와가 제국 일본이 '구미 선진국의 대열 합류'를 성공적으로 완성했다고 평가하면서 문화적으로 유사한 민족을 식민지로 삼아서 단기간에 제국을 형성하고 통치를 하게 됨으로써 다른 식민지 통치와는 다른 대립 격화라는 난제가 생성되었다고 지적하고 있다.

---

24 細川嘉六, 1972, 앞의 책, 474쪽.

일본이 메이지유신을 단행하고 단기간에 구미 선진국의 대열에 합류한 것과 같은 급격한 발전을 이룩한 것은 구미인이 용이하게 이해하기 어려운 경이로운 일인 동시에 일본의 식민지적 발전 또한 야만 미개한 것이 아니라 동문동종의 지역을 식민지로 하였다는 것의 중대한 곤란에 비추어본다면 이것 또한 마찬가지로 하나의 경이라는 것은 의심할 여지가 없다.[25]

호소카와는 문화적, 인종적으로 '일치'하는 '동문동종'의 지역을 식민지로 영유한 일본 제국주의의 '중대한 곤란'이라는 것은 식민지화와 통치를 위한 무력의 필요성과 식민지민의 격렬한 저항이라고 보았다. 러일전쟁 이후의 일본 제국주의의 한반도 보호국화와 식민지화, 즉 '한국병합'으로 인한 일본 제국주의의 식민지 제국의 팽창 과정에 대해서 호소카와는 다음과 같이 기술하고 있다.

당시를 회고하면 병합 반대의 조선인은 비분 극도에 달하여 강개격월(慷慨激越)하는 암운(暗雲)이 전선(全鮮)을 뒤덮어 어려운 상황에 직면하고, 폭도 난민 각지에 봉기하여 활발하게 불복하는 기세를 높이고, 표면적으로 평온하고 방관하는 자, 결코 이 병합에 무관심한 자는 아니다. 세가 불가능하다고 보고 침묵하는 것만이 당시 전(前)한국의 학정을 응징하고, 병합 후의 신정(新正)하에서 사는 것을 기대하는 자 없지 않지만, 조국을 버리고 제국의 신정하에서 거하는 것을 기뻐하는 자는 순전한 조선 민족 중에 몇 명이나 발견할 수 있을까.[26]

25 細川嘉六, 1972, 앞의 책, 22쪽.

26 細川嘉六, 1972, 앞의 책, 219쪽.

당시 한국 '보호국화'와 '병합'이 무력을 앞세워 강제적으로 이루어졌으며 이에 반대하는 저항운동이 전국적으로 발발하였음은 주지의 사실이다. 하지만 일본 제국주의 정부와 통감부, 총독부는 이를 부정하고 국제적으로 열강의 승인하에 이루어졌음을 부각시키고 친일 세력의 요청으로 한반도를 식민지화하였다고 대내외적으로 선전하였다. 하지만 호소카와는 한국병합에 대해서 대다수의 조선인들의 인식과 반응은 이와 다르다고 언급하고 있다. 당시 한반도의 다수 한국인은 병합은 단지 '형식적으로 위정자와 위정자 사이에 이루어졌고 나는 도무지 모르는 일'[27]이라고 반응하고 있다고 지적하였다.

호소카와의 일본 제국주의와 식민주의에 대한 기본 인식은 일본 제국주의의 '후진성'과 '종속성'이라는 성격에 의거하여 전개되었으며, 이러한 인식론으로 인해 그는 식민통치론을 비판적으로 바라볼 수 있는 발판을 마련하게 되었다. 물론 호소카와의 제국주의론에는 일본의 식산흥업 정책 및 부국강병책이 자본주의 근대국가의 성장 과정과 연계되어 있기 때문에 메이지 국가의 팽창 정책을 '자기 존립과 발전을 위한 수단'으로 언급하는 부분도 있다.[28] 일본 제국주의가 식민지를 영유하게 된 과정을 세계 자본주의 체제에서 파악하는 호소카와의 인식에는 일본 제국주의의 자본주의화와 식민지 쟁탈을 '자립'을 위한 것으로 설명함으로써 그 침략성을 경시하고 부득이한 것으로 보고 있는 것은 문제이다. 또 호소카와의 식민지에 대한 기본 인식에서는 한반도에 대한 왜곡된 역사를 무비판적으로 받아들이거나, 근대 일본 제국주의의 식민지와 점령지의

---

27 細川嘉六, 1972, 앞의 책, 219쪽.

28 細川嘉六, 1972, 앞의 책, 46쪽.

구별이 명확하게 구분되어 있지 않다는 등의 문제점도 있다.[29]

그러나 호소카와의 인식의 한계에도 불구하고 그의 연구를 비판적으로만 보기 어렵다는 것은 인정하지 않을 수 없다. 더구나 전시 체제하에서의 연구라는 점과 제한된 연구와 '황국사관'하에서의 역사 이해라는 상황을 고려해야만 한다. 호소카와는 일본의 식민지 영유 과정에서의 '후발' 제국주의 국가로서의 일본의 '종속성'을 지적하고, 일본 제국과 식민지를 미개한 지역으로만 바라보지 않고 '동문동종'에 대한 식민통치의 특수성을 지적하고 있다는 점 등은 평가하지 않을 수 없다. 무엇보다도 호소카와는 일본 제국의 형성과 식민지 획득을 위한 전쟁이 '침략'적이었다는 것을 인정하고 있다. 호소카와는 근대 일본의 식민지 영유의 실현은 자본주의화 이전에 '식민지 획득욕'에서 싹텄고, 이후에 실제로 '모두 전쟁에 의해 실현'[30]되었다고 고백하고 있다.

3. 호소카와의 식민통치 비판: 조선의 농촌문제를 중심으로

도야마현 도마리라는 작은 어촌마을에서 출생하여 성장한 호소카와는 자본주의화로 인한 농어촌 문제, 즉 기생적인 지주제와 소작문제 등을 체험하면서 성장하였다. 그의 연구 성과 가운데에는 '쌀 소동'을 주제로 한 것도 있다. 앞에서 언급한 바와 같이 1918년의 쌀 소동은 도야마

29 호소카와의 『식민사』에는 '만주'와 '동아공영권'을 식민지에 포함시키고 있는 점은 문제이지만, 호소카와는 종주국과 식민지뿐만 아니라 식민지와 점령지 상호 간의 관계를 시야에 넣음으로써 제국 일본의 전체상을 볼 수 있었다는 측면도 있었다. 浅田喬二, 1985, 앞의 책 참조.

30 細川嘉六, 1972, 앞의 책, 47쪽.

현의 주부들의 저항이 중요한 도화선이 되어 전국적으로 확산되었다. 이러한 배경은 호소카와가 자연스럽게 식민지 문제, 그 가운데에서 농촌 문제에 대해 관심을 갖고 상세하게 연구할 수 있는 토양을 제공하였다. 실제로 호소카와는 자신의 연구에서 토지제도와 소작농 현황 등의 농촌 문제에 대해서 비교적 상세하게 언급하고 있다. 특히 식민지 조선의 농촌에 대해 객관적인 자료를 제시하면서 식민지 지배로 인한 식민지 농촌의 문제점을 지적하고 있다.[31]

호소카와는 『조선연감』을 인용하여 식민지 조선의 농촌 현실과 소작농의 비참한 생활을 다음과 같이 소개하고 있다.

> 농민은 지주에게서 내년에 수확물을 담보로 하고 식량을 빌리는 것이 보통이다. 이것을 농량(農糧)이라고 부른다. 농량에도 높은 이자가 붙음으로써 농량과 빚에 쫓겨서 자신이 식량을 생산하면서도 자신이 이를 먹을 수 없어서 단경기(端境期)가 되면 완전히 초근목피에 의해서 목숨을 부지하고 있는 경우도 많이 있다. 이런 궁상을 표현하는 것에 조선에는 예부터 춘궁이라든지 보릿고개를 넘기 어렵다(麥嶺難越)는 등의 말이 있다.[32]

---

31 호소카와는 주로 조선총독부의 경무국, 농림국, 조선식산은행 등이 발간한 자료를 인용하고 활용하고 있다. 물론 식민 당국의 이러한 자료들을 인용할 때에는 신중을 요하지만, 당시의 현황과 실상을 파악하려면 이들 자료에 의존하지 않을 수 없다. 호소카와는 실증적인 연구 방법을 구사하여 이 자료들을 활용하고 있는데, 호소카와의 연구는 이후의 연구자들이 발표한 연구 내용과 비교하여 부족하지 않다는 것을 확인할 수 있다. 이하의 호소카와의 연구와 문제의식은 현재의 연구 현황에서 보면 부족하다고 할 수도 있겠지만, 당시로서는 선구자적인 분석과 비판적인 문제제기였음을 인정하지 않을 수 없다. 호소카와가 주로 참조한 자료들은 조선총독부가 간행한 『朝鮮總督府施政年報』, 『農業統計表』, 『朝鮮農地年報』 등이다.

32 1940년판 『조선연감(朝鮮年鑑)』; 細川嘉六, 1972, 앞의 책, 297쪽 재인용.

호소카와는 일본 제국주의의 한반도 침탈은 경제적인 부분에서부터 시작되었으며, 시기적으로는 '을사늑약'과 '한국병합' 이전부터 진행되고 있었음을 이해하고 있었다. 강화도조약으로 개항하게 된 한반도에 일본인들이 들어와서 경제적인 침탈이 진행되었고, 당시 한반도의 경제 현황은 농업생산이 중심이었고 경제 활동의 중심 계층도 농민을 중심으로 전개되고 있었기에 일본 제국주의의 한반도 침탈은 먼저 농촌과 농민에 대한 침탈과 피해로 이어졌다.

개항 이후 청일전쟁 시기까지 일본인의 한반도 '진출'은 점증적으로 증가하였으며 일본인이 경영하는 대농장들이 늘어났다. 러일전쟁을 전후하여서는 기생지주로서의 일본인들에 의한 한반도의 농촌과 농민에 대한 침탈이 더욱 가속화하였다. 특히 통감부가 설치되고 철도 부설권을 손에 넣은 이후에는 군용지나 철도용지로 토지를 사용한다는 미명하에 권력을 등에 업은 토지 약탈이 노골적으로 진행되었다. 일본인의 한반도 진출과 토지 매입은 당시 한국의 지가가 일본에 비해 $\frac{1}{10}$~$\frac{1}{30}$에 불과했고, 농민의 소작 조건도 지주에게 유리하여 토지만 소유하게 되면 이윤을 창출할 수 있었기 때문에 더욱 가속화되었다. 당시 일본인의 토지 매입은 농업 경영이나 일본인 농업 이민을 통하여 농사를 짓는 것이 목적이 아니었다.

이렇듯 일본 제국주의의 한반도 토지 약탈이 조직적이고 계획적으로 이루어진 것은 '토지조사사업'보다 훨씬 이전으로 거슬러 올라간다. 일본 제국주의 정부와 통감부의 비호하에서 일본인 자본가와 지주들, 그리고 농업 이민을 목적으로 설립된 농업회사는 토지 매입과 이민 업무를 수행하였다. 이때의 한반도의 토지 매입과 농업 이민을 주도한 대표적인 조직으로 설립된 농업회사가 '동양척식회사'였는데, 당시 동양척식회사가 소유한 토지 규모를 『황성신문(皇城新聞)』에서는 '역둔토 및 매수 지단을 합하여 약 3만 정보'[33]라고 기록하고 있다.

동양척식회사의 직영 사업은 토지의 경영, 임업의 경영, 식민사업, 면양 사업으로 대별되는데, 그 중심이 되는 것은 토지의 경영이었다. 동양척식회사는 설립 후 1년이 지나지 않은 단기간에 약 3만 정보의 토지를 보유하게 되었는데, 호소카와는 이는 자본의 힘으로 가능하였다고 지적한다. 조선식산은행과 함께 일본 제국주의의 경제적인 한반도 침탈의 거점이었던 동양척식회사는 농업 이민과 토지 경영은 물론 대부와 주식, 사채 인수 등의 금융 업무를 통해서 적극적으로 한반도 침탈의 한 축을 담당하였다. 1908년에 일본 자본가들과 지주들의 연합으로 자본금 총 1천만 원으로 설립된 동양척식회사에 대해서 호소카와는 다음과 같이 언급하고 있다.[34]

> 투하 자본은 생활 수준이 극도로 낮은 조선인의 노동과 풍부한 자원을 이용하여 특별 이윤을 올리고 있을 뿐만 아니라, 이들 자본의 힘은 동시에 정치적인 권력이기도 하다. 투하된 거액의 자본은 모든 경로를 통해서 조선의 전 사회를 지배하고 있다.[35]

동양척식회사는 한국병합 이후에는 국유지와 소유권이 불분명한 농

---

33 『皇城新聞』, 1910. 6. 12.

34 회사 설립 자금 총 1천만 원 가운데 한국 정부가 3백만 원을 현물 출자 형식으로 제공해주었다. 현물 출자는 농민들이 경작해오던 공유지나 역둔토 등이었기 때문에, 결국 일본인 자본가와 지주들의 이익을 도모해주는 것이었다.

35 細川嘉六, 1972, 앞의 책, 300쪽.

〈표 1〉 동양척식주식회사 소유지 면적

(단위: 1000정보)

	밭	논	기타	계
1910년	2.3	8.6	-	11.0(10.9)
1914년	18.8	46.6	4.7	70.1
1928년	17.5	48.2	30.6	96.3
1930년	16.9	46.6	60.0	123.6(123.5)

* 괄호 안의 숫자는 실제 합산한 것이고 표기는 원문 그대로 적시함.

민의 토지까지 수탈하여 한국 최대의 토지 소유자로 부상하였다. 호소카와는 동양척식주식회사의 한반도에서의 토지 소유가 증가하고 있다는 사실을 〈표 1〉과 같이 정리하고 있다. 동양척식주식회사의 한반도 토지 소유지 면적의 추이를 보면, 1910년의 약 1만 1천 정보에서 1930년에는 약 12만 4천 정보로 급증하고 하고 있음을 확인할 수 있다.

동양척식회사는 식민지 농민들로부터 매입한 토지를 일본인 농업 이민자들에게 넘기는 동시에 저리로 자금을 융자해주고 이들이 정착하는데 편익을 제공하였다. 이들 일본인들은 할당받은 토지에서 자작을 하기보다는 조선 농민들에게 소작시키는 형태가 많았다. 일본인들은 소지주로 성장한 반면 조선 농민들은 소작인으로서 이들 일본인 기생지주들에게 소작료를 지불하였고, 일본인들은 소작료를 고리대금 자금으로 활용하여 이윤을 늘려서 토지 소유를 확대해갔다. 한반도에 이민 온 일본인들이 저리의 영농자금과 소작료, 고리대금을 통한 이윤을 통해 지주로 성장한 반면, 한국의 농민들은 소작인으로 전락하여 일본인에게 예속되는 상황이 된 것이다. 결국 농업이민과 토지 경영 사업을 주도한 동양척식회사는 일본인을 지원하여 한반도에 정착시키고 지주로 육성하는 기관이었다고 할 수 있다.

일본 제국주의가 한반도를 식민지화한 이후, 1910~1918년까지 약

9년 동안의 실시한 토지조사사업은 동양척식회사와 일본인 지주들에게 한국인의 토지를 탈취하여 넘겨주는 사업이었다.[36] 통감부는 토지조사사업 이전에 불법적으로 약탈했던 토지와 가옥을 합법적인 것으로 하기 위한 법률을 제정하였다. 일본은 한국 정부에게 일본인의 토지 소유권을 인정하라고 압력을 가했으며, 이로 인해 통감부 설치 이후인 1906년에 한국 정부는 '토지 건물 증명 규칙'과 1907년에 '국유 미간지(未墾地) 이용법'을 공포함으로써 일본인의 토지 소유권과 개간 권리를 제도적으로 인정하였다. 이들 법률은 일본인들이 노골적으로 한국의 토지를 소유하게 하기 위한 사전 조치였으며, 새롭게 투자하도록 유도하기 위한 기초 작업이었다. 그리고 일본 제국주의는 '한국병합' 직전인 1910년 3월에 '토지국관세칙령'과 1912년 8월에 '토지조사령'을 공포하고 예산을 편성하여 약 8년 이상의 사업 기간에 걸쳐 토지조사사업을 수행하였다.

토지조사사업의 표면상의 목적은 토지소유권을 확립시키는 것과 공평한 '지세'를 부과하기 위한 것이었다. 전자는 일본인들에게 더 많은 토지를 소유하게 하기 위한 급선무였다. 왜냐하면 전술한 바와 같이 호소카와가 지적한 후발 일본 자본주의가 아직 미성숙한 단계였기 때문이었다. 구미 열강의 선진 자본이 한반도에 유입된다면 일본 자본과 경쟁하게 될 것이고 그렇다면 이윤 창출도 어렵게 되는 상황에 직면할 것이 예상되었기 때문에 일본 제국주의는 한반도 식민지화와 동시에 토지조사사업에 착수하였던 것이다.

36 토지조사사업에 대해서는 허수열, 2011, 앞의 책; 김용섭, 2000, 앞의 책; 宮嶋博史, 1982, 앞의 글 등 참조.

토지조사사업은 '신고주의'를 채택하여 진행되었고, 토지조사국 관리를 비롯하여 지역의 면장과 동리장, 지주들로 구성되는 '지주위원회'가 구성되어 토지소유권 등을 결정하였다. 이 과정에서 농민들은 신고를 위해 지주 대표로부터 신고를 인정한다는 도장을 받도록 되어 있어서 농민과 지주의 권리가 충돌하는 경우는 '지주위원회'에서 거부권을 행사할 수 있도록 되어 있었다. 일본 제국주의는 토지조사사업 과정에서 국유지와 민유지의 구분이 명확하지 않아서 분쟁이 발생하면 국유지로 만들어서 농민의 경작권을 박탈하기도 하였다. 결국 토지조사사업에서 소유권을 결정하는 데 있어서 지주들의 승인과 거부권을 인정하였지만, 정작 경작자인 농민의 의견은 부차적인 것으로 취급되기도 하였다는 점에서 토지조사사업에서 농민들은 배제되어 있었다.

이러한 식민지 조선에서의 토지조사사업에 대해서 호소카와는 총독부 관료의 비호하에 불법적인 토지 수탈로 한국 농민의 몰락과 계급 분화를 지적하고, 나아가 3·1독립운동의 원인도 결국 토지조사사업으로 인한 농촌문제와 농민의 불만에 있었다는 점을 지적하고 있다.[37]

> 토지조사사업의 수행은 물론 강력한 통치기구 하에서만 이루어 질 수 있는 것이었는데, 그러나 이 과정에서 격렬한 형태로 진행된 농민의 몰락, 계급 분화는 여기에 정치적 민족적 요인도 더해져서 조사 완료 직후에 만세사건이 되어 나타났다.[38]

---

37 細川嘉六, 1972, 앞의 책, 226쪽

38 細川嘉六, 1972, 앞의 책, 226쪽.

토지조사사업의 결과로 이주 일본인 지주의 성장이 두드러졌는데, 호소카와는 식민지 농촌의 계층 분화 문제를 지주 증가, 자작농의 감소, 소작농의 증가 등의 추이를 〈표 2〉와 같이 자료를 제시하여 실상을 밝히고 있다.

〈표 2〉 농가 종별 호수[39]

(단위: 호)

	지주	자작	자소작	소작	농가 총호수
1915년	46,754	569,517	1,065,705	92,261	2,592,237
	1.8%	20.0%	41.1%	35.1%	100%
1919년	90,386	525,830	1,045,606	1,003,003	2,664,825
	3.4%	19.7%	39.3%	37.3%	100%
1921년	97,105	533,188	994,974	1,091,980	2,716,949
	3.6%	19.6%	36.6%	40.2%	100%

그리고 호소카와는 한반도의 토지가 대토지 소유자에게 집중되고 있으며, 토지 소유는 불균형적이고, 영세 토지 소유 형태가 지배적이라는 사실도 지적하고 있다. 특히 50정 이상의 대토지 소유자를 보면 일본인이 점하는 비율이 상대적으로 높다는 사실을 〈표 3〉과 같이 제시하고 있다.[40]

---

39 표에서 보는 바와 같이 1919년에 이르기까지 지주는 1.8%에서 3.4%로 증가하였고, 이에 대해 소작은 35.1%에서 37.3%로 증가한 것에 비해, 자작농은 20%에서 19.7%로 감소, 자작·소작은 41.1%에서 39.3%로 감소, 1919년부터 1921년에 이르는 사이에도 이와 유사한 경향을 보이고 있다. 細川嘉六, 1972, 앞의 책, 297쪽.

40 100정 이상의 거대 토지 소유자를 보면, 조선인은 1921년 426명에서 1927년 334명으로 감소하고 있는 것에 비해 같은 해 내지인은 487명에서 553명으로 증가하고 있다. 특히 200정 이상의 토지소유자를 보면 내지인의 지위는 압도적이고 이미 1921년에는 조선인이 66명인 데 비해 일본인은 169명을 점하고 있고, 또한 같은 해부터 1927년에 이르는 사이 조선인은 66명에서 44명으로 감소하고 내지인은 169명에서 192명으로 증가하여 거대 토지가 내지인의 손에 집중되어가고 있다는 것을 알

〈표 3〉 100정 이상 거대 토지 소유자

(단위: 명)

		1921년	1927년
200정 이상	내지인	169	192
	조선인	66	44
150정 이상	내지인	108	122
	조선인	94	80
100정 이상	내지인	213	239
	조선인	266	210
합 계	내지인	487	553
	조선인	426	334

호소카와에 따르면, 한국인들은 토지조사사업의 초기에 데라우치 마사타케(寺內正毅) 총독에 대한 기대를 갖고 농민으로부터 양반이 불법으로 몰수한 토지를 농민들에게 돌려줄 것이라는 기대를 갖기도 했다고 한다.

하지만, 식민당국은 토지 소유권을 공정하고 정확하게 결정하는 것보다는 토지에 대한 과세를 명확하게 하는 것을 우선시하였기에 경작자인 농민들의 불만은 쌓여만 갔다. 결과적으로 봉건적인 토지소유체제가 확대되고 유지, 강화됨으로써 불법적인 토지 수탈과 한국 농촌의 피폐, 농민의 몰락이라는 폐해가 심각해졌다. 이에 대해서 호소카와는 다음과 같이 지적하고 있다.

> 토지조사의 실시, 화폐경제의 침투에 의해서 점차 보편화되고 있던 농민의 몰락, 사회분화의 진행은 대전 이후 더욱 증대하여 자작, 자작 겸 소작

수 있다. 細川嘉六, 1972, 앞의 책, 299~300쪽.

이 차지하는 비율이 감소한 반면에 소작이 차지하는 비율은 증가하고 또한 화전민은 증가하였다.[41]

일본 제국주의의 한반도 식민통치가 '무단정치'에서 '문화정치'로 전환했던 3·1독립운동에 앞서 식민지 본국 일본에서는 1918년 '쌀 소동'으로 농민들이 저항했다. 일본군의 시베리아 출병 등으로 매년 300만 석에서 500만 석의 외국 쌀을 수입할 정도로 일본 국내 식량 사정이 악화되었기에 일본 정부는 한반도를 식량기지로서 주목하였다. 이러한 상황에서 조선총독부가 한반도에서 실시한 것이 '산미증식계획'인데, 그 배경을 총독부는 다음과 같이 기술하고 있다.

> 식량문제의 해결은 당시 우리 국민의 사활문제로서 중요 안건이었다. 때문에 내지에서는 쌀의 증산에 많은 기대를 할 수 없어서, 조선은 전술한 바와 같이 관개설비 상당히 불안전하여 수전의 대부분은 천수를 기다리는 상태였기에, 토지개량사업을 일으키는 데 있어서는 천혜의 쌀 산지이고 나아가 반도의 부력을 증진하는 최고의 첩경이다.[42]

산미증식계획은 식량공급을 위해서 사이토 마코토(齊藤實) 총독 시대의 기본 시책으로 설정되었는데, 그 목적은 식량공급과 동시에 식민지 농민 경제의 호전을 도모함으로써 식민지의 안정적인 질서 유지에 있었다. 산미증식계획은 처음에 1920~1934년까지 15개년으로 계획되었

---

41 細川嘉六, 1972, 앞의 책, 255쪽.

42 朝鮮總督府, 1935, 『施政二十五年史』, 朝鮮總督府刊, 390쪽.

다.[43] 1925년에 이르러 이 계획은 변경되었고 1926년 이후 12개년 계획, 자금 총액 3억 2,500만 엔, 816만 석 증산 계획으로 설정되었다. 산미증식계획 실시를 전후한 시기의 한반도의 쌀 생산 상황은 아래와 같이 변화하였다.

〈표 4〉 미곡 생산 지수

	재배 면적	수확량	단당 수확량		내지 단당 수확량(석)
			지수	실수(석)	
1910년	100	100	100	0.769	1.581
1920년	115	143	124	0.957	2.022
1930년	123	184	150	1.210	2.064
1931년	126	157	129	0.948	1.700
1932년	121	157	129	0.995	1.854
1933년	125	175	139	1.072	2.232
1934년	127	161	127	0.977	1.634
1935년	125	172	137	1.055	1.793

1910년과 비교하면 재배면적, 수확량은 모두 증가하고 있지만, 단당 수확량을 보면 1930년의 1.21석을 정점으로 그 이후에는 감퇴 또는 정체하고 있으며, 이것을 내지 즉, 일본의 단당 수확량과 비교하면 반 이하인 경우도 적지 않다. 호소카와는 그 이유를 조선 농업에서는 비료 투하가 상당히 소량이라는 것, 장기간에 걸쳐 심한 착취하에 있었던 조선 농민에게는 생산의 개량 등을 기대할 수 없었고, 소량으로 나타난 단위

43 토지개량과 경종법의 개선을 주 내용으로 하는 제1기 산미증식계획은 총 공사비 1억 6,800만 엔을 투자하여 42만 정보의 토지개량을 실시하고, 920만 석의 산미증식을 도모하려는 대규모 계획이었다.

면적당 수확량의 증가도 생산 기술의 개량, 비료 투하량의 증가에 의한 것이 아니라 단지 소박한 원시적인 노동력 투하의 극단적인 강화에 의한 것이었다고 보고 있다.[44]

그런데 여기서 호소카와는 산미증식계획 당초의 계획대로 성과를 달성하지는 못하였지만, 일본으로의 쌀 수출은 계속 증가하였다고 지적한다.

〈표 5〉 조선 쌀 대일본 수출량과 조선 내 소비 상황

	생산량 (백만 석)	수출량 (백만 석)	조선 소비량 (석)	1인당 소비량 (석)	내지 1인당 소비량(석)
1912년	11.6	0.5	11.1	0.78	1.07
1915년	14.1	2.3	2.8	0.74	1.10
1918년	13.7	2.2	11.6	0.68	1.14
1924년	15.2	4.6	10.8	0.60	1.12
1930년	13.7	5.4	8.6	0.45	1.08
1931년	19.2	8.4	10.5	0.52	1.30
1932년	15.9	7.6	8.4	0.41	1.01
1933년	16.3	8.7	8.5	0.41	1.10

위 표에서 나타내고 있는 바와 같이 실제로 식민지 조선에서의 쌀 생산량의 점증에도 불구하고 쌀 이출량은 1912년의 50만 석, 1915년 230만 석에서 1931년에는 840만 석으로 현저하게 증가하여 일본의 식량 부족을 충당시키고 있었다. 그 결과 조선 내의 소비량은 그 절대량도 감소하고 있으며, 이 사이에 인구 증가로 인해 1인당 조선의 쌀 소비량은 1912년의 7말(斗) 8되(升), 1915년 7말 4되에서 1932년의 4말 1되로 극단적으로 감소세를 보이고 있다. 식민지 종주국인 일본 내지 1인당 소비

44 細川嘉六, 1972, 앞의 책, 252쪽.

량과 비교해보면, 1932년에는 그 반에도 못 미치고 있다.[45] 쌀 생산은 소작관계 위에서 진행되었기에 농민들은 높은 소작료와 물세, 그리고 지주의 횡포하에서 수탈을 당하고 있었다. 소작료를 제외하고 남은 쌀은 농민들이 소비하지 못하고 일본으로 빠져나가는 상황이었다.

식민지 조선에서 생산된 쌀의 대일 수출량의 격증과 동시에 쌀 소비량의 급감은 염가의 빈농적인 작물인 조(粟)의 만주로부터의 수입과 조선 내의 조, 그 외 작물의 생산 강화로 보충되었다. 호소카와는 당시 식민지 조선의 조의 수입 증가 및 그 소비량을 아래와 같이 제시한다.[46]

〈표 6〉 조 수이입 / 조 소비 상황

	조 수이입(천 석)	1인당 조 소비량(석)	1인당 쌀 소비량(석)	쌀 및 각종 잡곡 1인당 소비량(석)
1912년	15	0.254	0.774	1.957
1918년	205	0.317	0.680	2.021
1924년	1,270	0.366	0.603	1.916
1930년	1,717	0.354	0.450	1.694
1932년	1,584	0.303	0.411	1.607
1933년	1,046	0.318	0.411	1.627

결국 산미증식계획 기간에 조선 쌀의 대일 공급량은 계속 격증하고 있

45 細川嘉六, 1972, 앞의 책, 253쪽.

46 조선의 쌀 소비량 격감 대신에 저가인 조의 수이입이 1912년 1만 5천 석에서 시작하여 1931년에는 약 172만 석에 달하고 있다. 그 이후 수이입의 감퇴는 공황의 진행에 동반한 대중의 궁핍화에 의해 조마저도 구입할 수 없는 상황은 5년 이후의 쌀 소비량의 감소가 여전히 엄청난 것으로도 확인할 수 있다. 그 결과 1인당 조 소비량은 1924년까지의 증가에 반하여 1930년의 공황 이후는 감소하고 있다. 1인당 쌀과 잡곡 소비량을 보아도 1918년의 2석 2되에서 1932년의 1석 6말로 약 4말 정도 감소하였다. 細川嘉六, 1972, 앞의 책, 253~254쪽.

는 반면에 조선 농민은 쌀 소비를 조 소비로 돌리고, 더구나 1920년대 말의 대공황 이후는 그 조의 소비량조차도 감소하였다. 식민지 조선의 쌀 생산은 일본으로의 수출을 목적으로 한 상품으로서의 쌀을 생산하는 농업 체제가 성립되기에 이르렀다. 이는 쌀 시장인 일본 자본주의 성장을 위한 것이었고 오직 일본에만 의존하는 상황으로 결국 경제적인 예속 상황을 만들어낸 것이었다. 1929년, 1930년경부터 세계적인 대공황 시대가 되어 쌀 가격이 폭락하고 쌀 소비가 격감하여 조선 쌀의 이입은 더욱더 일본 내지 쌀 가격을 압박했기 때문에 이 산미증식계획은 1934년에 중지되었다.

이상에서 본 바와 같이 일본 제국주의하의 식민지 조선에서의 토지조사사업과 산미증식계획은 농민들을 소작인으로 전락시키고 농촌을 떠나 이촌하는 현상을 일으키는 등 농촌의 피폐와 계층 분화를 촉진시켰다. 당시의 식민지 조선의 농촌 현실은 농가 종별 구성의 변천에도 나타나 있는데 호소카와는 다음과 같이 표를 제시하고 있다.[47]

〈표 7〉 농가 종류별 구성 비율

(단위: %)

	지주	자작	자소작	소작	순화전민	합계
1926년	3.6	19.1	32.5	43.4	1.2	100
1929년	3.7	18.0	31.5	45.6	1.2	100
1931년	3.6	17.0	29.6	48.4	1.4	100
1933년	3.5	15.9	24.9	53.8	2.1	100

47 이 표에서 나타나고 있는 바에 의하면 지주, 자작, 자소작농의 농가 총 호수에 대해서 점하는 비율은 1926년부터 1933년까지 각각 3.8%→3.5%, 19.1%→15.9%, 32.5%→24.9%로 감소하고 있는 것에 대해서, 소작농은 43.4%에서 53.8%로, 화전민은 1.2%에서 2.1%로 증가하고 있다. 이렇게 소작과 자소작을 합하면 전 농가의 약 80% 사람들이 3.5%의 지주 지배하에 있으면서 소작을 하고 있는 것이다. 細川嘉六, 1972, 앞의 책, 301~302쪽.

식민지 조선의 농촌문제와 농민의 상황은 일본 제국주의 정부와 조선 총독부의 식민지의 안정적인 통치 체제 유지를 위해서 시급하게 해결해야 할 문제로 부각되었다. 하지만 식민지 농촌의 수탈과 억압의 결과, 농촌 문제는 개선되기는커녕 심화되어갔다. 농촌문제의 심각성을 나타내는 단적인 사례가 소작쟁의의 증가였는데, 소작쟁의의 증가는 식민지 농민들이 부담하는 가중한 소작료의 증가에 의한 것이었다.[48] 산미증식계획 기간의 식민지 조선에서의 소작쟁의 현황을 살펴보면 다음과 같다.[49]

〈표 8〉 소작쟁의 건수

	건 수	참가인원(지주소작인 계)
1920년	15	4,040
1923년	176	9,063
1927년	275	3,973
1928년	1,590	4,863
1929년	423	5,419
1930년	726	13,012
1931년	667	10,282

48 소작료는 토지조사 전의 도지법(賭只法, 정액 소작료)이 수확량의 3분의 1이었던 것에 비해서 토지 조사 이후는 40~50%가 일반적이 되었다. 식민지 조선에서의 소작료 징수 방법은 정조법, 집조법, 타조법 등으로 구분할 수 있다. 식민지 말기에는 수확물의 50~60% 이상을 소작료로 납부하는 것이 일반적이었고, 이 소작료는 대부분 현물 형태로 지불되었다고 한다. 朴ソプ, 1995, 『1930年代朝鮮における農業と農村社会』, 未来社, 222쪽.

49 소작쟁의는 1921년의 17건, 참가인원 2,967명에서 1923년 176건 9,063명으로 격증하고, 노동자의 파업도 1917년 8건, 참가인원 1,148명에서 1920년의 81건, 4,599명, 1923년 72건, 6,041명으로 증가하였다. 細川嘉六, 1972, 앞의 책, 254쪽, 328쪽.

Ⅳ. 맺음말

일본 제국주의가 국제사회에서 고립되고 있던 1940년, 모든 미디어에서 '기원 2600년'을 맞이한다고 대대적으로 선전하고 기념하면서 동아신질서 구축과 대동아공영권, 아시아맹주론 등의 슬로건이 강조되던 시기였다. 당시 언론 통제와 검열하에서 국가 정책을 비판할 수 없었음에도 호소카와는 일본의 제국주의 정책과 식민통치의 문제점을 객관적으로 분석하고 식민지의 '피압박 민족의 해방(解放)'을 주장하는 연구저작을 발표하였다. 이러한 저술 활동으로 인해 일본 제국주의 말기에 사상과 언론 탄압을 상징하는 '요코하마사건'이 날조되었고, 호소카와는 치안유지법 위반 혐의로 검거되어 패전 후에야 석방되었다.

호소카와의 식민통치론은 일본 제국주의를 자본주의 성장과 발전이라는 인식에 의거하여 전개되었다. 호소카와는 제국주의 열강의 식민지 쟁탈과 확장이 상품 시장과 원료 시장을 필요로 하여 진행되었고, '후발' 국가였던 일본은 선진 제국주의 국가들에 '종속'되어 인접 국가와 지역들을 전쟁이라는 수단을 통해서 식민지화하였다고 분석하였다. 또한 미성숙한 자본주의와 후발 제국주의 국가로서의 일본은 독점자본가와 동양척식주식회사와 같은 조직을 활용하여 경제적인 침탈을 강행하였다고 지적하였다.

호소카와는 일본 제국주의의 '후발성'과 함께 '종속성'이라는 특성으로 인해 야기되는 식민통치의 문제점을 분석하였다. 독점 자본의 식민지 진출 결과는 상품 생산과 금융 자본이 성숙되어 있지 않던 식민지 농촌사회와 농민 계층에 대한 억압과 수탈로 나타났다는 것이다. 앞에서 검토한 바와 같이 호소카와는 식민지 조선의 농촌문제와 관련하여 통계

자료를 구사하여 동양척식회사의 설립과 토지조사사업, 산미증식계획 등의 실상과 문제점을 폭로하였음을 확인하였다. 호소카와는 일본 제국주의와 조선총독부의 조선통치의 결과로서 식민지 조선에서의 일본인 기생지주의 증가, 조선인 소작인의 증가, 조선인 이주 농민과 화전민의 증가, 소작쟁의의 증가 등을 자료를 통해서 밝힘으로써 식민지 통치로 인한 농촌경제의 피폐와 농민에 대한 억압과 수탈을 객관적으로 비판하였다.

물론 호소카와의 식민통치론에서는 일본 제국주의의 '자립'을 위한 식민지 영유라는 논리를 비롯하여 부분적이지만 식민지 지배를 긍정하는 서술도 있다. 하지만 호소카와는, 현 시점에서 바라본다면 어쩌면 당연한 일본 제국주의와 식민주의에 대한 지적이지만, 당시 전시체제하의 검열과 통제에도 불구하고 식민지 통치에서의 문제점과 모순을 부각시키고 제국주의 열강의 식민통치를 비판할 수 있는 선구자적인 연구 성과를 공론의 장에 발표했다는 것에 주목할 필요가 있다. 무엇보다 호소카와가 근대 일본제국은 침략 '전쟁'을 통해서 형성되었고, 제국 일본이 단기간에 인접 지역을 식민지화함으로써 발생하는 문제점 등을 '선구적'으로 지적한 것은 호소카와의 날카로운 통찰의 결과이다.[50] 전시 총동원체제하에서 호소카와처럼 일본 제국주의의 모순과 식민통치의 실상을 객관적으로 바라보고 문제를 제기하면서 세계적인 혁명운동과 민족자결주의 사조, 민족운동에 대해 주의를 환기시키고 '피억압 민족의 해방'을 강조한 점은 평가하지 않을 수 없다.

---

50 細川嘉六, 1972, 앞의 책, 23쪽.

호소카와 가로쿠 약력[51]

1888년(明治21년)	9월 27일, 도야마현(富山縣) 도마리(泊) 출생
1894년(明治27년)	4월, 도마리 심상(尋常) 소학교 입학
1898년(明治31년)	3월 심상과 졸업. 1902년 3월, 고등과 졸업
1903년(明治36년)	4월, 도야마현 미야자키(宮崎) 소학교 준교원. 약 2년 준교원 생활
1904년(明治37년)	오노즈카(小野塚喜平次, 도쿄제국대학 총장) 연고로 상경. 오노즈카의 서생. 이후에 오노즈카 집에서 분리하여 중학교 진학
1908년(明治37년)	4월, 긴죠(錦城) 중학교 4학년 편입 1910년 3월, 동 중학교 졸업
1910년(明治43년)	9월, 제일고등학교 영법(英法)과 입학 1913년 7월, 동 고등학교 졸업
1913년(大正2년)	9월, 도쿄제국대학 법학부 입학 1917년 3월, 동 대학 졸업
1917년(大正6년)	4월, 오노즈카 소개로 오사카 스미토모 총본점(大阪住友總本店, 현재의 住友商事) 입사
1918년(大正7년)	요미우리 신문사(讀賣新聞社) 입사. 1919년 8월 사직
1919년(大正8년)	다카노(高野岩三郎, 도쿄제국대학 교수) 도움으로 도쿄제국대학 경제학부 조수
1920년(大正9년)	오하라(大原)사회문제연구소 소속
1925년(大正14년)	여름부터 1926년 4월 8일까지 오하라사회문제연구소 연구원으로서 유럽 유학. 모스크바에서 가타야마(片山潛)를 만나고 귀국 후 쌀 소동(米騷動) 연구
1927년(昭和2년)	가을, 오하라 사회문제연구소에서 오자키(尾崎秀實)와 중국혁명연구회에서 활동
1933년(昭和8년)	3월 30일, 공산당사건으로 치안유지법 위반 혐의로 이타미서(伊丹署)에 검거
1934년(昭和9년)	3월 10일, 금고 2년 집행유예 4년의 형을 선고받음

51 森川金壽 編著, 1989, 『細川嘉六獄中調書』, 不二出版, 371~375쪽 참조.

	1933년 4월 25일~1935년 1월까지 오하라사회문제연구소 휴직
1937년(昭和12년)	4월, 오하라사회문제연구소 평의원으로 『중앙공론(中央公論)』, 『개조(改造)』 등에 평론 발표
1939년(昭和14년)	가자미(風見章)의 지원으로 오자키와 함께 지나(支那)연구소 설립 동 연구소 주사
1941년(昭和16년)	10월 오자키가 조르게사건으로 투옥, 지나연구소 해산
1942년(昭和17년)	9월 14일 『개조』 발표 논문으로 치안유지법 위반으로 세타가야서(世田谷署)에 검거
1943년(昭和18년)	8월 도쿄 구치소 송치
1944년(昭和19년)	5월말 요코하마(横浜) 형무소로 이송
1945년(昭和20년)	9월 4일, 요코하마 형무소 보석 출소. 9월 10일, 사면
1947년(昭和22년)	4월 8일, 제1회 참의원 선거 공산당 전국구 의원 당선
1950년(昭和25년)	6월 4일, 제2회 참의원 선거 공산당 전국구 의원 당선(당 의원 단장)
1951년(昭和26년)	9월 27일, 레드파지에 의해 모든 정치 활동에서 추방됨
1951년(昭和26년)	아시아문제연구소 설립, 주재함 동년 4월 국제사정연구소(國際事情硏究所)를 설립하고 정기간행물 『국제사정(國際事情)』 간행 세계평화평의회 평의원(世界平和評議會評議員) 외에 일중국교회복 국민회의(日中國交回復國民會議), 일중우호협회(日中友好協會), 일조협회(日朝協會) 소속 활동 일본-베트남 협회, 일본·아시아·아프리카 연대위원회 등의 지도 간부 역임
1957년(昭和32년)	가자미(風見章)와 함께 '재팬 프레스 서비스사(社)' 고문 역임
1962년(昭和37년)	12월 2일 향년 74세 영면

참고문헌

김용섭, 2000,『한국 근현대 농업사 연구』, 지식산업사.

배영순, 1985,「朝鮮土地調査事業 期間의 國有地紛爭에 있어서 所有權의 整理方向」, 차기벽 엮음,『일제의 한국 식민통치』, 정음사.

임병윤, 1985,「産米增殖計畫」, 차기벽 엮음,『일제의 한국 식민통치』, 정음사.

허수열, 2011,『일제초기 조선의 농업』, 한길사.

淺田喬二, 1985,『日本知識人の植民地認識』, 校倉書房.

小宮山量平, 1972,『植民史』=解說「暗黑化の激流に抗した憂國の學風」, 細川嘉六,『細川嘉六著作集 第二卷』, 理論社.

細川嘉六, 1941,『現代日本文明史 第十卷 植民史』, 東洋経済新報社.

________, 1972,『細川嘉六著作集 第一~三卷』, 理論社.

________, 1931-32,「大正七年米騷動資料」,『大原社會問題研究所雜誌』第九卷 第1-2號, 第十卷 第1號.

田中伸尙, 1974,『未完の戰時下抵抗』, 岩波書店.

朝鮮總督府, 1935,『施政二十五年史』, 朝鮮總督府刊.

中村智子, 1979,『橫浜事件の人びと』, 田畑書店.

朴ソプ, 1995,『1930年代朝鮮における農業と農村社會』, 未來社.

森川金壽編著, 1989,『細川嘉六獄中調書』, 不二出版.

宮嶋博史, 1982,「植民地下朝鮮人大地主の存在形態に關する試論」, 飯沼二郎·姜在彦 編,『植民地期朝鮮の社會と抵抗』, 未來社.

橫浜事件·再審裁判=記録/資料刊行会 編著, 2011,『ドキュメント橫浜事件』, 高文研.

5장

재일지식인 김달수와 한·일 화해의 길

송완범
고려대학교 교수, 글로벌일본연구원 부원장

I. 머리말: 왜 지금 김달수인가

현재의 한일관계는 살얼음판을 걷는 듯 위태위태하다. 뉴스는 무역의 면이긴 하지만 최악이니 전쟁이니 보복이니 평상시에는 듣기 어려운 거친 언사로 가득하다. 양국의 정치가들은 국내 정치로 환산될 지지표 계산에 바쁜 듯하다. 이러한 시기에 동북아역사재단은 한일 간의 역사 화해의 기초를 모색하고 있다. 이는 언젠가 걷힐 먹구름 이후에 대비하는 지혜로운 숨고르기일 것이다.

이번 동북아역사재단의 기획연구(한일 역사화해 중요 인물연구)에서 필자가 집필을 담당하기로 한 사람은 재일지식인 김달수이다. 그가 태어난 시기가 양력으로는 1920년(음력 1919년)이니 2019년은 그의 탄생 100주년이 되는 해이다. 그리고 그의 사망은 1997년 5월이었는데 당시 필자는 도쿄 유학 중의 유학생 신분이었다. 아마도 그의 부음 소식을 나가노현(長野縣)의 지인 집에서 신문기사로 접한 듯하다. 그러고 보니 그의 사후 20여 년을 넘어서고 있다. 이렇듯 사후 20여 년, 탄생 100년 즈음의 김달수 이야기는 해방된 지 70년이 되는 재일의 의미를 다시금 재조명할 수 있을 것으로 생각한다.

김달수에 관해 일본에서 출간된 연구 자료에는 김달수 자신의 자서전[1]

---

* 본고는 동북아역사재단에서 2018년도에 기획한 '한일 역사화해 중요 인물연구'에서 촉발되어 졸고 「재일지식인 김달수(金達壽)를 통한 '한·일 역사화해'의 모색」, 『동아시아고대학』 제53집(2019년 3월)에 발표한 것을 저본으로 삼고 있다.

1 金達壽, 1977, 『わがアリランの歌』, 中公新書; 金達壽, 1998, 『わが文學と生活』, 青丘文化社 참조. 전자에서는 태어나서 해방까지를, 후자에서는 1970년대까지를 서술 범위로 다루고 있다.

〈사진 1〉 김달수의 자서전 『나의 아리랑』(왼쪽), 『나의 문학과 생활』(오른쪽).

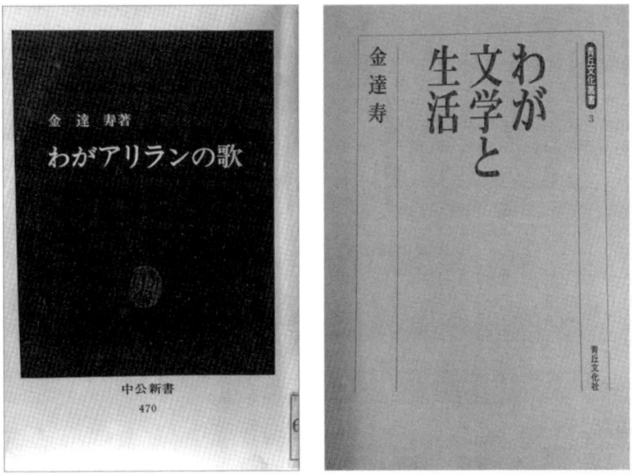

(출처: 일본 와세다대학(早稲田大学)도서관 소장)

을 비롯하여 그의 문학 관련 및 고대사 관련의 저작집[2] 외에도 최근 연구서가 등장하고 있다. 특히 다음의 세 권은 최근의 김달수 연구를 위해서는 필수적 위치를 차지하고 있는 것들이다.[3] 이 글의 서술은 이 연구 성과들에 많이 의존하고 있음을 미리 밝혀둔다. 그 외에도 한국에서 간행된 연구 성과도 참조해서 보강하였다.[4]

그중에서도 김달수 사후 이른 시기에 그에 대한 연구사를 쓴 최효선

---

2 金達壽, 1976, 『日本古代史と朝鮮文化』, 筑摩書房; 金達壽, 1976, 『金達壽評論集』, 筑摩書房; 金達壽, 1985, 『日本古代史と朝鮮』, 講談社學術文庫 참조.

3 崔孝先, 1998, 『海峽に立つ人ー金達壽の文學と生涯』, 批評社; 辛基秀, 2002, 『金達壽ルネサンス』, 解放出版社; 廣瀨陽一, 2016, 『金達壽とその時代ー文學 · 古代史 · 國家』, 圖書出版クレイン 참조.

4 김학동, 2009, 『재일조선인 문학과 민족: 김사량 · 김달수 · 김석범의 작품세계』, 국학자료원; 박광현, 2016, 「김달수의 '방한'과 그의 '국토순례' 기행문」, 『한국학연구』 43 참조. 그 외 김달수가 한국의 잡지에 기고한 논문이 있다. 김달수, 1984, 「재일교포문제: 古代韓 · 日文化研究上の問題点」, 동국대학교 일본학연구소 『日本學』 3, 165~196쪽 참조.

(崔孝先)에 따르면 김달수의 작품세계는 '재일동포생활사', '사회주의자투쟁사', '고대사'라는 세 개의 키워드로 구분된다고 한다.[5]

우선 '재일동포생활사'의 흐름은 김달수 초기의 작품으로 식민지시대를 포함하여 재일동포가 다양한 차별을 받으면서 자신의 삶을 위해 열심히 살아가는 모습을 그린 시기이다. 다음의 '사회주의자투쟁사'의 흐름은 『후예의 거리(後裔の街)』 이후의 장편에서 넘치는 정열과 의욕 그리고 사명감을 가지고 조선민족의 바른 진로라고 믿은 '사회주의개혁'의 실현을 위해 '참여문학'이라는 색채를 띤 시기였다. 또한 '사회주의자투쟁사'의 흐름에서의 작품군은 실제로는 '재일동포생활사'의 흐름 속으로 귀속시켜야 할 것으로 재일동포들의 생활상을 그린 것에 변함은 없었다. 그러면서 일관되게 민족조직인 재일본조선인총연합회(조선총련·조총련·총련)과의 알력이 계속된 탓으로 1969년의 『태백산맥(太白山脈)』 이후에는 '사회주의자투쟁사'에 속하는 작품은 일체 쓰지 않게 된다. 그러다가 1979년 『비망록(備忘錄)』을 발표하는 것으로 스스로 조직과의 단절을 공언하게 된다.

여기에서 주로 살펴보려고 하는 '고대사'의 흐름은 본격적으로 1970년대부터 시작하는 '일본 속의 조선 문화(日本の中の朝鮮文化)' 시리즈인데 이는 일본전국을 방방곡곡까지 걸어 다니며 기록하는 정성스런 작업을 거쳐 12권의 책으로 집필한 김달수의 라이프워크였다. 그렇게 보자면 고대사연구의 직전에 해당하는 1964~1970년까지의 6년간은 식민지시대로부터의 정력적인 창작활동이 정체하는 드문 시기였다.[6]

5 崔孝先, 1998, 앞의 책 참조.

6 김달수에게 있어 『태백산맥(太白山脈)』의 출판 후 고대사탐구에 매달리기까지의 6년간은 말하자면 「침체기」, 「허무주의」의 시기였다고 할 수 있을 것이다.

이를 두고 '민족주의'로부터 '사회주의'로 그리고 '사회주의'로부터 '허무주의'로 김달수는 두 번의 "전향"을 경험하고 있다고 한다. 나아가 김달수의 정체 후의 후자의 전향과 관련하여 김달수는 일관된 주제로 문학의 길을 걸었으며, 그 나름의 '좌절을 모르는 품위 있는 "저항"'이었다고 평가할 수 있다고 한다.[7] 하지만 활동의 정체성과 관련하여 재일사가 윤건차는 "김달수가 좌절을 모르는 일관된 인생을 걸은 것인지, 그에게 저항이란 도대체 무엇에 대한 저항이었던 것인지 의문이 생긴다"고 인간적인 면을 포함하여 격렬하게 비판하고 있다.[8] 이처럼 인간 김달수에 대한 평가는 아직 최종 장에 이르지는 못하고 있는 것 같다.

다만 그에 대한 평가에 있어 긍정론자이든 부정론자이든 『일본 속의 조선 문화(日本の中の朝鮮文化)』 12권의 성과에 대해서는 위대한 업적으로 여기는 데 이견이 없는 듯하다. 그래서 김달수에 대한 다양한 인간적인 평가는 뒤로 하고, 공통된 평가를 얻는 그의 고대사 연구자로서의 모습에 주목하려고 하는 것이 이 연구의 주안점이다. 특히 고대사연구를 통해 '조선'과 일본을, 나아가 '조선인'과 일본인의 관계를 '인간적인 관계'로 만들고자 노력했던 점은 한일 간의 화해를 이야기하고자 할 때 많은 시사점을 줄 것이다.

먼저 2장에서는 김달수가 도일한 10세 때부터 15년 후 일본의 패망과 더불어 재일조선인들에게 찾아온 해방의 시기인 1945년까지의 정착기를 포함하여, 26세 때부터 49세가 되는 1969년까지의 약 20년의 시기를 마치 청년처럼 정열적으로 왕성하게 문학 활동을 한 점에 착안하

7 崔孝先, 1998, 앞의 책 참조.

8 尹健次, 「『三つの國家』のはざまでの苦闘と悲惨-作家 金達壽の場合」, 神奈川大學人文學會『人文研究』183, 2014, 1-32쪽 참조.

여 '문학청년'으로서의 김달수의 모습에 주목한다.

3장에서는 '고대사가'로 전향하기 직전의 정체기를 거쳐 고대사연구와 답사에 전념하는 모습을 50세부터 60세까지의 장년기와 1981년의 깜짝 고국방문부터 사망하는 1997년의 시기까지를 노년기로 설정하여 다룬다.

4장에서는 김달수의 일본고대사연구의 핵심시기인 '대화개신'부터 '임신의 난', 즉 7세기 중후반의 이해를 통해 당시 한반도에서 일본열도로의 어떤 목적을 가진 인간 이동에 대해 '귀화인'으로 부르던 것에 주목한다. 김달수는 '귀화인'을 '도래인'이라고 불러야 한다고 주장하여 결국은 일본의 고대사전문가들뿐만 아니라 일본의 역사교과서까지도 '도래인'으로 수정하게 만드는 데 중요한 역할을 했다. 그리고 그 배경에 김달수가 이 문제를 한일의 '양국관계를 인간화하는 길'로 이해하고 있는 것의 의미에 대해 분석한다.

마지막 5장에서는 앞의 내용을 요약하면서 김달수와 한일 간의 역사화해에 대해 언급한다.

김달수는 77년의 인생 중 10세 때의 도일 이래 반평생을 매달려온 재일문학자의 길을 떠나 후반기에는 고대사연구에 매달렸다. 고대사연구에 집중하기 전에 정체된 그의 도정은 갑작스런 한국방문과 함께 많은 비판을 받아왔다. 하지만 그의 후반기 역작인 '일본 속의 한국 문화' 작업은 어쩌면 그가 재일문학에서 쌓은 업적을 넘어선 것일지 모른다. 김달수의 고대사연구는 김달수 개인의 화해를 넘어, 한반도와 일본열도 간의 화해를 모색할 수 있는 기름진 토양을 마련해준 것은 아닐까.

II. '문학청년'으로서의 김달수

보통 인물에 대한 연구를 위해서는 가장 먼저 필요한 것이 충실한 연보이다. 김달수의 경우는 자서전이 두 종류 보인다.[9] 다만 이 자서전들은 전자가 태어나서 해방기까지를 다루고, 후자는 1970년대까지를 주로 다루고 있어 별 도움이 되지 못한다. 다음은 연구서의 경우인데 앞에서도 언급한 최효선과 히로세 요이치(廣瀨陽一)의 연구서가 가장 도움이 된다.[10] 그중에서도 히로세의 경우는 최효선의 연보 중 빠트린 부분을 1997년 김달수 사후 기증된 그의 유고들을 보관한 가나가와(神奈川)근대문학관의 '김달수문고'를 통해 보강한 것으로, 현 시점에서는 가장 정밀한 연보임에 틀림없다. 게다가 히로세는 그의 홈페이지[11]를 통해 김달수의 연보를 보강해가고 있다. 본문 II, III장의 연보는 히로세의 연구서와 홈페이지를 병행해 참조하였다.

이 장에서는 탄생부터 해방기까지를 '정착기'(1920~1945년)로서 다룬다. 그의 나이 25세까지의 시기이다. 먼저 김달수 연보를 제시하고, 다음에는 해당 시기의 김달수와 관련된 특별한 사건과 작품을 살펴볼 것이다. 필요시에는 이전의 연구들을 참조하면서 김달수에 관한 다면적인 분석을 시도하였다.

---

9 주1) 참조.

10 崔孝先, 1998, 앞의 책 참조.

11 http://srhyyhrs.web.fc2.com/t.html (廣瀨陽一のホームページ) 참조.

김달수 연보: 정착기(1920년~1945년)

1920년 부친 김병규 · 모친 손복남의 3남1녀 중 셋째로 출생

1925년(5세) 부모가 형제 둘 데리고 도일

1930년(10세) 도일

1931년(11세) 대정심상야학교(大井尋常夜學校, 현 시나가와品川구립 산중소학교山中小學校) 1학년에 입학

1932년(12세) 荏原町源氏前小學校 3학년 편입, 동 4학년 진급

1933년(13세) 동 소학교 5학년 진급, 국사 수업에서 「신공황후(神功皇后)의 삼한정벌」 이야기를 배우다.

1934년(14세) 동 소학교 6학년 진급, 그리고 퇴학

1935년(15세) 장식용 전구 만드는 직공, 목욕탕 화부, 영사 기사

1936년(16세) 넝마, 고물상 일을 하면서 야간중학에 다니다 좌절

1937년(17세) 평생지기 장두식과 만나다. 동인지 『함성(雄叫び)』 발간

1938년(18세) 『현대일본문학전집』(개조사改造社)의 「시가나오야집(志賀直哉集)」에 열중

1939년(19세) 장두식과 일본대학의 전문부예술과에 입학, 동 예술과전문부창작과로 편입, 『모던일본/조선판(モダン日本 · 朝鮮版)』에 게재된 조선인작가의 작품을 읽고 조선과 조선민족에 눈을 뜨다. 이때 김사량(金史良)의 소설 「빛 속에서(光の中に)」를 읽다.

1940년(20세) 여름방학 때 고향 방문, 「위치(位置)」(『예술과(芸術科)』), 「아버지(をやじ)」(『예술과』)

1941년(21세) 「기차 도시락(汽車弁)」(『신예술(新芸術)』), 김사량과 만나다. 「족보(族譜)」(『신예술』), 태평양전쟁 중에 일본대학예술과를 앞당겨 졸업

1942년(22세) 가나가와(神奈川)일일신문사에 취직, 「쓰레기(塵)」(『문예수도(文芸首都)』)

1943년(23세) 가나가와신문사를 휴직하고 경성에, 경성일보사 취직, 출진학도 격려모임

1944년(24세) 다시 일본으로, 가나가와신문사 복직, 동인지 『계림(鷄林)』 창간, 김복순과 결혼

1945년(25세) 도쿄 대공습, 요코하마 공습으로 신문사가 불타는 바람에 실직, 일본의 패전과 해방, 요코스가(横須賀) 거주 조선인동지회 결성, 재일본조선인연맹의 결성대회, 득남

이상의 연보에 의거해 다음의 몇 가지 사항에 대해 히로세 요이치의 연구 성과를 참조하면서 살펴보기로 하자. 먼저 1920~1930년의 탄생부터 일본열도로 건너기까지 에서는, 1920년 1월(음력 1919년 11월)에 경상남도 창원군 내서면, 즉 지금의 창원시 마산회원구에서 3남1녀 중 셋째로 태어났다. 당시의 한반도는 일제 치하로 접어든지 10년째가 되는 시기였고 불과 몇 달 전에는 '3·1 만세운동'이 일어난 시기였다. 1925년, 가난에 찌든 식민지 백성 김달수 일가는 먼저 일본에 건너간 친척을 의지해 가족 일부만 일본으로 도항했다. 하지만 먼저 도항한 보람도 없이 김달수의 작은형과 부친이 연이어 유명을 달리한다. 1930년, 김달수 역시 또 하나의 생활터전인 일본으로 도항한다. 당시 김달수는 열 살이었다. 지금의 도쿄 시나가와(品川)구 언저리에 도착해 당시 주변의 재일조선인들이 많이 관련했던 넝마주이 생활에 종사한다.

도항한 다음 해에는 모친의 배려로 야간학교인 심상야학교 1학년으로 등록하고, 같은 해에 3학년으로 편입하게 된다. 2년 후인 1933년

5학년 국사 수업에서 '신공황후의 삼한정벌'을 듣고는 어떤 위화감을 느꼈었다고 하고 있는데, 이때의 기억은 나중에 그가 고대사가의 길로 가게 되는 복선이었는지도 모른다. 그 영향이었을까. 다음 해인 1934년에는 6학년으로 진급하지만 학업을 견디지 못하고 퇴학한다. 그 뒤로는 진학을 포기하고 넝마주이와 고물상을 하면서 야간중학을 다니다 포기하기도 하고(1936년), 평생 동안 교우관계를 유지한 장두식과 만나게 되기도 한다(1937년).

1939년, 일본대학전문부에 진학하게 되고 동 예술과전문부창작과로 편입하면서, 『모던일본/조선판(モダン日本・朝鮮版)』에 게재된 조선인작가의 작품을 읽고 조선과 조선민족에 눈을 뜨게 되었다고 한다. 또한 이때 김사량(金史良)[12]의 소설 「빛 속에서(光の中に)」를 읽는다. 이에 자극받은 것인가. 다음 해인 1940년에 20세인 김달수는 여름방학 때 고향을 방문하고 이어 첫 작품을 발표하는데 바로 이것이 「위치(位置)」(『예술과』)[13]이다. 그의 나이 20세 때이니 이때부터 본격적인 문학 작가로서의 활동이 시작된 셈이고 이후 29년간의 시기를 '문학청년'기로 명명하기로

12 본명은 김시창(金時昌, 1914~1950년)이며 평안남도 평양 출생으로 일본의 도쿄대학을 졸업하고 귀국하여 서울에서 기자로 활동하면서 일어로 발표된 단편소설 「빛 속에서」(1939. 『문예춘추』 1940년 3월호 게재)를 통해 그의 창작적 재능이 알려지게 되었다. 단편소설 「빛 속에서」는 민족적 멸시와 억압 속에서 허덕이면서 그 속에서 헤어나려고 몸부림치는 주인공 '나'의 고민을 잘 그려냈다는 평가를 받았다. 1940년 이 작품은 저명한 아쿠다가와상(芥川賞)의 후보로 올라 『문예춘추』에 실리기도 했다.(한국현대문학대사전 참조.)

13 일본대학예술과의 잡지 『예술과』 1940년 8월호에 게재된 것으로 동인지 이외의 잡지에 게재된 것으로는 김달수 최초의 소설이다. 단 최초로 쓴 소설은 아니다. 김달수는 김사량의 소설 「빛 속에서」를 읽고 자극을 받아 억누를 수 없는 기분에 휩싸여 단숨에 써내려갔다고 한다. 그 뒤 일본대학 학생 시절의 동인지 『신생작가(新生作家)』의 동인인 横光利一 문하의 松本美樹에게 수정을 받고서 본명의 김달수로 투고했다. 상세한 내용은 주11)의 홈페이지 참조,

한다.

〈사진 2〉 젊었을 때의 김달수.

(출처: 가나가와근대문학관(神奈川近代文学館) 홈페이지(https:/www.kanabun.or.jp/exhibition/13102/))

1942년, 김달수는 훗날 신문사 통폐합으로 가나가와신문사가 되는 가나가와일일신문사에 취직하고, 1943년에는 불현듯 경성으로 건너가 경성일보사에 취직했는데, 이때 반도의 징집된 학도병들의 처지를 보다가 도망치듯 일본으로 돌아와서 가나가와신문사로 복직하는 등 질풍노도의 시기를 보낸다. 1944년에는 첫 번째 부인 김복순과 결혼하고 드디어 45년에는 일본의 패전으로 해방을 맞는다. 요컨대 김달수에게 있어 10세 때의 도일 이후 15년간은 일본체제에 접어드는 '정착기'라고 할 수 있을 것이다.

이후의 20여 년간은 김달수에게 있어서 마치 청년처럼 뜨거운 열정으로 살아낸 시기라고 여겨지기에 감히 '문학청년'의 시기라고 생각하는 것이다. 그의 나이로는 26세부터 49세까지에 해당한다. 생물학적으로 지천명을 내다보는 49세까지를 '청년'으로 부르는 것에는 위화감이 있을 수 있겠으나, 그의 문학적 업적의 대부분이 이 시기에 입추(立錐)처럼 왕성하게 집중되어 있는 만큼 구태여 '문학청년'기로 이해하고 싶다.

문학청년기(1946~1969년)

1946년(26세) 『신일본문학(新日本文學)』 창간, 『민주조선(民主朝鮮)』 창간, 「조모의 추억(祖母の思ひ出)」(『민주조선』), 「후예의 거리(後裔の街)」 연재시작(~1947년 5월) , 「이천씨에 대한 이장(李川氏についての

二章)」「이발소에서(床屋にて)」(『민주조선』), 신일본문학회 입회, 첫 번째 부인 사망

1947년(27세) 재일본조선문학자회 결성, 「쓰레기」(『민주조선』), 「塵芥船後記」(『민주조선』), 「후예의 거리」 완결, 『민주조선』 좌담회에서 나카노 시게하루(中野重治)와 만남, 「잡초처럼(雜草の如く)」(『민주조선』) 「거짓말하는 여자(嘘をつく女)」(『國際タイムス』 전 5회), 「이만상과 차계류(李万相と車桂流)」(『민주조선』), 「8·15 이후(八·一五以後)」(『신일본문학』), 「속 이만상과 차계류(續·李万相と車桂流)」(『민주조선』)

1948년(28세) 「상흔(傷痕)」(『조선문예(朝鮮文芸)』), 「족보」(『민주조선』 연재 개시~1949년 7월), 제주 4·3 사건, 한신(阪神)교육투쟁사건, 「가간정57번지(司諫町五十七番地)」(『문학시표(文學時標)』), 「탁주 건배(濁酒の乾杯)」(『사조(思潮)』), 「청춘회의(青春會議)」(『청년회의(青年會議)』 2회로 중단)

1949년(29세) 「번지 없는 부락(番地のない部落)」(『세계평론(世界評論)』), 「뚱뚱보 아줌마(四斗樽の婆さん)」(『신가나가와(新神奈川』)』) 연재개시(9회로 중단), 처음으로 나라와 교토 여행, 「어느 공장이야기(或る工場の物語)」(『세계평론』), 『후예의 거리(後裔の街)』(세계평론), 일본공산당 입당, 「족보」(『민주조선』) 연재 완결, 「반란군(叛亂軍)」(『조충(潮流)』 전 2회), 재일본조선인연맹(朝連) 강제해산, 「대한민국서 온 남자(大韓民國から來た男)」(『신일본문학』)

1950년(30세) 코민포름 기관지 『항구평화와 민주주의를 위해(恒久平和と民主主義のために)』에 익명 논문 「일본의 정세에 대해서(日本の情勢について)」 발표, 「야노쓰고개(矢の津峠)」(『세계(世界)』), 『반란군(叛亂軍)』(동아서방冬芽書房), '조선전쟁' 발발, 『민주조선』 종간, 『인민문학』

창간, 「안색(眼の色)」(『신일본문학』), 최춘자와 재혼

1951년(31세) 재일조선문화단체연합회 결성, 「후지산이 보이는 마을에서(富士のみえる村で)」(『세계』), 「손영감(孫令監)」(『신일본문학』), 坂口安吾 「고려신사 축제의 피리(高麗神社の祭りの笛)」(『문예춘추(文芸春秋)』)

1952년(32세) 『문학예술(文學芸術)』 창간, 「현해탄(玄海灘)」(『신일본문학』) 연재 개시(~1953년 11월), 「부산(釜山)」(『문학예술』), 「전야의 장(前夜の章)」(『중앙공론(中央公論)』). 『후지산이 보이는 마을에서(富士のみえる村で)』(동방사東方社). 「혜순의 바램(惠順の願い)」(『부인민주신문(婦人民主新聞)』, ~1953년 1월), 「표찰(標札)」(『신세기』)

1953년(33세) 「부대장과 법무중위(副隊長と法務中尉)」(『근대문학(近代文學)』 전 2회), 이일회(二日會) 결성, 조선전쟁 정전, 「현해탄」 연재 종료

1954년(34세) 『현해탄』(筑摩書房), 「우는 얼굴(泣き面相)」(『별책문예춘추(別冊文芸春秋)』), 「어머니와 두 사람의 아들(母とその二人の息子)」(『군상(群像)』), 고서점 경영, 「고국의 사람; 어느 순경의 수기(故國の人;或る巡警の手記)」(『개조』) → 「고국 사람(故國の人)」

1955년(35세) 극단 생활무대가 「현해탄」을 상연, 「고서점 이야기(古本屋の話)」(『신일본문학』), 재일본조선인총연합회(조선총련) 결성, 『나의 창작과 체험(私の創作と體驗)』(葦出版社), 中野重治 · 西野辰吉와 북해도 방문, 『전야의 장(前夜の章)』(동경서림東京書林), 「탄광서 만난 사람(炭礦で會った人)」(『신일본문학』), 『후예의 거리』(동방사)

1956년(36세) 「출동(出動)」(『개조』) → 「고국 사람」으로 정리, 「승려 박현배 이야기; 1946년 2월의 경성(僧侶 · 朴玄培の話; 1946年2月の京城)」(『문학구조(文學構造)』) →「고국 사람」으로 정리, 「일본의 거울(日本

の冬)」(『적기(アカハタ)』) 연재 개시, 『고국 사람(故國の人)』(치쿠마서방筑摩書房), 「일본의 겨울」 연재 종료

1957년(37세) 『일본의 겨울(日本の冬)』(치쿠마서방), 리얼리즘연구회 결성

1958년(38세) 『번지 없는 부락(番地のない部落)』(광서방光書房), 「참외와 황제(まくわ瓜と皇帝)」(『2일(2日)』), 「밀항자(密航者)」(『관서공론(關西公論)』), 『조선, 민족·역사·문화(朝鮮-民族·歷史·文化-)』(암파서점岩波書店), 「박달의 재판(朴達の裁判)」(『신일본문학』)

1959년(39세) 「참외와 황제」(『계림(鷄林)』 재록), 「위원장과 신 분회장(委員長と新分會長)」(『문학계(文學界)』), 「박달의 재판」(『문예춘추』 재록), 『박달의 재판(朴達の裁判)』(치쿠마서방), 「호촌길동전의 시도(壺村吉童傳の試み)」(『별책문예춘추』), 「일본에 남기는 등록증(日本にのこす登錄證)」(『별책주간조일(別冊週刊朝日)』), 북한으로 가는 제1차 귀국선이 니이가타(新潟)항에서 출항

1960년(40세) 「개척지가 있는 마을(開拓地のある村)」(『영화평론(映畵評論)』), 「밀항자」(『리얼리즘(リアリズム)』 연재 개시(~1963년 4월), 극단 칠요회가 「박달의 재판(朴達の裁判)」 상연, 한국 「4·19혁명」, 「밤에 온 남자(夜きた男)」(『별책문예춘추』)

1961년(41세) 「일본인 처 이야기(日本人妻物語)」(『별책주간조일』), 한국 5·16쿠데타, 「백일몽(白晝夢)」(『일본독서신문(日本讀書新聞)』), 「황사영의 순교(黃嗣永の殉教)」(『BOOKS』 전 2회)

1962년(42세) 「고독한 그들(孤獨な彼ら)」(『신일본문학』), 『리얼리즘(リアリズム)』이 『현실과 문학(現實と文學)』으로 개제(改題), 이진우(李珍宇) 사형, 「중산도(中山道)」(『신일본문학』), 「장군 상(將軍の像)」(『문화평론(文化評論)』)

1963년(43세) 『조양(朝陽)』 창간, 『밤에 온 남자(夜きた男)』(동방사), 「1963년 1월(一九六三年一月)」(『조양』), 『조양』 2호로 종간, 「밀항자」 완결, 『밀항자』(치쿠마서방), 「위령제(慰霊祭)」(『현대의 눈(現代の眼)』), 「서울의 해후(ソウルの邂逅)」(『문화평론』)

1964년(44세) 「이력 없는 남자(肩書きのない男)」(『신일본문학』), 「태백산맥(太白山脈)」(『문화평론』) 연재 개시(~1968년 9월), 『중산도(中山道)』(동방사)

1965년(45세) 「공복이문(公僕異聞)」(『현실과 문학』), 모친 사망, 우에다 마사아키(上田正昭) 『귀화인(歸化人)』(岩波新書), 『공복이문(公僕異聞)』(동방사), 『현실과 문학』이 50호로 종간, 『민주문학(民主文學)』 창간

1966년(46세) 「나에시로가와(苗代川)」(『민주문학』), 『후예의 거리』(동풍사東風社), 극단 노동예술극장이 「박달의 재판」 상연, 『박달의 재판』(동풍사)

1967년(47세) 『야노쓰고개(矢の津峠)』(맥서방麥書房), 이때부터 본격적으로 일본 속의 조선 문화를 찾아나서는 취재여행 시작

1968년(48세) 김희로(金嬉老)가 시즈오카현(静岡縣)의 온천여관에서 열세 명을 인질로 농성하는 사건 발생, 「태백산맥」 연재 완결

1969년(49세) 『일본 속의 조선 문화(日本のなかの朝鮮文化)』(조선문화사朝鮮文化社) 창간, 『태백산맥』(치쿠마서방)

김달수에게는 매우 다사다난한 시기였다. 먼저 개인적으로는 1944년에 결혼한 첫 번째 부인이 출산하는 과정에서 사망하고(1946년) 1950년에 최춘자와 재혼한다. 두 번째로는 민족주의에 입각한 여러 문인 단체를 만들기도 하고 운영하거나 참가도 하면서 그 과정 속에서 많은 갈등

을 유발하기도 하고 겪기도 한다. 이러한 과정 속에서 민족 단체들과의 인연의 끈은 유지하면서도 애증의 관계를 지속하는데 이것도 '문학청년'의 시기까지였다. 결국 이러한 시련이 다음 장의 장년기와 노년기의 고대사가로의 전향을 초래한 하나의 계기가 되었는지도 모른다. 세 번째로는 그의 장년기와 노년기의 필생의 작업이었던 '일본 속의 조선 문화'의 준비가 멀게는 1949년 처음으로 교토와 나라를 둘러본 이래, 1964~1969년까지의 김달수 문학의 정체기를 거치면서 나중 시대를 준비하는 시기로서 가용되었던 것이 아닐까 생각한다.

한편으로 1940년대 말인 1948년에 한반도에 두 개의 정부가 들어서면서 해방 후의 한반도는 남과 북의 체제경쟁 시기에 돌입하게 되고 1950년의 비극적인 '한국동란'을 맞게 된다. 1949년 조선공산당에 입당한 김달수는 조직과의 알력 끝에 다음 해인 1950년에 제명을 당하면서도 관계는 지속한다. 1952년에 들어 김달수의 대표작 중의 하나로 여겨지는 소설 『현해탄(玄海灘)』 연재를 시작하면서 자연주의 리얼리즘에 한계를 느끼게 되고, 다원적인 시점을 추구하게 된다. 이러한 그의 고민은 1957년의 사상문제 및 전향문제에 영향을 받게 되고, 같은 해 연말에 '리얼리즘연구회'의 결성으로 이어지면서 다음 해인 1958년에 기관지 『리얼리즘』을 발간하게 된다.

이러한 영향을 받아 이전까지는 자연주의 리얼리즘의 문체로서 재일조선인을 그려왔다면, 58년에 집필한 『박달의 재판(朴達の裁判)』[14]에 보이는 문체는 이전과는 유를 달리하게 된다. 이에 대한 비판이 총련에서

14 남조선 K라는 가공의 마을을 무대로 박달(朴達)이라고 하는 조선인 청년이 혼자서 벌이는 기묘한 정치운동을 그린 소설로 『신일본문학』 1958년 11월호에 발표.

제기되고, 나아가 1959년 11월부터 개시되는 북한으로의 재일동포의 귀국사업이, 1960년 4월에는 남한에서 일어난 '4·19 혁명'이 일어나는 등 김달수의 남북한의 비교를 통한 인식의 차는 점차 커지고 있었다.

결국 김달수는 1968년에는 동맹에서 탈퇴하고 비슷한 시기에 완결 집필된 『태백산맥』(1964년 9월~1968년 9월)을 마지막으로 이전까지의 '사회주의자투쟁사'에 속하는 작품은 집필하지 않게 된다. 나아가 1979년 『비망록』의 발표는 스스로 조직과의 단절을 공언한 것이나 마찬가지다.

III. '고대사가'로의 전향, 김달수

앞 장의 연보를 보는 한 1964~1969년의 김달수에게 문학적 달성이라 하면 『태백산맥』 외 새로운 작품은 보이지 않게 된다. 다시 말해 이 시기는 보는 사람에 따라 김달수 문학세계의 정체기, 또는 전향을 위한 준비기라고 말해지기도 하는 때이다.

그럼 이제부터는 이 시기를 장년기와 노년기로 나누어 분석하기로 한다. 먼저 장년기는 50세가 된 1970년부터 60세가 되는 1980년까지이다.

장년기(1979~1980년)

1970년(50세) 『사상의 과학(思想の科學)』에서 「조선 유적 여행(朝鮮遺跡の旅)」의 연재 시작, 「고려청자(高麗青磁)」(『세계』)

1972년(52세) 다카마쓰총(高松塚) 벽화고분 발견, 고대사가 우에다 마사아키(上田正昭)와 현지 가이드로 「일본 속의 조선 문화 유적 답사(日本のなかの朝鮮文化遺跡めぐり)」 시작, 「어떤 해후(ある邂逅)」(『문예

(文芸)』), 고쿠분지시(國分寺市)의 공민관에서 「일본인과 조선인(日本人と朝鮮人)」의 강연이 예정되었으나 총련의 반대로 중지, 『박달의 재판』(동방출판사東邦出版社), 「동아시아의 고대문화를 생각하는 모임(東アジアの古代文化を考える會)」 발족

1973년(53세) 소설가이자 논픽션작가인 시바 료타로(司馬遼太郎)·우에다 마사아키 등이 발기인으로 『일본 속의 조선 문화(日本の中の朝鮮文化)』 게재의 좌담회와 논문 출판을 기려 출판기념회 개최, 김희로 판결공판에서 무기징역형, 일본에 있는 한국계·북조선계의 작가와 평론가 및 학자 등 21인이 도쿄의 일본출판클럽회관에서 '한국학생·지식인의 투쟁을 지지하는 재일조선인 모임'을 열고 박정희 정권에 대한 항의성명 발표

1974년(54세) 시인 김지하의 석방을 요구하는 단식운동, 고대사가 이진희와 쓰시마 여행, 제1회 청구상(靑丘賞) 수상

1975년(55세) 『계간삼천리(季刊三千里)』 창간, 「쓰시마까지(對馬まで)」(『문예』), 『소설 재일조선인사 상(小說·在日朝鮮人史 上)』(창수사創樹社), 『소설 재일조선인사 하(小說·在日朝鮮人史 下)』(창수사), 『계간삼천리』 4호에 게재된 철학자이자 평론가인 구노 오사무(久野收)와의 대담 「상호이해를 위한 제안(相互理解のための提案)」에서 구노로부터 조선인들과 협력하여 NHK에 조선어강좌를 개설하도록 운동을 하면 어떤가 하는 제안에 찬성 의사

1976년(56세) 『김달수 평론집 상, 나의 문학(金達壽評論集 上; わが文學)』(치쿠마서방), 『김달수 평론집 하; 나의 민족(金達壽評論集 下; わが民族)』(치쿠마서방), 『조선신보(朝鮮新報)』에 『계간삼천리』를 공격하는 글 등장

1977년(57세) NHK에 조선어강좌의 개설을 요망하는 모임의 발기인대표가 NHK와 강좌개설을 위한 교섭 시작, 『계간삼천리』 10호에서는 총련으로부터의 공격에 반론하는 좌담회 개최, 외우(畏友) 장두식 사망

1978년(58세) 「행기의 시대(行基の時代)」(『계간삼천리』) 연재 개시(~1981년 8월), 「마지막 참봉(最後の參奉)」(『문예전망(文芸展望)』)

1979년(59세) 도쿄 이치가야(市ヶ谷)의 사학회관에서 「『나의 아리랑(わがアリランの歌)』 출간에 즈음한 모임」 개최, 『낙조(落照)』(치쿠마서방), 「비망록(備忘錄)」(『문예』), NHK교육텔레비전 「나의 자서전(わたしの自敍傳)」에서 「김달수 재일조선인의 청춘(金達壽 · 在日朝鮮人の靑春)」이 방송, 『쓰시마까지(對馬まで)』(하출서방河出書房)

1980년(60세) 이때부터 학교 역사교과서에서 「귀화인」이 사라지기 시작함, 「『김달수소설전집(金達壽小說全集)』 간행기념 · 김달수전」, 『김달수소설전집』의 제1회 배본(6권), 「특집 김달수 · 사람과 작품(特集 金達壽 · 人と作品)」(계간 『직(直)』 11호), 조선로동당 제6회 대회에서 김정일이 차기지도자로 정식 등장

이상의 연보를 참조하면서 다음의 몇 가지를 짚어보자. 먼저 재일지식인 김달수의 작품세계가 문학에서 고대사로 확실히 바뀌고 있는 것을 확실하게 알 수 있다. 1969년 3월에는 재일조선인 정귀문과 정조문 형제의 협력을 얻어 잡지 『일본 속의 조선 문화(日本のなかの朝鮮文化)』를 창간하게 된다. 처음에는 잡지를 지인들의 가게에 맡겨 선전하는 등의 소극적 홍보를 했지만 점차 잡지에 대한 인기가 높아감에 따라 출판 부수를 늘리게 되었다 한다.

당시 고대사에 대한 관심의 키워드는 고대에 한반도에서 일본으로 이

동한 사람들을 보통 '귀화인(歸化人)'으로 일러왔는데 이에 대한 문제제기로서 김달수가 꺼낸 단어는 '도래인(渡來人)'이었다. 그리고 그가 귀화인과 도래인에 대해 관심을 갖기 시작한 것은 1956년 8월 집필을 시작하고 같은 해 12월에 완간한 소설 『일본의 겨울』 중에 나타난다. 다시 말해 1950년대 후반부터 국가와 민족의 구별에 대해 언급하면서 이 내용을 1960년대에 들어 소설 『밀항자』 중의 등장인물을 통해 보여주고 있다.

고대사에 대한 관심은 1970년 1월부터 『사상의 과학(思想の科學)』에서 연재를 개시한 고대사 기행 「조선유적의 여행(朝鮮遺跡の旅)」으로 확산한다. 여기서 소개된 지역은 관동(關東)지방이 중심이었다. 한편 1972년 3월의 나라현 다카이치군(高市郡) 아스카촌(飛鳥村)의 다카마쓰총(高松塚)고분[15] 발굴은 일반인들의 고대사 관심에 기폭제가 되었다. 이 고분의 발굴은 나라현립 가시와라(橿原)고고학연구소가 담당했는데 석실의 검출에 이어 선명하게 채색된 벽화의 발견으로 큰 화제를 모았다.[16] 이에 힘입어 고분은 1973년 4월에 특별사적이 되고 이 극채색벽화는 1974년 4월에 국보로 지정되었다. 고분 내부는 이미 가마쿠라(鎌倉)시

15 나라현 다카이치군 아스카촌의 국영아스카역사공원(國營飛鳥歷史公園) 내에 존재하는 고분으로 후지와라경 시대(藤原京期, 694년~710년)에 조영된 종말기고분이다. 하단은 직경23m 상단은 18m이고 높이 5m의 이 단으로 구성된 원분이다. 1972년에 극채색의 벽화가 발견된 것으로 일약 유명해졌다. 2009년에 본래의 모습으로 복원되고 일반에게 공개되기에 이르렀다.

16 극채색벽화의 출현은 고고학상 유례가 없는 대발견으로 큰 뉴스가 되고 문화청은 즉시 벽화의 보존대책 및 조사연구에 매달렸다. 벽화 발견 후 곧 고송총고분응급보존대책조사회가 설치되고, 발견되고 1개월도 지나지 않은 1972년 4월 6일과 4월 17일에 처음으로 학술조사가 실시되었다. 또한 응급보존대책조사회와는 별도로 고고학, 미술사, 보존과학 등의 전문가로 구성되는 고송총고분총합학술조사회가 설치되어 1972년 10월에는 이 조사회에 의한 학술조사가 실시되었다.

대 때에 도굴된 흔적이 있었지만 벽화와 함께 도굴을 무사히 넘긴 부장품 일부가 함께 발견되었다.

이때 덩달아 피장자에 대한 관심이 증대되었는데 크게 세 가지 의견으로 나뉘고 있다. 먼저 덴무(天武)천황의 아들들인 오사카베(忍壁)황자(直木孝次郎·猪熊兼勝·王仲珠), 다케치(高市)황자(原田大六·河上邦彦·豊田有恒), 유게(弓削)황자(菅谷文則·梅原猛) 등을 피장자로 하는 설. 신하인 이소노카미노 마로(石上麻呂) 설(岡本健一·白石太一郎). 마지막으로 한반도계 백제유민설로 백제왕씨의 일족인 선광(禪廣)설(千田稔·堀田啓一) 등이 있다.

다만 출토한 피장자의 치아나 뼈 상태가 아마도 40대에서 60대의 인물로 판정됨에 따라 유게황자설은 설 자리를 잃었다. 그리고 두 번째 신하설은 다카마쓰총 자체가 나라시대에 건립된 것으로 개연성이 낮다고 볼 수 있다. 이런 이유로 이 시기 1970년대의 고대사 열풍과 비례하여 세 번째 설인 한반도계통의 인물일 가능성이 강조되었는데 그 가능성이 크다고 할 수 있다. 최근에 벽화의 복식에 관한 검토로부터 백제왕족인 선광설을 뒷받침하는 연구[17]도 보인다.

이어『일본 속의 조선 문화(日本のなかの朝鮮文化)』를 발행하는 '일본 속의 조선 문화사'가 1972년 3월부터 '일본 속의 조선 문화 유적답사'라고 하여 김달수와 교토대학 출신의 저명한 고대사가 우에다 마사아키가 현지 가이드로서 일반인들과 함께 답사를 하는 행사를 기획했던 것이 대성공으로 이어졌다.

---

17 홍성화, 2013,「다카마쓰즈카(高松塚) 벽화복식에 대한 고찰(考察)」,『한국문화』16-3 참조.

이러한 김달수의 성공과 관심 집중에 항상 밝은 면만이 있던 것은 아니다. 1972년 5월에 개최하고자 했던 고쿠분지시(國分寺市) 강연은 총련이 분파주의 활동으로 비난하면서 개최가 중지되었다. 이어 교토시의 동일한 행사도 총련의 실력행사로 중지된다. 결국 같은 해 6월 총련은 중앙위원회대회를 열고 김달수를 '불평불만분자이며 변절자'라 적시하고 제명한다. 이러한 일련의 사건에 크게 실망한 김달수는 제 갈 길을 선택하게 된다.

또 마침 이 시기에 총련과 결별한 김달수의 발걸음에 자극을 준 사건들이 연이어 발생한다. 바로 1972년 7월 4일 발표된 '조국통일 3원칙'이라는 공동성명, 1973년 8월 도쿄 도심에서의 김대중 납치사건, 1974년 7월 시인 김지하 사형 선고 등이다. 이에 김달수는 1975년 2월에 고대부터 근현대까지의 한일관계의 역사와 문화 및 한국사회와 재일조선인사회의 현상 등을 다루는 종합 잡지 『계간삼천리(季刊三千里)』를 창간하여 복잡하게 전개되는 한반도를 둘러싼 문제들에 대응할 수단을 확보한다.[18] 이 『계간삼천리』는 1980년대에 본격적으로 부각된 일본역사교과서문제에 대한 문제제기와 함께 NHK한글강좌의 필요성을 제안하고 있다는 점에서 선각자적인 활동을 전개했다고 할 수 있다. NHK한글강좌의 제안은 약 7년 뒤인 1984년에 실제로 「안녕하십니까? 한글강좌」로 시작되어 지금까지 이어지고 있다.[19]

다음에는 김달수의 노년기로서 환갑이 되는 1981년부터 77세로 사망하는 1997년까지의 시기를 다룬다.

---

18 廣瀨陽一, 2016, 앞의 책 참조.

19 현재 『NHK어학「한글」(NHKゴガク「ハングル」)』이라는 제목으로 텔레비전과 라디오를 통해 방송되고 있다.

노년기(1981~1997년)

1981년(61세) 강재언(姜在彦)·이진희(李進熙)와 함께 전두환 정권하에서 사형을 선고받은 재일조선인 '사상범'에의 은사(恩赦)를 구하기 위해 방한, 「고국까지(故國まで)」(『문예』) 연재 개시(~1982년 2월), 「행기의 시대」(『계간삼천리』) 완결

1982년(62세) 「고국까지」 완결, 재일한국대사관으로부터 전두환 정권 1주년을 기념하여 재일한국인 사형수 5인의 은사가 결정되었다는 연락, 『행기의 시대(行基の時代)』(조일출판사朝日出版社), 『고국까지(故國まで)』(하출서방신사)

1984년(64세) NHK에서 「안녕하십니까; 한글강좌」 시작, 전두환 대통령 한국국가원수로서는 처음으로 방일, 쇼와(昭和)천황이 궁중 만찬회에서 "양국 간에 불행한 과거가 있었던 것은 유감"이라고 언급하면서 일본국가의 성립은 6세기라고 발언

1985년(65세) 외국인등록증 교체 시 지문날인을 거부하는 선언

1986년(66세) 『일본 속의 조선 문화(日本の中の朝鮮文化)』 영상화를 위한 제작위원회 발족

1987년(67세) 와카야마(和歌山)에서 「신들의 이력서(神々の履歷書)」 촬영 시작, '『계간삼천리』 수고 많으셨습니다' 모임이 신주쿠에서 개최, 시바 료타로 등에 의한 「'『계간삼천리』 50호 완결 기념파티'가 오사카·호엔자카(法円坂) 회관에서 개최, 『일본 속의 조선 문화(日本の中の朝鮮文化)』를 토대로 한 다큐멘터리 영화 「신들의 이력서」의 시사회가 도쿄·고탄다(五反田)에서 개최, 「신들의 이력서」가 도쿄를 시작으로 전국에서 상영

1989년(69세) 『계산청구(季刊靑丘)』 창간

1991년(71세) 「일본 속의 조선 문화(日本の中の朝鮮文化)」 동북·북해도 시리즈 종결, 『일본 속의 조선 문화(日本の中の朝鮮文化)』 시리즈 완결, 『월간 한국문화(月刊韓國文化)』에서 「신고 일본의 조선 문화유적(新考·日本の朝鮮文化遺跡)」의 연재 개시, 『일본 속의 조선 문화(日本の中の朝鮮文化)』 완결을 축하하는 모임이 도쿄에서 개최

1994년(74세) 『월간 한국문화』에서 「신고 일본의 조선 문화 유적」의 연재

1995년(75세) 『월간 한국문화』에서 「세쓰, 가와, 이즈미를 걷다(攝, 河, 泉を步く); 신고 일본의 조선 문화 유적」 연재 시작

1996년(76세) 『월간 한국문화』에서 「세쓰, 가와, 이즈미를 걷다; 신고 일본의 조선 문화 유적」 연재 중단

1997년(77세) 입원, 5월 24일 나카노구의 병원에서 사망, 장례식은 5월 26일, 7월 18일 나카노구의 전국근로청소년회관에서 「김달수를 추모하는 모임」 개최

1970년대 격해진 총련과의 감정싸움 속에서도 1973년 재일조선인사형수로 유명한 김희로 등을 지원하기 위한 법정투쟁 및 일본에 재류하는 한국계·북조선계의 작가와 평론가와 학자 등 21인과 도쿄의 일본출판클럽회관에서 「한국학생·지식인의 투쟁을 지지하는 재일조선인 모임」을 열고 박정희 정권에 대한 항의성명을 발표하였다. 이어 1974년에는 시인 김지하의 석방을 요구하는 단식운동을 전개하는 등 반정부 운동을 강하게 전개한다. 한편으로 1974년에는 동병상련의 재일지식인 고대사가인 이진희(李進熙)와 쓰시마(對馬)를 여행하였다. 이 시기의 김달수는 남한의 독재정권에 대한 반발과 함께 고국을 그리는 복잡한 심정을 안고 있었던 것 같다.

1981년 3월 20일부터 27일까지의 7박 8일간 김달수는 강재언, 이진희, 서채원 등과 전격적으로 한국을 방문한다. 당시의 한국은 '5·18 민주화운동'(당시는 '5·18 광주 사태')을 진압하고 탄생한 전두환 군사정권이었으니 김달수의 지나온 길에 비추어보면 전향 정도가 아니고 이는 완전한 배신행위와 다름없었다고 비난받아도 어쩔 수 없는 일이었다. 그에 대한 맹렬한 비판을 뒤로 하고 복잡한 심경의 노출은 그가 1978년 2월부터 『계간삼천리』에 연재한 「행기의 시대(行基の時代)」(~1981년 8월)를 통해 엿볼 수 있다고 하겠다.[20]

김달수는 이 원고의 완간 이후 문학과 완전한 결별을 고하게 된다. 나아가 80년대 후반에 김달수는 한국 국적을 취득하는 것에 의해 이 문제에 대해 자신 스스로의 정리를 한다. 아울러 1981년 6월이 되면 원래부터 50호 발간을 목표로 하던 잡지 『일본 속의 조선 문화』가 종간을 고하고, 1987년 5월에는 『계간삼천리』도 50호로 종간을 맞게 된다.

한편 한국에서는 김달수에 대한 관심이 높아지게 되는데 1982년 10월부터 「교토의 개척자는 고구려인」에 이어 2회부터는 「京都(일본의 고도) 개척자는 한국인」이라고 하여 『주간경향』에서 14회 연재가 되었다. 이어 1985년 12월부터는 『조선일보』에서 「일본에서 살아있는 한국」이라 하여 관서지방과 관동지방의 조선 문화가 43회가 연재되고, 이것이 1986년 10월에 단행본 『일본 속의 한국문화』[21]라 하여 조선일보사에서 출판되었다. 김달수 관련 간행물은 1988년 7월의 한국정부의 해금조치 이후 더욱 활성화하게 된다. 해금조치를 전후하여 김달수의 대표

---

20 김학동, 2013, 「재일작가 김달수의 『행기의 시대(行基の時代)』와 고대 한반도 도래인의 형상화」, 『日本研究』 57 참조.

21 1-5장 관서지방, 6장 가야와 규슈지방, 7장 무사시국과 주변을 다루고 있다.

적 소설 중의 하나인 『태백산맥』이 1988년 5월에 발간되기에 이른다.

이어 드디어 1991년에는 21년간 걸렸던 김달수의 필생의 작업 『일본 속의 조선 문화(日本のなかの朝鮮文化)』가 완결함과 동시에 후속 시리즈로서 같은 해 10월부터 『신고 일본의 조선 문화 유적(新稿 · 日本の朝鮮文化遺跡)』이 『월간 한국문화』에서 시작된다. 아울러 1995년 1월부터 1996년 7월까지 『월간 한국문화』에서 「세쓰, 가와, 이즈미를 걷다(攝, 河, 泉を步く); 신고 일본의 조선 문화 유적」이 연재되는데 이는 김달수의 건강이 허락하는 마지막 작업이었다. 이는 또 한국에서 거의 같은 시기인 1995~1999년에 걸쳐 『일본 속의 한국문화유적을 찾아서』(전 3권, 대원사)로 번역, 출판된다. 한편으로 『일본 속의 조선 문화』 시리즈가 다큐멘터리 영화로 만들어진 것이 바로 1987년의 『신들의 이력서(神々の履歴書)』(감독 마에다 겐지前田憲二)였다.

1997년 5월 24일 오후에 김달수는 도쿄 나카노구의 한 병원에서 77세로 눈을 감는다. 7월 18일에는 나카노구의 전국근로청소년회관에서 「김달수를 추모하는 모임」이 열렸다. 묘는 시즈오카(靜岡)현 슨토(駿東)군에 마련된 일본문예가협회가 관리하는 '문학자의 묘'이다. 2003년 11월에 그의 유고와 유품은 가나가와근대문학관에 기증된다. 재일지식인 김달수는 문학에서는 민족주의와 사회주의의 토대 위에 작품 활동을 했다고 한다면, 고대사가로서의 길에서는 한반도와 일본열도의 두 지역을 화해시키는 근거를 만들고자 했다.

〈사진 3〉 만년의 김달수.

(출처: 『세계한민족문화대전』)

Ⅳ. '일본 속의 조선 문화' -'한일관계를 인간화하는 길'

김달수의 고대사연구는 전반생의 문학 활동과 비교되는 후반생의 지적활동의 총결산이며 당대의 저명한 역사학자들인 가도와키 데이지(門脇禎二), 이시모다 쇼(石母田正), 모리 고이치(森浩一), 이노우에 미쓰사다(井上光貞), 우에다 마사아키 등으로부터 인정을 받았다. 어느 학문분야라도 다를 바 없겠지만 소설가로 반평생을 살아온 사람이 새로이 시작한 고대사분야에서 그 분야의 전공자들에게 평가를 얻기란 용이한 것이 아님은 물론이다.

그의 후반생의 역작인 『일본 속의 조선 문화(日本の中の朝鮮文化)』 시리즈는 모두 12권으로, 『사상의 과학』에서 1970년 1월에 「조선유적의 여행」이라는 제목으로 연재한 것을 시작으로 1991년 8월에 『월간 한국문화』에 「일본 속의 조선 문화; 동북/북해도」를 최종회로 하고 21년간 다양한 잡지에 연재된 기행문과 연재를 마친 감상을 기록한 에세이를 모은 것이다. 또한 『일본 속의 조선 문화』는 전국 각지에 남아 있는 고대조선의 문화유적을 찾아 여행한 것을 시리즈로 구성한 르포르타주[22]로 1970년 12월에 관동지방을 출발하여 1991년 11월의 동북지방 및 북해도에 이르기까지 거의 21년간의 세월이 걸린, 김달수에게 있어서는 일종의 라이프워크의 완결이다. 물론 이후에도 한일 양국의 요구에 응하여 『월간 한국문화』의 1991년 10월부터 1994년 12월까지 「신고 일

22 ① 신문·잡지·방송 따위에서, 현지 보고나 보고 기사. ② 사회적인 현실을 보고자의 주관을 곁들이지 않고 객관적으로 서술한 문학. 기록 문학. 보고 문학.

본의 조선 문화 유적(新稿 · 日本の朝鮮文化遺跡)」이라는 제목의 글이 38회 연재되었고, 1995년 1월부터 1996년 7월까지 「세쓰, 가와, 이즈미를 걷다(攝, 河, 泉を歩く); 신고 일본의 조선 문화 유적(新稿 · 日本の朝鮮文化遺跡)」이 19회에 걸쳐 연재되기도 했다.

원고의 연재와 병행하여 단행본이 1970년 12월부터 1991년 11월까지에 걸쳐 일본 유수의 출판사인 강담사에서 간행되었다. 또한 1983년 7월부터 1995년 11월까지에 걸쳐 강담사문고로 간행되기도 한다. 그러다가 2001년 6월부터 문고본을 저본으로 하여 강담사학술문고로서 2002년 5월에 3권 째 구주(九州)지역을 다룬 『치쿠젠 · 치쿠고 · 부젠 · 분고(筑前 · 筑後 · 豊前 · 豊後)』에 이르러 중단된다.

최효선에 의하면 김달수가 고대사연구에 관심을 갖게 된 시기는 1958년의 『밀항자』,[23] 1966년의 『나에시로가와(苗代川)』[24]와 70년의 『고려청자』[25]를 통해서였다고 한다. 한편 자주 말해지는 1964년부터 1970년까지의 김달수의 '정체기' 동안 실제로 집필한 작품은 『공복이문』, 『나에시로가와』, 『고려청자』 세 편밖에 없다.

1987년 8월 21일자의 『아사히신문』에 실린 김달수의 '네 가지의 소원 중에는 조선과 일본 관계, 남북조선의 통일의 싹, 『일본 속의 조선 문화』 완결, 『태백산맥』 속편 완성 등'이라는 내용이 보인다. 그만큼 그가

---

23 장편인 이 소설의 제4장에는 일본과 조선의 고대사에 대해 꽤 깊은 시도가 보인다.

24 『민주조선』 때부터 알고 있던 강위당(姜魏堂)의 내력과 그와의 만남이 계기가 되어 가고시마(鹿兒島)의 14대 심수관(沈壽官)을 방문한다고 하는 줄거리로 『민주문학』 1966년 4월호에 발표했다.

25 교토의 조선상공인으로 조선의 미술품을 사 모으고 있는 서대인(徐大仁)과 '나'가 어느 날 역시 조선상공인의 박종목(朴鐘木)을 데리고 간 골동미술전에서 서로 나눈 이야기를 묘사한 단편소설로 『세계』 1970년 2월호에 발표.

전심전력으로 매달린 분야가 고대사연구를 통한 『일본 속의 조선 문화』의 완성이었다. 김달수에 의하면 "조선인에 대한 일본인의 편견을 바로잡기 위해 시작한 고대사연구는 '재일동포생활사'의 흐름의 이념을 계승하여 '국민의식'이 그것에 의해 만들어지는 역사까지 왜곡된 관계를 바로잡고자 한다"에 보인다. 다시 말해 그의 『일본 속의 조선 문화』는 '재일동포생활사 → 사회주의자투쟁사 → 고대사'에 흐르는 주제의 일관성과 함께 집념의 르포르타주로 정의될 수 있다.

한편 민족주의자에서 사회주의자로 또 다시 허무주의자로 '전향'하지 않을 수 없었던 김달수의 두 차례의 '전향'은 민족적 비애와 고난 그리고 모순의 상징이었다. 다시 말해 김달수의 비극은 김달수 개인에 의한 것이 아니고 김달수를 둘러싼 국가라는 커다란 구조에 좌우된 비극에 의한 것이었다.[26]

'사회주의투쟁사'의 흐름의 종언을 맞은 김달수는 허무주의에 빠짐과 동시에 지금까지의 문학에 대한 폐색 상황에 직면한다. 작가 김달수의 출발은 일본인에 의한 편견과 차별을 넘어 조선 민족에 대한 정열과 애정이었다. 아울러 조직은 사회주의사상에 입각해 조국통일의 자주적 실현을 염원해 온 김달수의 버팀목이었다. 그런데 그 조직에 의하여 부정되고 난 후 허무주의에 빠져서 더 이상 작품을 쓸 수 없게 된 것은 어쩌면 당연한 것이었는지 모른다. 그때의 김달수에게 있어 고대사에 주목하는 것은 사상적인 것으로부터 기인하는 문학 활동의 폐색 상황으로부터 탈출하는 길이기도 했다. 다시 말해 사회주의투쟁사의 흐름의 종언과 함께 오는 문학에의 폐색은 고대사로의 시작이라는 새로운 방향 전환을 맞이

26 崔孝先, 1998, 앞의 책, 41-46쪽 참조.

한다.

김달수의 고대사로의 전환은 혈로임과 동시에 전혀 새로운 정열이 되고 극히 중대한 발견의 즐거움을 초래하는 일이었다. 그렇다면 김달수는 언제부터 고대사 모색을 시도한 것일까. 그의 말대로 소학교 5학년 때의 국사 수업에서 배운 『소학국사』에서의 한일 간의 역사서술이 준 충격일 수도 있을 것이다. 하지만 좀 더 구체적인 시기를 들자면 다음의 여러 계기들이 원인이 될 듯하다.[27] 바로 처의 사망, 신일본문학회 가입, 조선과 흡사한 나라 및 교토의 정경에 매료 등이다. 하지만 구체적인 고대사에의 관심의 맹아는 1946년 『민주조선』 창간 때 창간목적에 쓴 '조선인이 일본인을 위해 만든 일본어로 발행하는 종합문화잡지'에 어느 정도 보인다고 할 수 있다.

이러한 그의 관심은 결국 『일본 속의 조선 문화』 시리즈 1권의 서두에서 "'조선은 일본에게 무엇이었던가, 일본은 또 조선에게 무엇이었던가'를 여행을 통하여 생각해 본다"에 잘 나타나 있다. 김달수 고대사의 핵심인 귀화인에 대한 인식의 생성은 1950년대 중반부터 보이기 시작하고 있으며 1956년의 「일본의 겨울」과 1958년의 「조선」에서 보이는 귀화인의 언급에서 찾을 수 있다. 이어 1960년대에 들어 귀화인에 대한 관심을 소설과 에세이를 통해 탐구하고 있는데 그 구체상은 소설 『밀항자』 4장(『현실과 문학』에 1962년 7월부터 10월까지 연재), 『공복이문(公僕異聞)』(『현실과 문학』 1965년 6월호 발표), 『나에시로가와』(『민주문학』 1966년 4월호) 등에 보이고 있다.

다음으로 김달수의 고대사 이해의 핵심부분을 살펴보자. 그의 귀화인

---

27 209~210쪽 '김달수 연보' 중 1946년~1949년 참고.

에 대한 문제 인식은 도처에 보인다. 국가로서의 일본과 조선, 민족으로서의 일본인과 조선인이 성립하기 이전의 역사공간을 분명하게 드러내고 그것을 통하여 '귀화인 사관'을 총체적이고 전면적으로 변경하는 방법을 보였다. 김달수 자신은 귀화인의 자손이어도 도래인의 자손은 아니다라든가, 고대의 도래인 및 귀화인과 근현대의 '재일조선인'을 분리하는 것에 의해 재일조선인의 신체에 새겨진 조선인이라는 말이 가진 역사적 '부성(負性, 네거티브)'이 가진 허구성을 명확히 하고자 했다. 그와 동시에, 일본인이 일본인으로 불리며 자부심을 느끼는 것도 또한 다른 의미에서는 일본인의 신체에 역사적인 '부성'이 새겨져 있다는 증거임을 드러내고자 하는 노림수가 있었다. 다시 말해 김달수의 고대사연구는 일본인에게 '식민지적 인간'의 상태로부터 탈출하기 위한 그 최초의 일보를 어디서부터 내디디면 좋은가를 나타내는 활동이었던 셈이다.

김달수가 '대화개신'과 '임신의 난'을 언급한 1970년대 전반에는 중대형과 중신겸족에 의한 소아씨 타도의 기도는 천황을 넘어서는 소아씨의 엄청난 전횡에 불만을 품은 세력에 의한 정변이라고 여겨져 왔다. 또한 '임신의 난'도 황위계승을 둘러싼 내란이라고 생각하는 것이 일반적이었다. 이에 대해 김달수는 이 과정 전체를 한반도가 신라에 의해 통일되어 가는 과정과 동시 병행적으로 진행되었다고 이해했던 것이다. 이는 현재의 고대사연구 수준에서는 상식이 되었지만 그는 이것을 1970년대 전반이라고 하는 이른 시기에 제시하고 있었다. 더불어 김달수는 각지의 고대사문화유적을 탐방하고 각각의 지역과 일본열도와 한반도와의 관계성을 회복시켜 가는 작업을 통해서, 일본고대사연구의 언설공간의 다양한 층위에서 '조선 감추기'가 행해지고 일본인의 신체에 역사적인 '부성'이 계속 새겨졌음을 분명히 드러냈다.

하지만 김달수가 인용하고 있는 각종의 자료를 통해 명백히 알 수 있듯이 이는 그가 처음으로 발견한 것은 아니다. 개별적으로는 전국 각지의 향토사가와 고대사 애호가들 사이에서 이미 많은 문화유적이 한반도에서 건너온 사람들과 깊은 관계에 있다는 것이 사실이며, 그들 문화유적 중에는 대화조정으로부터 일방적으로 정치적, 문화적으로 영향을 받아 만들어졌다고는 생각할 수 없는 것들이 상세히 조사, 연구되어 왔다. 다만 그들에게 있어 그러한 문화유적은 부정할 수 없는 엄연한 사실이고 그것이 존재하는 이상은 비록 본인이 얼마나 '황국사관' 혹은 '귀화인사관'에 충실할지라도 향토와 한반도와의 사이에 대화조정을 매개로 하지 않는 무언가 직접적인 관계를 인정하지 않을 수 없었다.[28] 김달수가 '일본 속의 조선 문화'의 최초의 발견자도 아니고, 처음으로 고대사 연구의 언설공간에서의 '조선 감추기'의 실체를 폭로한 지식인도 아닌 것은 이러한 의미가 있기 때문이다.

그럼 왜 그들의 조사와 연구가 아니라 김달수의 '일본 속의 조선 문화'가 큰 영향력을 가진 것일까. 이 점에 관해서 시사적인 것은 다나카 후미오(田中史生)가 세키 아키라(關晃)와 김달수의 '귀화인' 연구의 차이점에 대해서 서술한 다음의 문장이다. "도래인과 '일본인'에 경계를 설정하지 않은 김달수의 논의는 '일본' 속에 '귀화인'을 내재화시키는 세키의 의견과도 닮았다고 할 수 있다. 다만 세키가 대륙적인 '특수성'을 갖는 '귀화인'과 그 외 열도의 '일본인'을 구별하면서 그 피와 문화의 '일본적' 결합으로부터 새로운 '일본'의 창출을 발견하려고 하는 것에 대해, 김달수는 고대사를 민족 형성 이전의 '한일 관계사'로서 구상하고 고대사에

28 김달수, 1993,『日本の中の朝鮮文化 10』講談社文庫, 62~72쪽 참조.

서의 '한일'의 경계 그 자체를 한꺼번에 날려버렸다."[29] 여기서 다나카가 지적한 세키와 김달수의 차이는 많은 향토사가와 고대사 애호가들과 김달수의 차이이기도 하다. 김달수의 고대사연구가 이러한 것이었기 때문에 그가 탐방한 전국 각지의 고대문화유적이 많은 일본인에게 결정적인 '충격'을 주고 스스로의 신체에 새겨진 역사적인 '부성'을 자각시키는 계기가 될 수 있었던 것이다.

김달수의 구체적인 고대사연구 방법에는 일본 각지의 고대문화유적을 대화조정과 연결시키는 '귀화인사관'의 발상을 하나씩 뒤집어엎는 것이었다. 다시 말해 그의 고대사연구는 '신공황후의 삼한정벌'과 '임나일본부' 경영 등 고대사의 사건과 지역의 역사를 개별적으로 취급하여 그것을 지지하는 언설공간을 변경함에 그치지 않았다. 그는 고대사연구자가 그때까지 대화정권 내부의 권력투쟁이나 대화조정과 지방의 호적과의 쟁란 등 오로지 일본 국내의 문제로서 논해져 온 일이나 사건을 한반도정세와 관련하는 것에 의해 고대사연구의 언설공간에서 당연시되어온 여러 관계의 총체를 근본적으로 변경하는 것을 목표로 삼았다.[30]

한편으로 그는 귀화인과 도래인을 구별하는 일로 '처음에 국가 있음'의 발상으로 일본과 조선의 관계에 우열을 표시하고자 하는 태도를 비판하면서, 일찍이 국경이나 민족의식으로 갈라서기 이전의 '한일관계'가 있었던 것을 나타내고 도래인을 매개로 한 한일관계를 창조하는 것으로 현대에 있어서도 양자의 관계의 재구축이 가능하다는 것을 제시하려고

29 田中史生, 2002, 「古代の渡來人と戰後「日本」論-1970年代までの歷史學界をめぐって-」, 『關東學院大學經濟經營研究所年報』, 199쪽 참조.

30 廣瀨陽一, 2016, 앞의 책, 321~324쪽 참조.

한 것이었다.[31]

결국 이러한 실천의 대표적 행위라고 할 수 있는 것이 바로 1972년 4월 9일부터 10년 가까이 계속한 '일본 속의 조선 문화 유적답사' 여행이었다. 이것은 김달수와 우에다 마사아키를 현지 가이드로 삼아 일본 각지의 고대 문화유적을 실제로 걷는 '일본 속의 조선 문화사' 주최의 투어이다. '가와치아스카(河內飛鳥)'를 주제로 한 제1회는 정원 100명이었는데 500명 이상이 신청했고 할 수 없이 200명으로 제한하였다. 그러나 『매일신문』이 집합시간과 장소를 명기하여 기사를 발표한 탓으로 참가증을 지참하지 않은 참가자가 속속 모여들고 지역의 경찰이 급거 교통정리에 매달리지 않으면 안 될 정도의 성황을 보였다. 이 투어는 그 뒤에도 1년에 2~3회로 기획되어 참가자들이 김달수에게 '당신은 아직 소설도 쓰시나요?'라고 물어볼 정도로 급속도로 소설가 김달수보다는 고대사연구자로서 인지되기에 이르렀다고 한다.

그렇다고는 해도 아카데믹한 학자에 의한 서술이 허위이며 김달수가 제시하는 일본고대사의 모습이 모두 사실이라고 주장하는 셈은 아니다.

또한 다나카가 지적하고 있듯이 김달수가 제시한 한일관계의 이미지는 역사 주체로서의 '도래인'의 존재를 강조하는 한편 그들이 도래하기 이전에 일본열도에 살고 있던 사람들, 즉 '원일본인'의 존재를 한없이 경시한 것은 부정하기 어렵다. 김달수가 반복하여 『속일본기』의 "무릇 다카이치(高市) 군내는 히노구마노이미키(檜前忌村) 및 17현의 인부들이 이 땅에 가득 차 살고 있다. 다른 성을 가진 사람들은 열에 한둘이다."라는 기술에서 언급하고 있는 것처럼 조몽인과 야요이인, 조몽문화와 야

31 廣瀨陽一, 2016, 앞의 책, 325~328쪽 참조.

요이문화 사이에 결정적인 단절을 인정하는 태도는 그것을 여실히 보여주는 것이다.

나아가 다나카는 김달수를 포함한 종래의 '귀화인' '도래인' 연구자가 '도래'는 사람의 이동을 나타내는 용어임에도 불구하고 일본열도 내의 이동을 고려하지 않았다거나, 일본열도로 이동하여 그대로 정주한 사람에 대해서도 '도래인'이라는 말을 사용하는 등, 본래의 어의에 합치하지 않는 용법을 사용하고 있는 점을 비판하고 있다.[32]

이러한 비판 중에는 당시의 자료적인 제약으로부터 오는 오류 등 김달수가 전면적으로 책임을 져야할 것이 아닌 것도 있다. 그러나 그것을 제외하더라도 당시의 재일조선인을 둘러싸고 있던 한반도정세와 일본사회의 상황, 그리고 무엇보다 '나라는 한국어 나라'와 같다는 현대의 일본어와 조선어를 결합시켜 그 관계를 고대에 투사하는 방법이 그의 자민족중심주의의 현시라고 해석되어 그의 고대사연구는 현재는 별로 주목을 끌지 않게 되었다. 또한 그것과 함께 고대의 '귀화인'과 현대의 재일조선인을 관련지우는 사고에 대한 그의 문제제기도, 그것이 초래하는 '일본인의 자기부식'에 대한 경고도 잊혀져갔다.

현재적 관점에서 생각했을 때 김달수의 '귀화인' 비판이 다양한 약점을 안고 있는 것은 확실하다. 그러나 그가 고대사연구를 역사의 진실과 도래인, 귀화인의 실태를 명백하게 하기 위해서 한 것은 아니다. 그 때문에 오히려 그러한 비판이 나오는 것은 김달수가 일본인연구자의 문장을 통하여 '귀화인사관'에 이의를 제창한 것을 생각하면 어떤 의미에서는 그의 전략 대로의 전개였다고 할 수 있다. 왜냐하면 그것들은 김달수 개

32 田中史生, 2005,『倭國と渡來人 - 交錯する內と外』, 13~26쪽 참조.

인에 대한 비판에 그치지 않고 일본의 식민지지배를 정당화하는 '귀화인 사관'을 만들어온 근대일본이 고대사연구의 언설공간 그 자체에의 비판에 이르지 않을 수 없는 것이기 때문이다. 이 의미에서 김달수의 고대사 연구는 일본인에게 '식민지적 인간'의 상태로부터 빠져나오기 위한 그 최초의 첫걸음을 어디서부터 떼면 좋은가를 설명한 것이다.[33]

마지막으로, 김달수의 고대사연구가 제시하고자 한 것은 무엇일까. 김달수는 도래인이라는 용어를 사용하고 고대사연구의 협동적 네트워크를 구축했다. '일본인의 자기부식은 일본인이 스스로 자신의 출신을 무시하는 것'이며 '조선 감추기'에 동원되었다는 것이다. 결국 '귀화인'이라는 말이 드러내는 일본의 역사적 '부성'보다는 도래인을 매개로 한 고대의 양국관계를 참조하는 것에 의해 현대의 일본과 조선, 일본인과 조선인의 관계를 인간적인 것으로 언급할 수가 있다는 게 김달수의 지적

〈사진 4〉 김달수에 관한 연구서(왼쪽: 『김달수와 그 시대』, 가운데: 『해협에 선 사람』, 오른쪽: 『김달수 르네상스』).

(출처: 일본 와세다대학(早稲田大学)도서관 소장)

33 廣瀬陽一, 2016, 앞의 책, 326~328쪽 참조.

이다. 양국 간, 양 민족 간의 인간적 관계의 회복은 그 자신이 과거에 몇 번이고 체험한 것처럼 결코 지워질 수 없는 타자로부터의 충격 없이는 실현할 수 없다. 그리고 많은 일본인에게 있어 그 충격을 주는 역할을 담당하는 것은 일본 각지에 남아있는 고대문화유적 그 자체일 것이다.[34]

V. 맺음말: 김달수와 한일 간의 화해

재일지식인 김달수는 77년의 인생 중 10세 때의 도일 이래 반평생을 매달려온 재일문학자의 길을 떠나 후반기에 고대사연구에 매달렸다. 고대사연구에 집중하기 전에 정체된 그의 행로는 갑작스런 한국방문과 함께 많은 비판을 받아왔다. 하지만 그의 후반기 역작인 '일본 속의 한국문화' 작업은 어쩌면 그의 재일문학 분야에서의 업적을 넘어선 것일지 모른다.

김달수의 사생활을 포함한 개인적 평가는 다양하지만, 그의 작품세계는 '재일동포생활사', '사회주의자투쟁사', '고대사'라는 세 개의 키워드로 나뉜다. '재일동포생활사'의 시기는 식민지시기 이래의 재일동포가 차별을 받으면서 자신들의 삶을 위해 매진하는 모습을 그린 것이라면, '사회주의자투쟁사'의 시기는 『후예의 거리』 이후의 '사회주의개혁'의 실현을 위해 '참여문학'에 몰입한 시기였다. 하지만 이후 재일본조선인총련합회와의 알력으로 1969년의 『태백산맥』 이후에는 단절, 전향의 과정을 겪게 된다.

34 廣瀨陽一, 2016, 앞의 책, 313쪽 참조.

김달수의 고대사연구는 1970년대부터 시작하는 '일본 속의 조선 문화(日本の中の朝鮮文化)' 시리즈에 나타나 있는데, 이는 일본 전국을 돌아다니며 한반도 관련 유적과 도래인으로 이야기되는 한반도에서 일본열도로 건너온 사람들의 흔적을 찾아 그 의미를 12권의 책으로 집필한 김달수의 라이프워크였다. 김달수의 고대사연구는 김달수 개인의 화해를 넘어, 한반도와 일본열도 간의 화해를 모색할 수 있는 토양을 마련해준 것이라 평가된다. 민족주의자에서 사회주의자로 또 다시 허무주의자로의 김달수의 두 차례의 '전향'은 민족적 비애와 고난 그리고 모순의 상징이었다고 할 수 있다. 김달수의 인생 역정은 해방 70년을 넘어선 재일의 의미를 다시금 재조명할 수 있다는 점에서 '한일 역사화해'의 모색을 위한 노력에 부합하는 것이라고 생각한다.

김달수 저작 목록

• 소설

『후예의 거리(後裔の街)』, 朝鮮文芸社, 1948년

『반란군(叛乱軍)』, 冬芽書房, 1950년

『후지산이 보이는 마을에서(富士のみえる村で)』, 東方社, 1952년

『현해탄(玄海灘)』, 筑摩書房, 1954년

『전야의 장(前夜の章)』, 東京書林, 1955년

『고국 사람(故國の人)』, 筑摩書房, 1956년

『일본의 겨울(日本の冬)』, 筑摩書房, 1957년

『번지 없는 부락(番地のない部落)』, 光書房, 1959년

『박달의 재판(朴達の裁判)』, 筑摩書房, 1959년

『밤에 온 남자(夜きた男)』, 東方社, 1961년

『밀항자(密航者)』, 筑摩書房, 1963년

『중산도(中山道)』, 東方社, 1963년

『공복이문(公僕異聞)』, 東方社, 1965년

『태백산맥(太白山脈)』, 筑摩書房, 1969년

『소설 재일조선인사(小説 在日朝鮮人史)』, 創樹社, 1975년(전 2권)

『낙조(落照)』, 筑摩書房, 1979년

『쓰시마까지(對馬まで)』, 河出書房新社, 1979년

『김달수소설전집(金達寿小説全集)』, 筑摩書房, 1980년(전 7권)

『행기의 시대(行基の時代)』, 朝日新聞社, 1982년

• 평론·에세이

『나의 창작과 체험(私の創作と体験)』, 葦出版社, 1955년

『조선, 민족·역사·문화(朝鮮 -民族·歷史·文化-)』, 岩波新書, 1958년

『일본 속의 조선 문화(日本の中の朝鮮文化 その古代遺跡をたずねて』, 講談社, 1970-1991년(전 12권) → 강담사문고(講談社文庫)(전 12권) → 강담사학소문고(講談社學術文庫)(3권까지 간행하다 중단)

『고대문화와 개화인(古代文化と「歸化人」)』, 新人物往来社, 1972년

『고대유적여행 아스카낭만을 살피다(古代遺跡の旅 飛鳥ロマンを散歩する)』, サンケイ新

聞出版局, 1972년 → 『아스카낭만여행』으로 개제하여 河出文庫에서 간행
『일본고대사의 조선문화』, 筑摩書房, 1976년 → 『日本古代史と朝鮮』으로 개제하여 談社學術文庫에서 간행
『김달수 평론집 상, 나의 문학(金達寿評論集 上; わが文學)』, 『김달수 평론집 하, 나의 민족(金達寿評論集 下; わが民族)』, 筑摩書房, 1976년
『일본속의 고대조선(日本の中の古代朝鮮)』, 學生社, 1979년 → 『古代朝鮮と日本文化』으로 게재하여 講談社學術文庫에서 간행
『고대북일관계사입문(古代日朝関係史入門)』, 筑摩書房, 1980년
『고국까지(故國まで)』, 河出書房新社, 1982년
『내소년 시대 차별속에 살아간다(私の少年時代 差別の中に生きる)』, ポプラ社, 1982년
『고대 일본과 조선 문화(古代日本と朝鮮文化)』, 筑摩書房, 1984년
『고대의 일본과 조선(古代の日本と朝鮮)』, 筑摩書房, 1985년
『도래인과 도래 문화(渡来人と渡来文化)』, 河出書房新社, 1990년
『다시 보는 고대 일본과 조선(見直される古代の日本と朝鮮)』, 大和書房. 1994년

• **공편저·대담**

시바 료타로·우에다 마사아키(司馬遼太郎·上田正昭), 『일본의 조선 문화 좌담회(日本の朝鮮文化 座談会)』, 中央公論社, 1972년
시바 료타로·우에다 마사아키(司馬遼太郎·上田正昭), 『고대일본과 조선좌담회(古代日本と朝鮮 座談会)』, 中央公論社, 1974년
시바 료타로·우에다 마사아키(司馬遼太郎·上田正昭), 『일본의 도래 문화 좌담회(日本の渡来文化 座談会)』, 中央公論社, 1975년
다니가와 겐이치(谷川健一), 『일본 문화의 원류를 찾아서 토론(日本文化の源流を求めて討論)』, 筑摩書房, 1975년 → 『古代日本文化の源流』로 개제하여 河出文庫에서 출간
『일본과 조선 김달수 대담집(日本と朝鮮 金達寿対談集)』, 講談社, 1977년
강재언(姜在彦), 『수기=재일조선인(手記=在日朝鮮人)』, 竜渓書舎, 1981년
시바 료타로·진순신(司馬遼太郎·陳舜臣), 『역사의 교차로에서 일본·중국·조선(歴史の交差路にて 日本·中國·朝鮮)』, 講談社, 1984년
『회상 가라키 구오(回想 唐木邦雄)』, 審美社, 1987년
다니가와 겐이치(谷川健一), 『지명 고대사 긴키 편(地名の古代史 近畿篇)』, 河出書房新社, 1991년
다니가와 겐이치(谷川健一), 『지명 고대사 규슈 편(地名の古代史 九州篇)』, 河出書房新

社, 1988년

• 자서전

『나의 아리랑(わがアリランの歌)』, 中公新書, 1977년

『나의 문학과 생활(わが文學と生活)』, 青丘文化社, 1998년

• 관련 연구문헌

최효선(崔孝先), 『海峡に立つ人—金達寿の文學と生涯』, 批評社, 1998년

辛基秀 編著, 『金達寿ルネッサンス』, 解放出版社, 2002년

히로세 요이치(廣瀨陽一), 『金達寿とその時代-文學 · 古代史 · 國家』, 図書出版クレイン, 2016년

참고문헌

김학동, 2009, 『재일조선인 문학과 민족: 김사량 · 김달수 · 김석범의 작품세계』, 국학자료원.

______, 2013, 「재일작가 김달수의 『행기의 시대(行基の時代)』와 고대 한반도 도래인의 형상화」, 『일본연구』 57.

김환기, 2005, 「김달수 문학의 민족적 글쓰기」, 『일본어문학』 29.

______, 2008, 「김달수의 초창기 문학 연구-일제 강점기의 일본어 글쓰기에 대한 모색-」, 『일본학보』 76.

박광현, 2016, 「김달수의 '방한'과 그의 '국토순례' 기행문」, 『한국학연구』 43.

金達寿, 1976, 『金達寿評論集』, 筑摩書房.

______, 1976, 『日本古代史と朝鮮文化』, 筑摩書房.

______, 1977, 『わがコリアンの歌』, 中公新書.

______, 1984, 「재일교포문제: 古代韓 · 日文化研究上の問題点」, 『日本学』 3.

______, 1985, 『日本古代史と朝鮮』, 講談社学術文庫.

______, 1998, 『わが文学と生活』, 青丘文化社.

廣瀬陽一, 2016, 『金達寿とその時代-文学 · 古代史 · 国家』, 図書出版クレイン.

辛基秀, 2002, 『金達寿ルネサンス』, 解放出版社.

尹健次, 2014, 「『三つの国家』のはざまでの苦闘と悲惨-作家 · 金達寿の場合」, 『人文研究』 183.

田中史生, 2002, 「古代の渡来人と戦後「日本」論 · 1970年代までの歴史学界をめぐって-」, 『関東学院大学経済経営研究所年報』 24.

________, 2005, 『倭国と渡来人 - 交錯する内と外』, 길천홍문관(吉川弘文館).

崔孝先, 1998, 『海峡に立つ人-金達寿の文学と生涯』, 批評社.

6장

재일조선인사 연구의 선구자 박경식: 『在日朝鮮人運動史研究－8·15解放前－』을 중심으로

김인덕
청암대학교 간호학과 교수

I. 머리말

한국과 일본의 근현대사는 재일조선인 문제가 출발점이라고 할 수 있다. 재일조선인의 역사와 문제는 현재도 진행형인 일제의 식민지 지배가 낳은 결과물이기 때문이다. 따라서 한국과 일본 간의 역사화해를 거론함에는 우선적으로 재일조선인의 역사를 언급하는 것이 유의미하다고 생각한다. 단순한 존재적 의미가 아닌 역사적 구성체로서 재일조선인의 역사와 문제는 양국의 역사학자와 사회과학자들의 논의의 한 축을 형성해 오고 있다. 이런 가운데 재일조선인 역사학자로서 재일조선인 역사 연구의 기초를 조성한 사람으로 박경식(朴慶植)을 거론할 수 있다.

박경식은 대표적인 재일조선인[1] 역사 연구자이다. 올해는 서거 20주년으로 그가 초석을 만들었던 재일한인역사자료관에서 특별전과 학술회의가 열렸다. 재일한인역사자료관에서 특별전을 평가하기를 "일본의 근현대사에서 누락된 재일조선인사의 필요성과 중요성을 호소하고, 일본의 역사학회에 큰 영향을 주었으며, 조선인강제연행에 대해서는 일본의 교과서에서도 언급하게 되었고, 1976년에 재일조선인운동사연구회를 만들었으며, 만년에 '재일동포역사자료관' 설립운동"을 했다고 한다.[2]

1998년 박경식이 사망한 이후 그의 연구 활동에 대한 연구회가 있었다. 많은 사람들이 생각을 하고 있다가 일본에서 준비를 하고 박경식을

1 이 글에서는 일본에 사는 한민족을 재일조선인으로 칭한다. 전전의 연결선에서 역사적인 존재로 그들을 설명하기 위해 재일조선인을 사용한다.

2 재일한인역사자료관 홈페이지(http://www.j-koreans.org/) 참조.

〈사진 1〉 박경식 사후 20주년 특별전 포스터.

(출처: 재일한인역사자료관)

기억하고자 했다.[3]

그가 한 역할은 2005년 11월 재일한인역사자료관으로 결과지어졌다

3　필자가 박경식 선생님을 처음 만난 것은 1989년 국내 학술회의에 오신 그를 이제는 고인이 되신 이균영 선생님의 소개로였다. 식민지시대 재일조선인의 운동사에 대해 공부를 시작하면서 저술을 통해 맨 처음 알게 된 분이 박경식 선생님이었고, 마침 국내에 오셔서 발표하신다는 것을 신문을 통해 보고 감히 인사를 학술회의장에서 드렸다. 이후 박경식 선생님의 연구에 기초하여 식민지시대 재일조선인의 운동사에 대해 공부를 해왔다. 그리고 그가 안 계신 조후(調布)시의 댁에 가서 사모님의 도움으로 자료가 다른 곳으로 옮겨지기 전에 열람하고, 일부 복사할 수 있는 기회를 가졌다.

고 할 수 있다. 그 의미는 절대 작지 않다.

> 재일한인역사자료관의 상설전시는 식민지기에서 일본으로의 도항에서 시작되어, 일본에서의 노동과 생활, 해방 후의 귀국과 잔류, 권익옹호운동과 민족교육, 문화·예술 활동까지 전국에서 보내온 기증품이 전시된 재일조선인의 역사와 문화를 말하고 있다. 근대 일본의 조선식민지 지배와 침략전쟁과 밀접한 연계를 갖고, 전후 일본사회에서도 도도부현에서 계속 되었음에도 일본의 박물관에서 역사전시로 표상된 것은 거의 없었던 것이 재일조선인의 역사로 재일한인역사자료관의 개설을 기회로 전후 60년이 지나서야 박물관에서 시민권을 얻었다고 말할 수 있다.[4]

박경식에 대해서는 지난 20년 동안 관련 연구가 진행되었다. 그리고 최근에는 전체적으로 박경식의 역사연구에 대해서는 국내외 재일조선인 연구자와 관련 역사, 사회과학 연구자들에 의해 진행되어 왔다. 그의 사후 20주기를 기념하여 학술대회와 전시회가 열렸다.

특별전 홍보물에서 그에 대한 평가와 기억의 편린은 다음과 같다.

> 재일조선인사 연구의 제1인자인 박경식은 조선에서 태어나 7세에 가족과 함께 일본에 왔습니다. 조선이 해방을 맞이할 때까지 16년 동안 '황국신민'으로서 교육을 받고 '반일본인'화되었던 것을 회고한 박경식은 동료와 생도에게 조선인인 것을 말하지 않고 '일본인'교사로 교단에 섰던 때도

---

4 李美愛, 2018,「戰後在日朝鮮人の博物館運動に關する一考察-朴慶植の"在日同胞歷史資料館"構想から"在日韓人歷史資料館"開設まて」,『アジア太平洋研究センター年報 2017-2018』, 東京: 早稻田大學, 65쪽.

있었습니다. 그러나 박경식은 근저로부터 일본인이 될 수 없었고, 군국주의 교육의 일단을 담당한 것을 후회, 조선인차별의 경험에서 도쿄대공습을 기회로 학교를 퇴직했습니다. 그 5개월 후에 맞이한 해방, 가족이 한국으로 귀국하였으나 박경식은 일본에 남아 조선인으로서의 자신을 돌아보았습니다. 새로운 인생의 시작이었습니다.

박경식은 1950년대부터 죽기 직전까지 다수의 연구 성과를 냈습니다. 조선인강제연행에 대해 조사하여 출판한 『조선인 강제연행의 기록(朝鮮人強制連行の記録)』(미래사(未來社), 1965)은 동포사회와 일본사회에 큰 반향을 일으켰습니다. 특히 재일조선인의 역사를 발굴하는 것에 힘을 쏟았는데, 재일조선인의 수난의 역사뿐만 아니라 운동의 역사를 기록하는 많은 저작을 남겼습니다. 또한 일본의 근현대사에서 빠져 있던 재일조선인사의 필요성을 호소하고 스스로 1976년 재일조선인운동사연구회를 조직했습니다. 박경식의 활동은 일본의 역사학회에 큰 영향을 주어 1990년

〈사진 2〉 생전의 박경식.

(출처: 재일한인역사자료관)

대에는 조선인강제동원의 역사가 일본의 교과서에 실리게 되었습니다. 만년에는 '재일동포역사자료관'의 필요성을 널리 호소하여 자료관 설립운동을 하다가 교통사고로 돌아가셨습니다.

자료관의 기획전에서는 박경식선생 사망 20주년을 기념하여 박경식이 걸었던 길을 유품, 사진, 서적, 문장에서 더듬어봅니다.[5]

이 연구는 여기에 기초해 그의 재일조선인사 연구의 한 측면을 보고자 한다. 이를 위해 먼저 연보와 주요 저술을 정리해보겠다. 그리고 박경식의 재일조선인사 인식과 특히 1920년대 재일조선인 문제에 대한 논의를 살펴보겠다.

II. 박경식 연보와 기억의 정치

1. 연보

박경식은 경상북도 봉화군 출생으로 일본에서의 생활은 오이타현(大分縣)에서 시작했다. 그리고 해방 이전에 초등학교 교사로 활동하면서 일반적인 지식인의 모습을 보였다. 해방은 그의 삶의 큰 분기점이 되어, 이후 활동가로 그리고 역사학자로 평생을 살게 된다. 특히 재일조선인 운동의 일선에서 활동하면서 민족교육에 헌신하면서 교육자, 역사학자의 모습을 올곧게 가져갔다. 특히 이은직, 임광철 등과 재일본조선인연

5 「재일한인자료관 제16회 기획전 박경식 사후 20년」, 2018, 도쿄: 재일한인역사자료관.

맹에서 활동하면서 본격적인 역사학자로의 길에 들어선 것으로 평가할 수 있다. 간단히 연보를 정리해보면 다음과 같다.[6]

박경식 연보

1922년 12월 7일 경상북도 봉화군 봉성면 금봉리 출생[7]

1929년 도일 大分縣 西國東郡朝日田村으로

1937년 大分縣 田原村 田原高等小學校 졸업

1940년 日大高等師範部 卒業 초등학교 조교(대용 교원)[8]

1943년 日本大學 졸업 교원면허 취득(중등학교의 지리·역사)

1945년 11월 17일 애국투사 출옥환영 연설회 참석

1949년 동양대학(東洋大學) 문학부 졸업

1949년 조련 민족학교 교원

1953년 12월 장금순(張金順)과 결혼

1956년 10월~1957년 10월 조선연구소 소원

1960~1970년 조선대학교 역사지리학부 교원

1971년 조선대학 사직

1971~1973년 '태백서림' 운영

1973년 조선문제연구회 설립

1976년 재일조선인운동사연구회 조직

---

6 「재일한인자료관 제16회 기획전 박경식 사후 20년」, 2018 참조.

7 「朴慶植先生略年譜」 1998, 도쿄: 朴慶植先生をしのぶ會; 「재일한인자료관 제16회 기획전 박경식 사후 20년」, 2018, 小林知子, 2018, 「시무의 역사학-동시대사연구로서의 박경식·전후 재일조선인사 연구」, 『박경식 몰후 20주년기념 심포지엄 자료집(재일한인역사자료관 제16회기획전 특별기획)』, 도쿄: 재일한인역사자료관.

8 이상의 약력은 다음을 참조하였다.(小林知子, 2018, 위의 글, 1쪽.)

1984년 성묘단으로 귀국, 자매, 동생과 만남

1995년 '재일동포역사자료관' 설립준비위원회 조직

1998년 2월 13일 서거(75세)

이렇게 박경식은 평생을 살면서 전선에 선 역사학자로서 자리매김하고자 했다. 그래서 그는 마지막 일을 '재일동포역사자료관'의 건립에 두었다. 이 일은 결실을 맺었고 현재도 재일조선인과 한국과 일본의 역사학자들에게 자료를 제공하고 있다. 그의 역사학자로서의 길에는 동료와 많은 후학이 함께했고 20년이 지난 지금도 그의 연구는 다시 기억되고 있다.

2. 주요 저술

박경식의 재일조선인의 역사와 관련한 대표적인 연구 업적은 다음과 같다. 특히 『조선인 강제연행의 기록』은 식민지 과거 문제에 대한 전면적인 문제 제기의 차원에서 저술된 성과로 1965년 한일회담에 대한 강제연행의 역사를 적기하고 있다. 그리고 그를 대표적인 재일조선인 역사 연구자로 만든 책이 『재일조선인운동사연구-8·15 해방 전-(在日朝鮮人運動史硏究-8·15解放前-)』과 『재일조선인운동사연구-8·15 해방 후-(在日朝鮮人運動史硏究-8·15解放後-)』이다. 이 두 권의 책에 대한 애정은 대단하여 많은 교정과 함께 죽는 순간까지도 『재일조선인운동사연구-8·15 해방 전-』의 내용을 수정했다고 알려져 있다. 그의 주요 단행

본을 정리하면 다음과 같다.[9]

박경식 저작 목록

『조선인 강제연행의 기록(朝鮮人強制連行の記録)』, 미래사, 1965.

『재일조선인운동사연구-8·15 해방 전-(在日朝鮮人運動史研究-8·15解放前-)』, 삼일서방(三一書房), 1979.

『재일조선인운동사연구-8·15 해방 후-(在日朝鮮人運動史研究-8·15解放後-)』, 삼일서방, 1989.

『재일조선인: 나의 청춘(在日朝鮮人:私の青春)』, 삼일서방, 1981.

『천황제국가와 재일조선인(天皇制國家と在日朝鮮人)』, 사회평론사(社會評論社), 1986.

『천황제와 조선인(天皇制と朝鮮)』, 고베학생·청년센타출판부(神戸學生·青年センタ-出版部), 1989.

『체험으로 말하는 해방 후의 재일조선인운동(體驗て語る解放後の在日朝鮮人運動)』, 고베학생·청년센타출판부, 1989.

『재일조선인·강제연행·민족문제(在日朝鮮人·强制連行·民族問題)』, 삼일서방, 1992.

아울러 그의 재일조선인의 역사와 관련한 주요 논문을 정리해보면 아래와 같다.[10] 이 성과는 일부만을 소개한 것으로 전술한 단행본에 많이 실려 있고, 대중적인 글로도 정리되어 별도의 글로도 간행되기도 했다.

---

9 「재일한인자료관 제16회 기획전 박경식 사후 20년」, 2018 참조

10 「재일한인자료관 제16회 기획전 박경식 사후 20년」, 2018 참조.

「재일조선노총의 활동(在日朝鮮勞總の活動)」, 『在日朝鮮人-私の青春-』, 삼일서방, 1981.
「재일사상단체 북성회·일월회에 대하여(在日思想團體北星會·日月會について)」, 『在日朝鮮人:私の青春』, 삼일서방, 1981.
「조선인강제연행(朝鮮人强制連行)」, 양태호(梁泰昊) 편, 『조선인강제연행논문집성(朝鮮人强制連行論文集成)』, 명석서점(明石書店), 1993.
「조선인 강제연행에 대한 조사연구(朝鮮人强制連行についての調査研究)」, 『아세아문제연구소보(アジア問題研究所報)』(6), 1991. 8.

또한 발간한 핵심 자료집은 다음과 같다.[11] 이것은 박경식 역사학의 의미를 분명히 인식시킨다고 생각한다. 그는 일제 강점기 및 해방 이후 재일조선인 역사와 문제에 대해 다양한 1차 자료를 집대성하는 놀라운 성과를 냈다. 특히 『在日朝鮮人關係資料集成(戰後編)』(1-10)은 후학에 의해 그가 집성한 결과를 간행한 것으로 기존의 자료집이 보여주지 않은 각종 재일조선인 단체에 대한 중요한 모음집이다.

『재일조선인관계자료집성(在日朝鮮人關係資料集成)』(1-5), 삼일서방, 1975~1976.
『조선문제자료총서(朝鮮問題資料叢書)』(1-16), 아세아문제연구소(アジア問題研究所), 1994.
『재일조선인관계자료집성(전후편)(在日朝鮮人關係資料集成(戰後編))』

11 「재일한인자료관 제16회 기획전 박경식 사후 20년」, 2018 참조.

(1-10), 불이출판(不二出版), 2001[12]

3.『재일조선인사연구』28호

재일조선인운동사연구회는 그가 주도하여 결성된 연구모임으로 지금도 계속 모임을 하고 있다. 이 연구회는 그를 기억하고자 만들어진 재일조선인운동사연구회의 기관지『재일조선인사연구』28호를 간행했다. 그 어떤 자료보다 박경식을 위해 만들어진 잡지로 내용을 소개해보면 다음과 같다.

在日朝鮮人史研究28號〈朴慶植先生追悼號〉(1998年 12月)

〈目次〉

朴慶植先生追悼號號の刊行にあたって;山田昭次

朴慶植先生年譜

朴慶植先生を追悼する祭文 崔碩義

朴慶植先生の在日朝鮮人史研究について;山田昭次

一九二〇年代後半の在日朝鮮人の民族解放運動;金仁德

京都時代の尹東柱-南炳意さんに聞く;林茂

植民地支配下の朝鮮人强制連行·强制勞動とは何か-「强制」の性格を改めて問う-;山田昭次

12 2001년 간행이 종료되었다.

解放後初期の在日朝鮮人組織と朝連の教科書編纂事業;魚塘

營まれる共同性 - 日本で生まれた濟州人の親睦會;伊地知紀子

資料紹介① 戰時下の日本人が報じた朝鮮人强制連行の視察記;岡村達雄 / 横山篤夫

資料紹介② 日韓會談での朝鮮人軍人 · 軍屬 · 被徵用勞動者に關する論議 韓國外務郞政務局編發行「第六次韓日會談會諫錄(Ⅱ)」(一九六大年刊)の「一般請求權 小委員會」の「被徵用者等関係專門委員會」(一九六二年二月);金英達

「追悼 · 朴慶植先生」

伊地知紀子 / 岡本眞希子 / 金森襄作 / 北原道子 / 金廣烈 / 金富子 / 金浩 / 金 榮 / 木村 健二 / 倉橋葉子 / 小林知子 / 高柳俊男 / 外材大 / 長澤秀 / 樋口雄一 / 飛田雄一 / 堀內稔 / 水 野直樹 / 三田內登美子 / 岸田由美 / ドナルド · スミス

會の記錄(1997. 9~1998. 7)

이렇게 후학은 박경식을 대표적인 재일조선인 역사 연구자로 평가하고 있다. 그의 연구가 일본을 비롯해 한국에도 많이 소개되어 한국 근현대사의 빠진 공간을 채워주는 데 기여해온 것도 사실이다. 특히 강제연행에 대한 저술과 천황제의 문제, 해방 이후 일본 내 재일조선인과 한반도와 관계 등에 대해서는 다른 어떤 연구자가 해내지 못한 탁월한 연구 업적을 내왔던 것도 부정할 수 없다. 특히 전술했듯이 자료집의 간행과 자료관의 설립은 이후 후학을 위한 큰 디딤돌을 놓았다고 평가할 수 있다.

4. 20주기 기념 심포지엄

재일한인역사자료관은 지난 2018년 2월 10일 박경식을 기억하는 학술회의를 열었다.[13] 그 주요한 프로그램을 보면 다음과 같다.

인사: 재일동포 사회에서 박경식, 그의 업적의 의미(이성시 관장)

테마 강연

1. 박경식선생에서 배운다: 히구치 유이치(樋口雄一)
2. 시무의 역사학–동시대사연구로서의 박경식·전후 재일조선인사 연구: 고바야시 도모코(小林知子)
3. 박경식선생의 재일조선인 운동사 연구의 의미: 미즈노 나오키(水野直樹)
4. 한국에서 박경식 연구의 영향, 재일조선인사연구의 동향: 김광열

종합토론: 박경식 몰후 20년, 박경식을 말하다(사회: 이성시, 코멘트: 문경수, 하가오루(河かおる))

여기에서 먼저 히구치 유이치(樋口雄一)는 '박경식선생'한테 배움을 얻어, 일본, 일본인에 대한 비판적인 견해에서 일본인으로서 그 비판을 받아들이고 어떻게 재일조선인사 연구를 구성할 것인가 하는 문제에 대해 과제를 삼게 되었다고 한다.[14]

고바야시 도모코(小林知子)는 자신의 선행 연구[15]에 기초하여 박경식

---

13 필자는 참가하지 못하고 발표문에 기초하여 작성함을 밝힌다.

14 樋口雄一, 2018, 「박경식선생에서 배운다」, 『박경식 몰후 20주년기념 심포지엄 자료집(재일한인역사자료관 제16회기획전 특별기획)』, 도쿄: 재일한인역사자료관, 5쪽.

15 小林知子, 2013, 「朝鮮戰爭下における在日朝鮮人の同時代史認識と東アジア史」,

의 업적, 학생시절, 교원시절, 역사가로서의 모습 등을 그리고 있다. 이 가운데 박경식이 임광철과 교류하면서 『조선역사독본(朝鮮歷史讀本)』(白揚社, 1949) 등을 학습했다고 한다.[16]

미즈노 나오키(水野直樹)는 박경식의 재일조선인사 연구가 갖는 의미로 민족적 주체성의 회복과 확립, 재일조선인운동의 방향성 정립, 그리고 일본사회에서의 재일조선인의 역할과 위치 부여를 들고 있다. 특히 박경식은 "민족주의 세력을 포함한 민족해방통일전선으로의 결집을 축으로 하는 역사파악"에 주목했다는 것이다.[17]

그리고 김광열은 한국 내 시대별 재일조선인사 연구 동향을 설명했다. 1980년대에 들어 박경식의 저작이 한국에 소개되었고 1990년대 새롭게 변화가 나타나고 일본에서 유학한 연구자와 결합하여 '재일조선인사 세미나'가 이루어졌다고 한다. 그리고 2000년대 이후 연구의 활성화를 밝혀주고 있다.[18]

아울러 하가오루(河かおる)는 박경식문고에 대해 소개하고 있다. 특히 전사로서 '재일동포역사자료관' 구상과 관련한 내용을 언급했다.[19]

『歷史學硏究』, 도쿄: 역사학연구회, 참조.

16 小林知子, 2018, 앞의 글, 2쪽.

17 水野直樹, 2018, 「박경식선생의 재일조선인 운동사 연구의 의미」, 『박경식 몰후 20주년기념 심포지엄 자료집(재일한인역사자료관 제16회기획전 특별기획)』, 도쿄: 재일한인역사자료관, 1~2쪽.

18 김광열, 2018, 「한국에서 박경식 연구의 영향, 재일조선인사연구의 동향」, 『박경식 몰후 20주년기념 심포지엄 자료집(재일한인역사자료관 제16회기획전 특별기획)』, 도쿄: 재일한인역사자료관, 1~2쪽.

19 河かおる, 2018, 「滋賀縣立大學 '朴慶植文庫'에 대하여」, 『박경식 몰후 20주년기념 심포지엄 자료집(재일한인역사자료관 제16회기획전 특별기획)』, 도쿄: 재일한인역사자료관, 1쪽.

20년이 지난 20주기 기념 심포지엄은 박경식의 연구 업적에 대한 평가를 그의 학계의 기여, 그의 학문이 갖는 존재 의미, 최근 재일조선인 연구 경향 등을 중심으로 논의한 것으로 보인다.

III. 박경식의 재일조선인사 연구와 인식

1. 전전 재일조선인운동사 연구

박경식의 재일조선인 운동사는 1945년 전과 후를 다룬 두 권의 책으로 정리되어 있다. 이 가운데 『재일조선인운동사연구-8·15 해방 전-』[20]은 1945년 이전 재일조선인 운동사를 통사적으로 서술하고 있다.

여기에서 박경식은 재일조선인 민족해방운동사[21]를 포괄적으로 다루고 있다. 그의 업적에 대해서는 많은 선행 연구가 적극적인 평가를 하고 있다. 그러나 다음과 같은 한계가 있다고도 할 수 있다. 첫째, 재일조선인 민족운동 각 조직의 구체적인 사실을 실사구시적으로 그려내지 못했다. 둘째, 시기별 민족운동의 내용을 부문별로 나누어 바라봄으로써 민족운동의 상을 총체적으로 파악하지 못하고 있다. 셋째, 조·일 사회운동 가운데 재일조선인 운동을 부분적으로 파악하여 식민지시대 조선의 민족운동에서 지역 단위 운동으로 재일조선인 운동을 자리매김하지는 못했던 것이다.

---

20 이 책은 「日本帝國主義下における在日朝鮮人運動」이라는 제목으로 『朝鮮月報』(4-8)에 연재되었던 글을 보완한 것이다.

21 박경식의 표현을 그대로 채용한다.

1929년을 기점으로 재일조선인 민족운동은 전면적인 개편을 맞이했다. 이 주제는 다른 주제와 달리 선학의 몇몇 연구가 제출되어 있다. 박경식을 비롯한 와타나베 테쓰(渡部徹), 이와무라 도시오(岩村登志夫) 등은 해체 논의와 해체가 재일조선인 민족운동을 무시한 잘못된 관점에 기초해 전개되었다고 한다. 이와 함께 기본적으로 코민테른과 프로핀테른의 인식이 식민지 민족의 대중과 민족부르주아지를 무시하고 적대시한 섹트적 경향과 극좌적 편향을 띠고 있었다면서[22] 해체 이후 재일본조선노동총동맹의 전협으로의 합류에서 재일본조선노동총동맹 조직원의 전협에서의 재조직으로 완전히 이행되지 못한 점에 주목하고 있다.[23]

이후 각종 재일조선인 조직은 조선공산당 일본총국을 비롯하여 많은 조직이 해산의 길을 갔고 일본의 사회운동 단체로 편입되었다.

2. 강제연행 연구

1945년 이전 재일조선인의 역사에서 주목되는 사실은 조선인 강제연행이다. 조선인 강제연행에 대한 조사 연구는 일본에서 1960년대부터 시작되어 1990년 전후부터 급속히 고양되었으며 자료집, 저서의 간행과 연구 논문의 발표가 있었다. 여기에 조선인 강제연행진상조사단, 연구회, 국내 강제동원진상규명위원회 등의 조사 활동이 각지에서 계속되었다. 또한 조선인·중국인 강제연행·강제노동을 생각하는 전국교류집회 등이 매년 개최되고 있다.

22 朴慶植, 1979,『재일조선인운동사연구-8·15 해방 전-』, 삼일서방, 224쪽 참조.

23 鈴木秀子, 1968,「在日朝鮮人運動と日本人」,『朝鮮研究』, (79), 東京: 朝鮮問題研究所 참조.

이런 강제연행에 대한 연구는 박경식의 연구로 그 기초가 다져지기 시작하여 여러 연구자가 참여하여 성과를 내고 있다. 박경식은 『조선인 강제연행의 기록』에서 일본제국주의 침략사와 관련하여 조선인 차별의 역사를 정리했다.

강제연행이란 당시의 역사적 개념이 아니라 1960년대경에 정착된 역사적 용어이다. 처음에는 전시에 일본에 끌려가 강제노동에 종사했던 중국인 포로, 노무자에 대해 사용되었던 것으로 그 후 박경식에 의해 규정되었다고 할 수 있다. 박경식은 첫째, 조선인 노무자가 자유 의지에 기초한 노동력 이동, 외국 이주를 하지 못했고, 둘째, 조선인 노무자는 일본인의 전시동원과 달리 피지배민족인 조선인이 일본의 침략전쟁 때문에 동원된 것이며, 셋째, 조선인 노무자에게 중국인 포로, 노무자와 마찬가지로 일본 내지 기타 다른 지역으로 연행되어 발생한 가족 이산, 생사불명, 유골방치 등의 인권무시가 공공연히 행해진 것 등을 강제연행되었다고 했다.[24]

박경식의 『조선인 강제연행의 기록』은 한일회담을 반대하는 차원에서 발간된 저작으로 강제연행에 대한 최초의 단행본이다. 이 책은 일본 내 차별받은 조선인의 역사를 고발하는 데 기여했다. 박경식은 여기에서 첫째, 실증적인 자료 발굴로 연구대상을 양적으로 확대시켰으며 풍부한 문헌목록을 정리해내고, 둘째, 일본 전국을 망라하여 중요 사건에 대해 정리하여 이후 연구의 기초를 조성했으며, 셋째, 재일조선인의 역사를 일제의 지배정책과 관련해 서술하고 이를 바탕으로 강제연행 정책에 대한

---

24 海野福壽, 1993,「朝鮮の勞務動員」,『岩波講座 日本近代と植民地』(5), 東京: 岩波書店, 118쪽.

체계화를 도모했다. 즉, 연행되어 끌려간 조선인의 피해 실태를 구체적으로 서술해 노무동원, 군인·군속 그리고 군위안부, 농업보국대 등에 대해 정리했다고 평가할 수 있다.

3. 자료집

박경식의 자료집으로 거론할 수 있는 1945년 이전 재일조선인 역사를 주 대상으로 하는 것이 『재일조선인관계자료집성(在日朝鮮人關係資料集成)』(1-5)과 『조선문제자료총서(朝鮮問題資料叢書)』(1-16)이다. 『재일조선인관계자료집성(在日朝鮮人關係資料集成)』(1-5)은 8·15 이전의 재일조선인에 관해 작성된 일본정부, 관청자료를 정리해놓았다. 이들 각 자료에는 재일조선인의 생활 상황, 운동 상황과 데이터가 절대 다수 수록되어 있다. 자료 비판을 통하면 지배자 측의 입장을 알 수 있어 조선인 전시 노무동원자에 대한 구체적 자료가 없는 상황에서는 매우 중요한 의의를 갖는다고 하겠다. 또한 『조선문제연구총서(朝鮮問題研究叢書)』(1-16)에 있는 자료들도 1945년 이전과 이후 것이 동시에 존재하는데, 1945년 이전을 대상으로 하는 자료에는 기존에 빈약했거나 전무한 실정이었던 노동문제, 민족운동, 재일조선인 운동 등에 대한 관청이나 기업 측, 민간 측, 운동단체의 자료를 모았다고 보인다. 따라서 전시 노무동원된 재일조선인의 생활과 그들의 운동을 파악하는 데 귀중한 자료들이다.

Ⅳ. 1920년대 재일조선인사 연구

1. 기본적인 과점

박경식의 경우 1920년대 재일조선인 운동에 대한 인식의 기본적인 관점은 조선에서의 운동에 대한 인식에서 출발하는데, 그는 3·1독립운동의 투쟁을 계기로 조선에서 '민족해방운동'의 질적 발전에 조응하여 각 방면에서 한 단계 높은 수준으로 재일조선인 운동이 활발히 전개되었다고 한다.[25] 그리고 다음과 같이 서술하고 있다.

> 민족주의 사상의 강화와 함께 혁명이론으로 마르크스-레닌주의 사상을 도입하여, 혹은 아나키즘 사상에 의해 민족독립과 조선혁명을 목표로 하는 사상단체인 북성회, 일월회 등이 조직되었다. 또한 노동자의 양적 증대와 함께 계급적 자각의 고양에 의해 조선인 독자의 지역적인 노동조합 이후에 중앙적인 재일본조선노동총동맹이 결성되어 그 투쟁이 보다 강화되었다. 또한 민족독립의 투쟁의 전위로 조선공산당 일본총국, 민족통일전선으로서의 신간회의 지회도 결성되었는데 재일조선인의 민족적 단결과 생활권 옹호투쟁, 민족해방을 위한 투쟁이 광범위하게 전개되었다고 한다. 또한 1910년대에는 잘 보이지 않았던 일본 노동자계급과의 관계도 강화되었다고 한다.[26]

25 전술한 고바야시 도모코에 따르면 박경식은 임광철과 교류하면서 『조선역사독본(朝鮮歷史讀本)』 등을 학습했다고 한다. 이를 통해 그의 한국사에 대한 시각과 초기 재일조선인사의 관점과 연구의 틀이 형성되기 시작했을 것으로 보인다.

26 朴慶植, 1979, 앞의 책, 91쪽.

이러한 그의 역사관은 도쿄조선중학교에서 함께 근무했던 역사학자 임광철[27]의 역사관과 일정한 상관성이 있었을 것으로 추정한다. 임광철은 사적 유물론에 입각한 역사관을 '인민혁명'의 길을 전망하면서 그가 간행한 통사인 『조선역사독본』에서 다음과 같은 목차를 통해 보여주고 있다.

제1편 계급사회로의 발전

제1장 조선사의 출발점

제2장 계급사회의 형성

제2편 동양적 고대

제1장 조선에서의 노예제

제2장 신라왕조에 의한 통일국가의 출현

제3장 신라왕조의 붕괴

제3편 중세사회의 동양적 구성

제1장 봉건적 전제정치 권력의 형성

27 간단히 그의 약력을 정리하면 다음과 같다. 1920년 7월 23일 출생, 본적 평북 정주(定州). 오산학교에서 수학. 결혼하여 1녀를 둠(이후 일본에서 결혼 2녀를 둠). 1942년 4월 1일 와세다대학(早稻田大學) 입학(문학부 사학과 동양사 전공), 1944년 9월 25일 졸업. 학도병 헌병 장교로 근무. 1945~1955년 조선역사연구소 대표, 조련 문화부 소속, 1946년 10월 도쿄조선중고급학교(東京朝鮮中高級學校) 역사 교사, 교무 주임. 1946년 2월 초등교재편찬위원회 위원. 1947년 2월 도쿄아다치조선초등학원(東京足立朝鮮初等學院) 교장. 1947년 6월 28일 재일본조선인교육자동맹 도쿄(東京)지부 부위원장. 1948년 1월 17일 결성된 재일본조선문학회 회원. 1948년 6월 14일 새롭게 '교재편찬위원회' 전문위원, 교과서 편찬의 책임. 1949년 10월 1일 도쿄조선중고급학교 교장(제4대). 1955년 8월 28일 8·15해방 10주년을 경축하는 재일동포 조국방문단원으로 북한 방문. 1956년 4월 북한 재차 방문. 1956년 5월 도쿄조선중고급학교 교육회 상임이사. 1959년 다시 북한으로 감. 김인덕, 2012, 「재일조선인 민족교육과 東京朝鮮中學校의 설립-『도꾜조선중고급학교 10년사』를 중심으로-」, 『숭실사학』, 28, 숭실사학회; 김인덕, 2017, 「임광철의 재일조선인사 인식에 대한 소고」, 『사림』, 59, 성균관대학교 참조.

제2장 봉건적 토지소유 관계

제3장 전봉건제의 잔존 형태

제4장 말기의 이조봉건제

제4편 근대화로의 길

제1장 자본주의 경제로의 편입과정

제2장 일본제국주의의 식민지화

제3장 민족의 독립=인민혁명의 준비

제4장 결론-통일전선의 역사적 전망[28]

박경식은 재일조선인 운동사 연구의 필요성으로, 첫째, 재일조선인 운동이 실천적 과제인 남북통일과 권리 옹호에 부응하기 위한 이론적 구축을 심화시키기 위해, 둘째, 재일조선인운동이 민족해방운동과 사회발전에서 수행한 역할을 정당히 평가하고 의의를 정확히 파악하기 위해, 셋째, 노동운동과 반제 그리고 반전 민주화 투쟁에서 재일조선인의 역할과 일본인과의 국제적 연대를 강화하고 그 역할과 의미를 정당히 평가하기 위해서라고 했다.[29]

이런 관점에 선 그의 저서 『재일조선인운동사연구-8 · 15 해방 전-』은 1920년대 재일조선인운동에 대해 다음과 같이 서술하고 있다.

제3장 민족독립운동의 고양-1920년대-

1. 1920년대 조선과 일본

28 林光澈, 1949, 『朝鮮歷史讀本』, 東京: 白揚社, 1~4쪽.

29 朴慶植, 1979, 앞의 책, 11~14쪽.

2. 도항 · 생활상태

3. 사상단체 · 노동단체의 결성

(1) 사상단체-흑도회 · 북성회 · 일월회 등

(2) 학생 · 청년운동

(3) 조선노동동맹회에서 재일본조선노동총동맹의 결성으로

(4) 일원회의 활동, 신간회지회, 근우회지회의 결성

(5) 조선공산당일본총국, 고려공산청년회 일본부의 설치

(6) 재일본조선청년동맹

(7) 프롤레타리아문화운동

4. 민족적 · 계급적 투쟁의 고양

(1) 민족적 주체성을 목표로

(2) 민족독립의 기치 아래

5. 조 · 일인민의 연대에 대하여

이렇게 그는 기존의 자신의 글에 기초하여 1920년대의 재일조선인 운동을 전술한 단행본에서 서술하고 있다.

2. 절별 주요 내용

『재일조선인운동사연구-8 · 15 해방 전-』의 1절인 '1920년대 조선과 일본'에서는, 먼저 제1차 세계대전 이후의 정세에 대한 인식에서 출발하여 제국주의 제국은 대소 간섭전쟁을 수행하고 열강 상호 간의 대립모순이 격화되고 있었으며, 1929년 세계 경제공황으로 제국주의 열강의 모순은 격화되었다고 했다. 그리고 조선의 일본에 대한 식민지 지배정책

은 3·1독립운동으로 '무단통치'에서 '문화통치'로 변경되었다고 한다.[30] 박경식은 대부분의 '조선인민'은 민족주의사상을 견지하면서, 어떤 경우는 공산주의사상을 무기로 반일 독립운동을 전개했다면서 '조선 인민'의 주요한 움직임으로 다음과 같은 사건을 열거하고 있다.

> 고려공산당의 성립(상해, 1920), 조선노동공제회의 활동(1920), 서울청년회, 화요회, 북성회, 북풍회, 일월회 등의 사상단체의 결성(1922~1926), 조선노동총동맹의 결성(1924), 조선공산당·고려공산청년회의 성립(1925), 조선프롤레타리아예술동맹의 결성(1925), 반일6·10만세투쟁(1926), 민족통일전선인 신간회의 성립(1927), 일본제국주의에 의한 조선공산당 탄압(1925~1928), 조선공산당 해산 후의 재건을 위한 코민테른에 의한 12월테제 지시(1928), 원산제네스트(1929), 광주학생운동(1929) 등

박경식의 1920년대 '조선민족해방운동'에 대한 인식은 그대로 재일조선인의 운동을 인식하고 서술하는 데도 적용되어, 전술했던 1920년대에 대한 서술에서와 같이 노동운동과 사상단체 활동 그리고 전위 조직의 움직임에 주목하고 있는 모습으로 나타났다. 단, 일본 내 지역적 특이성에 기초하여 '1923년 관동대진재' 때의 조선인과 사회주의자 학살사건에 대해 언급하고 있다.

2절인 '도항·생활상태'에서는, 1920년대 일본의 '산미증식계획'으로 조선농민의 해외 '유망(流亡)'을 부득이한 일로 서술했다. 이후 박경식은 재일조선인의 '일본도항'을 언급하고 있다. 그는 '억압', '규제', '자유'라

30 朴慶植, 1979, 앞의 책, 93쪽.

는 호칭을 열거하면서 일본의 노동시장의 요구에 따른 변화상을 언급하는데, 1925년 도항저지제의 내용으로 첫째, 무허가 노동자 모집에 응해 도항하는 자, 둘째, 취직하는 곳이 불확실한 자, 셋째, 필요한 여비 이외에 소지금 10엔 미만인 자, 넷째, 몰핀 중독환자 등이 언급되었다.[31] 이후 1928년에는 강화되어 첫째, 취직이 확실히 인정되는 자, 둘째, 선박요금 기타 필요한 여비를 제외하고 60엔의 여유가 있는 자, 셋째, 몰핀에 중독되지 않은 자, 넷째, 노동브로커의 모집에 응해 도항하지 않는 자이다.[32]

특히 불황의 어려움 속에서 실업과 기아에 처한 조선농민은 일본에서의 일자리 찾기에 필사적이었고 이른바 '밀항자'로 정기선박에 숨거나 화물선에 화물과 함께, 주선자의 발동기 배에 그리고 어선에 편승해서 후쿠오카, 사가, 나가사키, 야마구치 각 현의 연안에 상륙했다고 한다. 특히 부현별로 재일조선인의 1920년대 인구를 정리하는데, 1921년 후쿠오카, 오사카, 나가사키 순, 1925년 오사카, 후쿠오카, 도쿄 순, 1928년 오사카, 도쿄, 후쿠오카 순, 1930년 오사카, 도쿄, 아이치 순으로 다수가 거주했다고 서술하고 있다.[33] 특히 1930년에 아이치현의 인구가 급증했다고 하고, 대도시, 탄광지대에 집중되어 있다고 한다.

그는 재일조선인 노동자의 모습은 토공, 탄광부 그리고 방직여공이며, 1922년에 있었던 시나노가와(新濃川)학살사건에 대해 서술하고 있다. 수십 명의 학살이 발전소 공사장에서 자행되었다는 것이다.

이 절에서 박경식은 '융화단체'로 상애회를 거론하면서 도쿄 이외 지

31 朴慶植, 1979, 앞의 책, 95쪽.

32 朴慶植, 1979, 앞의 책, 95~96쪽.

33 朴慶植, 1979, 앞의 책, 97쪽.

역에 지회가 설립되고, 아울러 동화정책을 추진하기 위한 관민의 융화단체를 다음과 같이 거론하고 있다.

> 대판부내선협화회(1924), 신내천현내선협회(1925), 병고현내선협회(1925), 보인회, 력행사, 중앙조선협회, 자강회, 일선노동회, 황인사, 동창회, 공화단, 대동협회, 동족공제회, 동아노동친목회 등[34]

3절은 '사상단체 · 노동단체의 결성'에 주목했다.[35] 1920년대에는 비로소 다양한 민족주의, 사회주의적 경향의 사상단체, 노동단체가 조직되었는데, 박경식은 재일조선인 단체를 구분하여 민족주의적인 것과 사회주의적인 것으로 대분했다. 전자는 급진파와 온건파, 후자는 정확하지 않다면서 공산주의적, 무정부주의적으로 나누고, 친일적 융화단체도 거론하고 있다.[36] 그리고 경찰자료인 내무성의 약칭 '재류조선인의 상황'을 인용했는데, 1925년의 경우 161개 단체가 존재했고 그 단체들을 목적별로 구분하고 있다.

특히 박경식은 기존 서술이 사상단체를 부정적으로 평가한 것을 비판하고, 결함을 명확히 하면서도 긍정적 평가도 명확히 해야 한다고 강조했다.[37]

그는 이런 사상단체에 대한 시각을 구체화하여 일본 사상단체인 코

---

34 朴慶植, 1979, 앞의 책, 103쪽.

35 일찍이 임광철은 '사상결사'라고 칭했다.(林光澈, 1953, 「在日朝鮮人問題-その歷史的發展について」, 『歷史學硏究別冊』, 東京: 歷史學硏究會, 46~49쪽.)

36 朴慶植, 1979, 앞의 책, 104쪽.

37 朴慶植, 1979, 앞의 책, 105쪽.

스모구락부, 효민회, 자유연맹의 집회, 그리고 동대신인회, 여명회에 재일조선인이 관여한 사실을 지적하면서 조선고학생동우회를 먼저 거론하고 있다. 여기에는 박열과 백무를 우선 거론하고, 이후 이 조직이 흑도회, 그리고 다시 흑우회, 북성회로 분열되어 간 내용을 언급하고 있다. 그리고 흑우회, 북성회, 일원회의 조직과 활동 기관지 등에 대해 적극 소개하고 있다.

여기에서 박경식은 1920년대 재일조선인 민족운동과 사상운동에서 유학생, 인텔리겐챠, 노동자의 역할에 주목했다. 특히 그는 유학생에 주목했다. 유학생의 3분의 1은 고학생, 절반은 노동자였다고 한다.[38] 이들이 사상, 사회단체에 가입하여 활동하면서 재일조선인 사회를 이끌게 되는데 독자적으로 움직이지는 않았다는 것이다.

이 가운데 마르크스-레닌주의 연구를 목적으로 신흥과학연구회가 조직된 것에 주목했다. 그리고 이 조직의 구성원이 노동조합의 학습회와 연구회 등의 연사로 활동했다는 것이다. 그리고 연구회는 기관지로 한글의 『신흥과학』을 발간했다는 것이다.[39] 아울러 박경식은 재일조선인여자단체로 조선여자유학생친목회에 주목하고 이후 조선여자학흥회라고 개칭했다고 한다. 그리고 삼월회에 대해 서술하여 일월회와 재일본조선노동총동맹과 연계하고 활동했다.[40]

그런가 하면 재일조선청년단체로 동경조선무산청년동맹회의 조직, 이 조직의 동경조선청년동맹으로의 개칭, 삼일청년회의 조직과 삼일무산청

---

38 朴慶植, 1979, 앞의 책, 114쪽.

39 朴慶植, 1979, 앞의 책, 117쪽.

40 朴慶植, 1979, 앞의 책, 117~118쪽.

년회로의 개칭에 주목했다.[41]

박경식은 1920년대 재일조선인 노동운동을 조직적으로는 '조선노동동맹회에서 재일본조선노동총동맹의 결성으로'라는 항의 제목에서 나타나듯이 두 단체에 주목하고 있다. 물론 그 이전에 1920년대 재일조선인 노동운동 단체의 성격을 말할 때 '상호부조, 구제, 친목적인 것이 많았는데 일보진전하여 계급적, 민족적 입장에 섰던 노동조합 조직'이 되었다는 것이다.[42] 아울러 오사카에서는 오사카조선노동동맹회 결성에 주목했다.

또한 박경식은 식민지 조선에서 민족운동을 보다 고양시키기 위해서는 지도 조직의 파벌 해소와 민족의 대동단결이 절실하기 때문에 재일조선인 운동의 공동투쟁을 동경조선청년동맹, 재일본조선노동총동맹, 동경조선유학생회 등의 간부가 조직하고 있다는 것이다. 그리고 일월회에서 정우회가 나오는 과정과 신간회 동경지회 조직, 근우회 동경지회 조직을 설명하고 있다.

이렇게 그는 사상단체의 운동, 노동운동, 그리고 공동투쟁을 전제로 하면서, 조선공산당일본총국과 고려공산청년회 일본총국의 설치에 4쪽을 할애하고 있다. 그는 조선공산당과 고려공산청년회는 비합법적으로 조직되어 민족운동을 통일적으로 지도하고, 노동자를 비롯한 농민, 학생, 인텔리 등 광범한 대중을 결집시켜 반일투쟁을 전개한다면서, 조선

---

41 박경식은 삼일무산청년회의 강령을 "1. 세계무산청년의 조직적 단결의 운동을 도모한다. 2. 합리적 협력사회를 실현하고 조선신인의 교양 및 투사의 수련을 도모한다. 3. 동족 특수한 처치에 감응하여 신흥계급의 제종운동을 도모한다."라고 서술하고 있다.(朴慶植, 1979, 앞의 책, 119쪽.)

42 朴慶植, 1979, 앞의 책, 120쪽.

공산당과 고려공산청년회 일본부의 역할을 다음과 같이 특기하고 있다.

> 당과 공청 일본부는 재일본조선노동총동맹, 동경조선청년동맹, 신간회 동경지회 기타 대중단체를 지도하고, 공산주의사상을 침투시키고 동시에 당 조직의 확립과 대중단체 내의 세포조직의 확대에 노력하며, 민족해방운동을 사회운동과 결합시키기 위해 진력했다. 이렇게 종래의 경제투쟁 중심의 재일조선인운동을 정치투쟁으로 전환시키고, 3월 1일, 메이데이, 8월 29일, 9월 1일 등의 기념일투쟁과 함께 산동 출병 반대, 치안유지법 개악반대, 조선·만주증병 반대 등의 투쟁에 대중을 동원하여 재일동포를 민족해방투쟁에 결집시키는 데 중요한 역할을 담당하게 되었다.[43]

아울러 그는 조선공산당과 고려공산청년회의 4차 조선공산당 조직 일본지역의 개편과 이후 조직의 재건에 주목했다. 특히 4차 조선공산당 조직사건 이후 인정식과 고광수(ML파), 문태희 등과 고려공산청년회 재건에 착수하여 1929년 2월 박문병 등과 일본에 재입국하여 일본총국을 재건했다는 것이다.

그리고 박경식은 공판투쟁에 대해 주목하고 있다.

> 제1, 2차 피검거자에 대한 재판은 1930~1932년 도쿄, 교토 재판소에서 있었는데, 일본적색구원회 등과 연락하여 布施辰治, 青柳盛雄, 上村進, 角田守平 등 변호사의 응원을 얻어 다수의 대중을 동원했다. 법정에서는 혁명가를 부르고, 공판회의 요구, 통일심리의 요구, 공판의 절대 공개, 정

43 朴慶植, 1979, 앞의 책, 131~132쪽.

치범의 석방, 당·동맹원의 당일석방, 조선어 사용의 자유, 변론의 자유, 법정무장 경계 철폐, 대표 진술의 허가, 민족차별의 철폐 등의 요구를 내걸고 투쟁을 전개했다. 또한 대표진술에서는 식민지에서의 제국주의적 정책과 일제가 조선에서 행하는 정치적, 경제적 정책을 폭로하고, 조선공산당의 강령과 역사, 조선혁명운동 등을 ('연설할'이 빠짐-필자) 예정으로 투쟁했으나, 실현되지 않았다.[44]

이렇게 박경식은 조선공산당과 고려공산청년회의 조직과 활동, 이 조직의 전위적 역할에 따른 대중투쟁에 주목하면서 이들의 역사적 역할에 적극적인 서술을 하고 있다.

3절에서 박경식은 재일조선인 전위 조직인 조선공산당 일본총국과 고려공산청년회 일본부의 조직과 활동을 논급하고, 재일조선인 청년운동과 재일조선인 프롤레타리아문화운동에 대해서도 언급했다. 또한 그는 재일조선인 청년단체가 통일기관의 필요성을 통감하고, 1928년 3월 재일조선인 청년의 통일적 중앙조직으로 '재일본조선청년동맹'을 결성했다고 한다.[45] 그리고 동경조선무산청년동맹회의 기관지보다 수준 높은 『청년조선』을 발행했다는 것이다. 이 잡지의 성격을 창간호의 기사인 "변혁적 행위의 정도"의 인도라고 하면서 그 성격을 명확히 했다.[46] 이 조직은 조선공산당일본총국, 고려공산청년회 일본부의 지도 아래 재일본조선노동총동맹과 긴밀하게 연계하여 투쟁했다.

그런가 하면 박경식은 1910년, 1920년대 재일조선인단체의 기관지가

44 朴慶植, 1979, 앞의 책, 134쪽.

45 朴慶植, 1979, 앞의 책, 134쪽.

46 『청년조선』, 창간호, 1928, 東京: 재일본조선청년동맹 참조.

간행되었던 역사에 주목하여, 민족적, 사상적 계몽선전을 담당하고 민족운동의 이론적, 학술적 연구를 했다고 한다.[47] 아울러 조선프롤레타리아예술동맹 동경지회 발회와 『예술운동』의 기사와 무산자사의 기관지 『무산자』와 『신흥과학』, 『현계단』, 『이론투쟁』을 언급하고 『현계단』, 『이론투쟁』의 일부 목차를 소개했다.

이렇게 박경식은 단체 중심으로 개별적으로 언급하고 있다. 운동의 변화를 대중-전위를 통한 총체적 서술과 민족운동에 대한 체제 재편을 고려해 볼 때 필요가 있다고 했다. 그리고 1923년 관동대지진 조선인학살과 민족주의계열의 운동, 특히 종교단체와 보통 재일조선인의 일상에 대한 언급을 보이지 않는 아쉬움이 있다. 특히 1920년대가 갖고 있는 운동사상의 특징을 총괄적으로 언급하지 않고 있는 점도 있다.

흥미로운 박경식의 서술은 삐라 압수와 관련한 운동 상황에 대한 언급으로 재일조선인의 삐라 압수가 1919~1923년까지는 매년 1건 정도였는데, 노동운동과 민족운동의 발전과 함께 1924년부터 증가하여 1927년에는 53건, 1928년에는 108건, 출판금지 건수의 약 30%, 일반금지 선전삐라의 50%에 달했다고 한다. 그리고 그 내용은 1927년 이전에는 민족 내지는 무산자 해방이 주였으나, 1927년 이후에는 공산주의적 내용이 농후해졌다는 것이다.[48]

4절에서 박경식은 1920년대 재일조선인 운동의 성격을 조선 본국과 일본이라는 조건에서 진행되는 투쟁임을 분명히 했다. 그 내용은 다음

---

47 박경식은 여기에서 1910년대 잡지로 『학지광』, 『기독청년』, 『여자계』, 『근대사조』, 1920년대 『후테이센징』, 『문화신문』, 『척후대』, 『대동공론』, 『사상운동』, 『대중신문』을 들고 있다. (朴慶植, 1979, 앞의 책, 138쪽)

48 朴慶植, 1979, 앞의 책, 144쪽.

과 같다.[49]

> 1920년대 재일조선인운동은 조선본국에서의 민족운동과 긴밀한 연결을 하고, 그 지도 아래 민족해방운동을 전개했다. 또한 재일이라는 조건 아래 일본의 진보적 혁신세력과 일본노동운동과의 국제적 연대를 강화했다.

그리고 사상단체와 공산당의 조직 내 파벌적 모습이 분명히 있으나 그것은 일본관헌의 내부 분열 책동으로 과장된 것이라고 보고 있다.[50]

4절에서 박경식은 1920년대 재일조선인운동을 '(1) 민족적 정체성을 목적으로', '(2) 민족독립의 기치 아래'라고 두 항에서 서술했다. '(1) 민족적 정체성을 목적으로'에서 박경식은 1921~1924년 시기 재일조선인운동을 노동운동에 축을 두고 노동쟁의에 중심을 두었다. 구체적으로는 1921, 1922, 1923, 1924년 노동쟁의와 '1923년 관동대진재 시 조선인에 대한 항의'라고 서술했다.[51]

'(2) 민족독립의 기치 아래'에서는 1925~1929년 시기 노동쟁의를 중심으로 서술했다. 그리고 1925년은 '小樽고상군교사건탄핵', 1926년 '재일조선노총의 활동', '재일조선노총 제2, 3회 대회', '三重학살사건에 항의', 1927년 '有馬전철공사노동자스트라이크', '富山의 조일노동자 공동투쟁', 1928년 '조선총독폭압정치반대운동', '재일조선노총 제4회 대회', '민족차별의 노동쟁의에 반대', 1929년에 '원산제네스트 지원운동'

---

49 朴慶植, 1979, 앞의 책, 144쪽.

50 朴慶植, 1979, 앞의 책, 145쪽.

51 朴慶植, 1979, 앞의 책, 149쪽.

등이 언급되었다.[52]

5절인 '5 조·일 인민의 연대에 대하여'에서 박경식은 연대의 문제를 지적한다.[53] 그는 노동쟁의 가운데 조선인 노동자와 일본인 노동자가 공동으로 투쟁하는 데 연대를 강화했던 사례가 그렇게 많지 않다고 했다. 동시에 다음과 같이 서술하고 있다.

> 투쟁의 경우 조선인 노동자는 일본인 노동자 속에서 매몰되거나, 혹은 무시되고, 또는 서로 방관적 입장을 취하거나 혹은 자본가 측에 이용되어 상호대립, 견제적인 입장에 빠진 사례가 많다.[54]

그는 당시 조선인 노동자가 처해 있는 상황보다 민족적 관점이 조일 양국 노동운동의 국제연대의 한계를 규정하는 요소라고 생각했다. 나아가 박경식은 1920년대 일본의 노동운동, 계급투쟁의 지도이론에서 조선 민족의 해방이라는 기본적 관점이 보이지 않는다고 했다. 그리고 안광천과 김약수의 비판적 지적에 주목했다.[55] 재일조선인운동의 해소 논의에서 그의 비판은 이런 전제에서 출발했다고 보인다.[56]

이런 관점은 임광철의 견해와는 다른 모습을 보인다. 1929년 재일조선인 운동의 방향전환과 관련하여 임광철은 다음과 같이 서술하고 있다.

---

52 다소 사실적인 언급이나 정리가 부족하다고 보인다. 미즈노 나오키의 연구를 참조할 것.(미즈노 나오키·문경수, 한승동 역, 2016, 『재일조선인: 역사, 그 너머의 역사』, 삼천리)

53 朴慶植, 1979, 앞의 책, 199쪽.

54 朴慶植, 1979, 앞의 책, 199쪽.

55 朴慶植, 1979, 앞의 책, 202쪽.

56 朴慶植, 1979, 앞의 책, 224쪽.

재일조선인의 일본 제국주의에 대한 투쟁은 계급적 해방투쟁의 입장에서의 민족독립운동으로 무산계급을 중심으로 하는 대중적 기초 위에 조직되었는데 곧잘 일본 노동자계급과의 연대가 엷어지는 결함을 갖고 있었다. 1931년 10월 코민테른 방침에 따라 조선공산당 일본총국과 고려공산청년회 일본지부는 해체를 결의하고, 재일조선인의 계급적 혁명운동은 일본공산당이 지도하는 일본의 혁명운동의 일부로, 그 조직적, 전술적 지도 아래 들어가 일본 노동자계급과 혁명적으로 결합하게 되었다.[57]

이상과 같은 박경식의 1920년대 연구는 사상단체, 그리고 노동운동, 유학생운동, 공산주의운동, 친일단체 등을 중심으로 다양한 내용을 포괄했고, 이후 재일조선인사 연구의 토대가 되었다고 할 수 있다. 그리고 1930년대로 '민족해방운동'의 관점이 그대로 이어졌다.

V. 맺음말

재일조선인의 역사는 식민지 과거에서 출발했다. 그리고 지금도 계속되고 앞으로도 이어질 것이다. 이런 과정 속에서 한일의 역사화해를 거론하는 것은 재일의 다양한 모습과 역사적 함의를 동시에 정리하는 데서 시작할 필요가 있다. 그리고 재일조선인의 역사연구의 기저를 조성한 박경식을 거론함은 역사학적 의미 그 이상의 함의를 갖는다고 생각한다.

해방 이후 70여 년 동안의 연구에 기초하여 최근에는 재일조선인운동

57 林光澈, 1953, 앞의 책, 69쪽.

사연구회와 몇몇 연구자들에 의해 지역사를 중심으로 연구가 진행되고 있다. 현재 일본 내의 연구는 식민지시대 조선 민족해방운동사 연구와는 일정하게 거리를 두고 진행되고 있다.

박경식에서 본격적으로 시작된 재일조선인사에 대한 연구는 이후 일본에서 姜在彦, 金森襄作, 水野直樹, 梶村秀樹, 樋口雄一, 山田昭次 등과 堀內捻, 外村大, 金浩, 金光烈, 長澤秀 등이 성과를 올렸다.[58] 이들의 연구를 논의하면서 박경식의 연구의 특장을 거론할 수 있다고 판단되는데, 박경식의 연구는 다음과 같은 학문적 성과를 통해 학계에 기여했다.

첫째, 정열적인 재일조선인사 연구의 모습을 보였다. 둘째, 역사연구의 초석을 만들었다. 각종 자료와 선구적인 연구가 그의 연구를 기억하게 한다. 셋째, 과학적 실증 연구를 통해 구체적인 역사적 사실에 대한 독자적인 평가를 시도했다. 넷째, 민족 해방에 대한 사실 정리에 기여하면서 동시에 냉전과 분단체제 극복의 역사학으로서의 자리매김을 하고 있다고 생각된다.

특히 1920년대에 대한 박경식의 연구의 특징은 다음과 같다고 생각된다. 첫째, 1920년대 재일조선인사를 처음으로 정리하고 있다. 둘째, 새로운 역사적 사실에 대한 구체적 언급을 시도하고, 특히 사상단체, 노동운동, 각종 운동세력과 단체 등에 주목하고 있다. 셋째, 국내 운동과의 적극적인 연결고리를 밝혀내고자 했다. 넷째, 일본 사회운동과 적극적인 연계의 내용과 한계에 대해 지적하고 있다. 다섯째, 대중적인 재일조선인의 역사를 정리하는 발판을 제공하고 있다.

---

58 일본에서의 연구 성과는 『在日朝鮮人史研究』, 『海峽』, 『季刊三千里』, 『季刊青丘』, 『朝鮮研究』, 『部落解放研究』, 『勞動運動史研究』 등의 잡지를 통해 참조할 수 있다.

박경식의 재일조선인 1920년대사 연구는 1945년 이전 재일조선인사의 본령에 대한 연구로, 이후 재일조선인 운동사의 기본적인 틀을 제공했다고 판단된다.

참고문헌

朴慶植, 1965, 『朝鮮人强制連行の記錄』, 未來社.

______, 1979, 『在日朝鮮人運動史硏究-8 · 15解放前-』, 三一書房.

______, 1981, 「在日思想團體北星會 · 日月會について」,『在日朝鮮人:私の靑春』, 三一書房.

______, 1981, 「在日朝鮮勞總の活動」,『在日朝鮮人-私の靑春-』, 三一書房.

______, 1981, 『在日朝鮮人:私の靑春』, 三一書房.

______, 1986, 『天皇制國家と在日朝鮮人』, 社會評論社.

______, 1989, 『在日朝鮮人運動史硏究-8 · 15解放後-』, 三一書房.

______, 1989, 『天皇制と朝鮮』, 神戶學生 · 靑年センタ-出版部.

______, 1989, 『體驗て語る解放後の在日朝鮮人運動』.

______, 1991. 8, 「朝鮮人强制連行についての調査硏究」, 『アジア問題硏究所報』(6).

______, 1992, 『在日朝鮮人. 强制連行 · 民族問題』, 三一書房.

______, 1993, 「朝鮮人强制連行」, 梁泰昊 編,『朝鮮人强制連行論文集成』, 明石書店.

김인덕, 2017, 「임광철의 재일조선인사 인식에 대한 소고」, 『사림』 59, 성균관대학교.

미즈노 나오키 · 문경수, 한승동 역, 2016, 『재일조선인 : 역사, 그 너머의 역사』, 삼천리.

김광열, 2018, 「한국에서 박경식 연구의 영향, 재일조선인사연구의 동향」, 『박경식 몰후 20주년기념 심포지엄 자료집(재일한인역사자료관 제16회기획전 특별기획)』, 도쿄: 재일한인역사자료관.

鈴木秀子, 1968, 「在日朝鮮人運動と日本人」, 『朝鮮硏究』(79), 東京: 朝鮮問題硏究所.

李美愛, 2018, 「戰後在日朝鮮人の博物館運動に関する一考察-朴慶植の"在日同胞歷史資料館"構想から 在日韓人歷史資料館 "開設まて」, 『アジア太平洋硏究センタ-年報2017-2018』, 東京: 早稻田大學.

朴慶植先生をしのぶ會, 2018, 「재일한인자료관 제16회 기획전 박경식 사후 20년」.

小林知子, 「시무의 역사학-동시대사연구로서의 박경식 · 전후 재일조선인사 연구」, 『박경식 몰후 20주년기념 심포지엄 자료집(재일한인역사자료관 제16회기획전 특별기획)』, 2018, 도쿄: 재일한인역사자료관.

水野直樹, 2018, 「박경식선생의 재일조선인 운동사 연구의 의미」, 『박경식 몰후 20주년기념 심포지엄 자료집(재일한인역사자료관 제16회기획전 특별기획)』, 도쿄: 재일한인역사자료관.

林光澈, 1949,『朝鮮歷史讀本』, 東京: 白揚社.
河かおる, 2018,「滋賀縣立大學 '朴慶植文庫'에 대하여」,『박경식 몰후 20주년기념 심포지엄 자료집(재일한인역사자료관 제16회기획전 특별기획)』, 도쿄: 재일한인역사자료관.
海野福壽, 1993,「朝鮮の勞務動員」,『岩波講座 日本近代と植民地』(5), 東京: 岩波書店.

7장

재일을 살며 재일을 기르고 재일의 시각으로 역사를 쓴 강재언

김웅기
한림대학교 일본학연구소 HK교수

I. 머리말

제주 태생의 재일동포 강재언(姜在彦, 1926년 10월 25일~2017년 11월 19일)의 이름 석 자는 필자에게 씁쓸한 기억으로 다가온다. 그 이유는 뒤에서 소개하기로 하고, 이 글은 한일 간 가교 역할을 수행한 역사가 강재언에 대해 논의하는 것을 일차적 목적으로 한다. 강재언에게는 다양한 얼굴이 있으며 이들 측면을 함께 논의하지 않고서는 그의 인물상을 파악하기란 어려울 것이다. 제주도 출신 재일동포 1세 지식인으로 일본 공산당과 재일본조선인총연합(在日本朝鮮人總聯合, 이하 '총련')의 전신 민전(民戰)에서 좌익운동가로 활동하다가 많은 재일동포 지식인들이 그랬듯이 김일성 일인숭배에 회의감을 느껴 1968년 총련을 이탈한다. 이후 조선근대사를 연구하는 저술가가 된 후 시바 료타로(司馬遼太郎) 등 일본 지식인과의 교류를 통해 일본사회에서도 널리 알려지게 되었다. 그리고 빼놓을 수 없는 그의 역할로 일본사회에서 고립되며 살다가 정체성을 되찾은 많은 비(非)총련계 재일동포들의 스승이자 롤모델이 되어, 실제로 후학들을 길러냈다는 점을 들 수 있다. 그의 영향은 일본, 재일동포 사회에 그치지 않고 국내에서의 역사관 변화에도 영향을 미쳤다.

이 글에서는 이 같은 강재언의 다양한 이력과 활동과 더불어 그의 역사관의 근간을 이르는 주자학일존주의(朱子學一尊主義) 비판 내용에 대해 살펴보기로 한다. 사고의 경직성 및 다양성 결여, 배타적 인재등용 등 오늘날 한국사회가 자성하면서도 여전히 앓고 있는 병폐들이 그가 논의의 대상으로 삼은 조선시대부터 변함없이 대두되고 있었던 문제라는 점을 확인하기 위해서도 이러한 논의는 나름의 의의가 있을 것이다.

II. 좌익 활동가에서 국사학자로

재일동포 2세 학자 윤건차(尹健次)는 강재언의 일본 도항까지 과정에 대해 다음과 같이 언급한 바 있다.

> 후에 역사학자가 된 1926년생 강재언의 경우는 해방 후 마르크스주의에 관심을 가져 서울 등지에서 좌익활동을 했지만, 한국전쟁이 발발한 해인 1950년 12월 일본으로 밀항한다. 전쟁이 끝나면 곧 돌아갈 생각으로, 그 때까지만이라도 공부에 매진하려고 했다고 하는데 민전(民戰) 그리고 총련(總聯)에서 활동하게 된다. 강재언이 이렇게 자신의 밀항에 대해 처음으로 글로 남긴 것이 언제인지는 알 수 없지만, 적어도 내가 이를 알게 된 것은 서울에서 발행되는 『역사비평』 통권 58호(2002년 봄호) 인터뷰 기사를 통해서였다. 실제로 자신의 밀항 경험에 대해 글을 쓴 사람은 그렇게 많지 않을 것으로 생각된다.[1]

강재언은 이와 관련하여 도일 전 한국에서 고등학교 교사로 일했다. 그는 도일을 결심하게 된 이유에 대해 다음과 같이 회고한 바 있다.

> 전쟁 중이던 한국을 탈출하여 일본으로 건너온 것은 1950년 12월 말. 처음 보는 오사카 거리에는 징글벨 멜로디가 울려 퍼지며 연말 세일이 한창이었다. 당시 어떤 고등학교 교사로 있던 나는 이승만 정권을 위해 총을

* 이 글은 김웅기, 2019. 6, 「인물사 관점에서 바라본 재일 역사학자 강재언」, 『한일민족문제연구』 제36호, 207~256쪽을 수정, 가필한 것임.

1 尹健次, 2014, 「朝鮮人管理と密航, 外國人登錄制度」, 『コリア硏究』 第5號, 108쪽.

쥘 생각을 도저히 할 수 없었다. 어제까지 함께 공부해온 제자들은 '북'과 '남'으로 갈라서 총을 쥐게 되었고 내 형제들 또한 그랬다.[2]

그가 부인 다케나카 에미코(竹中惠美子)와 결혼한 것은 1955년이며 강재언이 좌익진영 활동가로 도쿄에서 재일동포 좌익단체 민전 기관지 편집 일에 종사했을 때이다. 지금보다 훨씬 조선인에 대한 민족차별이 거셌던 시대에 다케나카는 강재언을 택하느라 가족과의 인연을 끊었고 강재언 또한 "식민지시대를 잊었냐"는 가족들의 비난을 감수해야만 했다.[3] 경제학자로 일본 여성노동문제 연구자의 시조가 된 다케나카는 오사카상과대학(현 오사카시립대) 최초의 여성 교수로 재직하면서 강재언과의 슬하에 아들 하나를 두었다. 그 아들 다케나카 히토시(竹中均)도 사회학을 전공하는 연구자가 되어 현재 와세다대학 교수로 재직 중이다. 경제적 뒷받침이 없는 민족단체에서 일하던 강재언이 다케나카의 지원 없이 연구활동을 이어나가기란 도저히 불가능했다. 이 같은 내용을 담은 다케나카에 대한 사사문을 강재언의 여러 저작에서 찾아볼 수 있다. 한 저작에는 다음과 같은 내용이 있다.

사사로운 일이지만 돌이켜보면 지명(知命)의 고개를 이미 넘은 나이가 될 때까지 한심하기 그지없지만 민족운동에 투신한 18년 동안의 활동기간을 포함하여 단 1년도 안정된 정기수입을 얻어, 가정을 지원해 본 적이 없다. 만약 지금까지 객관화된 나의 조그마한 연구가 다소나마 사계(斯界)

---

2 姜在彦, 1996,『姜在彦在日論集「在日」からの視座』, 新幹社, 3쪽.

3 「鳳仙花 : ある在日老學者の闘い」,『東洋經濟新聞』, 2004年 2月 20日.

에 기여하는 바가 있다면 이는 모두 처 다케나카 에미코의 이해와 지원에 의한 것이다. 우리 옛 풍습으로는 남자(=밖)가 아내(=안)를 말하는 것은 '진짜 바보(本バカ)'로 여겨진다. 감히 '진짜 바보'가 된 심정으로 언젠가 이 한 마디를 하지 않을 수 없었다는 게 나의 심정이다.[4]

한편, 다케나카는 오사카상과대학 연구과정을 수료한 강재언과의 관계를 '사상적 동지'였다면서 다음과 같이 회고한다.[5]

> 제가 그에게 끌린 것은 자신의 조국에 뜨거운 마음을 가지고 있었던 점. 사상과 연대했기 때문에 당시 (강재언이 집안일을 도와주지 않았던 것을-필자) 신경 쓰지도 않았다. 오히려 별로 집에 없었기에 남편을 보살피는 일로부터 해방되어 일할 수 있었던 측면도 있었을 것이다.[6]

강재언은 1951년 9월 일본공산당에 입당했으며, 재일동포가 많이 거주하는 오사카에서 오사카조선인문화협회(大阪朝鮮人文化協會)에도 소속하면서 문화활동도 병행했다. 오사카조선인문화협회[당시 회장 김종명(金鐘鳴)]는 해방 직후 탄생하여 재일동포사회에서 압도적으로 우위에 있던 좌익단체 재일본조선인연맹(在日本朝鮮人聯盟, 이하 '조련')의 산하단체로 재일동포 문화계 인사들의 구심처가 된 곳이다. 조련의 세력 확대가 좌익활동과 재일조선인의 민족운동을 동시에 확산시킬 것을 우려했던 GHQ(General Headquarters of Supreme Commander for the Allied

4 姜在彦, 1980, 『朝鮮の開化思想』, 岩波書店, viii쪽.

5 다케나카의 회고. 『毎日新聞』, 2017年2月27日.

6 위의 기사.

Powers, 연합국총사령부)와 일본정부는 1949년 9월 조련에 대해 국가보안법과 유사한 성격을 지닌 단체등규정령(團體等規正令)을 적용시켜 강제해산을 명령했다. 오사카조선인문화협회는 이후에도 재일동포 문예인사들의 구심처가 되어 활동했으며,[7] 조련의 후속단체인 비합법단체 민전운동에 참여하게 됨에 따라 강재언 또한 민전 활동가가 되었다.

강재언이 열성적인 좌익 활동가였던 것은 모교 오사카상과대학에서 조수 임명 기회를 포기하면서까지 민전 활동에 투신했던 점에서도 알 수 있다. 1953년 4월 강재언은 대학 강단을 뒤로 한 채 도쿄로 이주하여 조선통신사(朝鮮通信社)에서 일하게 되었다. 그런데 이 같은 결정의 이면에는 단순히 공산주의자로서의 사상적 이유 말고도 자신이 고국을 떠나게 된 경위도 영향을 미쳤다. 도쿄행을 결심하게 된 당시의 심정에 대해 그는 다음과 같이 회고한다.

> 한국전쟁이 일단 군사경계선에서 정전된다 할지라도 정전협정 내용 중에는 최고정치회의에서 통일문제를 계속해서 심의하겠다는 조항이 들어 있었습니다. 그래서 2, 3년 후에 통일문제는 해결될 것이라는 확신을 가지고 있었습니다. 통일이 되면 (조국으로-필자) 돌아가겠다고 처음부터 마음을 잡고 있었습니다. 전쟁으로 파괴된 조국으로 돌아가 새로운 조선을 건설해야겠다는 심정이었습니다. 그런데 전쟁 때 안전지대(인 일본-필자)에 있다가 통일이 되니 돌아가겠다는 것이 양심에 걸렸습니다. 통일을 위해 일본에서 뭔가를 하고 돌아가야겠다는 생각이라고나 할까요. 그런 심정으

7 姜在彦, 1996, 앞의 책, 10~11쪽.

로 민족운동에 전종(專從)하기 위해 도쿄로 가게 된 것입니다.[8]

조선통신사의 간행지 『조선통신(朝鮮通信)』의 편집장은 김병식(金炳植)이었다. 1960~1970년 초까지 총련 내부에서 막강한 권력을 누린 후 한덕수(韓德銖)와의 권력투쟁에서 밀려 김일성의 지시로 북한으로 귀국한 인물이다. 민전 내 지식인 계층이 모여든 언론부문은 민전-총련 권력층의 거점이기도 한다. 강재언은 1956년 총련 탄생 이후 김일성 일인숭배체제가 굳어 가는 과정에서 회의감을 느껴 결국 1968년 김달수, 이진희를 비롯한 여타 지식인들과 마찬가지로 총련을 이탈하기에 이르렀다.

강재언의 도쿄 생활은 친척이 지원해준 오사카 시절과는 달리 생활고에 시달렸다. 이로 인해 건강이 악화되어 휴직하게 되었으며, 재정 여건이 좋을 리 없는 좌익조직은 휴직 기간에 급여를 지급하지 않아 수입이 끊기기까지 했다. 앞서 거론한 다케나카와의 결혼은 경제적으로 큰 버팀목이 되었을 것으로 보인다. 그는 요양기간을 거쳐 민전의 대외기관지 『새로운 조선(新しい朝鮮)』(1954년 11월 창간)에서 일하기 시작했다.

「새로운 조선」에서 논의한 주제들은 그가 평생을 바쳐 논의해온 조선 근대화 실패 원인을 규명해나가는 데 있어 중요한 논의로 이어졌다. 『독일농민전쟁(Deutscher Bauernkrieg)』을 펴낸 엥겔스(Friedrich Engels)의 방법론에 따라 '동학당의 난(亂),' '동학비란(東學匪亂)' 등으로 불리던 농민투쟁을 동학이라는 '종교적 외피(外被, eine religiose Decke)'를 입은 계급투쟁으로 규정하여 동학운동-농민전쟁 간의 연관성을 재정의했

---

8 姜在彦, 1996, 앞의 책, 12~13쪽.

던 것이다.[9] 일본적 역사관에 따라 '난'으로 폄하되던 동학운동에 '(갑오) 농민전쟁'이라는 함의를 부여함으로써 이 용어가 일본 교과서 기술방법에도 영향을 미쳤다는 점은 그가 역사학자로서의 본분에 충실하면서도 일본과의 관계에 있어 지대한 기여를 했다고 볼 수 있는 대목이다. 그가 이 같은 관점을 정립하는 데 있어 이론적 근간에 마르크스주의적 가치관이 영향을 미쳤던 것은 부정하기가 어려울 것이다.

한편, 재일조선인 좌익운동과 일본공산당 간의 관계는 민족해방과 분단되기는 했지만 조국독립에 따라 새로운 국면을 맞이하고 있었다. 민전은 1930년대부터 이어져온 코민테른의 '일국일당(一國一黨)' 원칙에 따라 일본공산당의 지령하에 활동을 하고 있었는데, 1956년 북한정부를 등에 업은 한덕수를 비롯한 세력이 이 점을 비판하며 주도권을 장악하게 된 것이다. 강재언을 비롯한 민전 내부 구성원들은 일본사회에서 일본인과의 공조 없이 운동이 성립될 수 없다는 인식을 가지고 있으면서도 여건 변화에 따라 회의감을 느끼기도 하는 상황이었다. 그 이유에 대해 강재언은 "당시만 해도 일제 해방과 조선인의 위상 변화에 대한 성찰이 깊이 이루어지지 못했기 때문"[10]이라고 한다. 확실히 일제 강점기에는 반제(反帝)투쟁을 일본인과 함께 펼쳐나가는 것이 조선인의 해방으로 이어진다는 논리가 성립될 수 있었지만 독립된 정부가 들어선 이상 해방된 민족으로서의 새로운 정의가 필요하다는 문제의식 또한 있었던 것으로 이해할 수 있다.

북한 정부가 재일동포를 해외공민으로 규정함에 따라 민전 내부에서도

9 姜在彦, 1980, 『日朝關係の虛構と實像』, 龍鷄書舍, 264쪽.

10 姜在彦, 1996, 앞의 책, 14쪽.

재일동포의 지위와 개념을 근본적으로 재정립해나가게 되었고, 1955년 민전은 일본공산당과의 관계를 청산하기에 이르렀다. 이제 '외국'으로서의 일본의 정치나 사회에 간섭하지 않겠다는 불간섭원칙을 지켜야 한다는 한덕수를 비롯한 이른바 '선각분자(先覺分子)'들이 우위를 차지하기 시작한 것은 이 과정을 통해서다. 강재언을 비롯한 일본인과의 연대를 부정하지 못한 이른바 '후각분자(後覺分子)'들은 비판의 대상이 되었고 점차 밀려나기 시작했다. 1956년 5월 민전은 북한의 영향을 받는 총련으로 바뀌었고 조선노동당 지령하에 활동하는 단체로 변모했다. 이에 따라 김일성의 위세를 등에 업은 한덕수의 총련 내부의 일인지배체제도 확립되어 간 것이다.

총련의 일인독재체제에 비판적이었고 결국 1968년에 조직을 떠나게 된 '후각분자' 강재언이지만 한편으로는 민전-총련 노선전환 자체를 완전히 부정하지는 않았다. 왜냐하면 독립된 민족이면서도 구 종주국 일본에서 살아가는 재일동포의 새로운 정체성 확립이 필요하다는 인식 자체에는 이견이 없었기 때문이다. 김일성 개인숭배를 추종하는 총련의 행태를 신랄하게 비판하는 데도 불구하고 강재언은 총련이 재일동포의 정체성 확립에 괄목할 만한 기여를 했다는 점에 대해서는 조직을 떠난 후에도 높이 평가한다. 이 같은 복잡한 심정에 대해 그는 다음과 같이 말한다.

> 저는 노선전환 자체는 긍정했습니다. 왜냐하면 지금까지 해온 운동이 조선인 고유의 운동이 아니라는 것을 깨닫고 있었기 때문입니다. '선각분자'들이 후에 총련에서 행한 것 중 매우 중요한 것은 젊은이들이 모두 열심히 조선어를 공부하여 말하게 된 것입니다. 조선학교 학생들이 치마저고

리를 공공연히 입는다는 것은 과거에는 없었던 일입니다. 저는 절대로 이를 부정하지 않습니다.[11]

재일동포 민족교육에 있어 조선학교의 기여는 절대적이었고 북한정부가 매년 지원금을 송금해왔다는 사실은, 이념공세에만 급급하며 지원을 소홀히 하고 일본 전국에 네 개에 불과한 한국학교 운영만 잘하면 된다는 식의 한국정부의 대응과는 매우 대조적이다. 오늘날, 특히 1992년 김정일의 일본인 납치 시인발언 이후 북한-총련의 개인숭배-일인독재의 본질이 밝혀지면서 대다수 재일동포들이 총련에 대해 비판적이고 조직을 이탈했음에도 불구하고 여전히 총련의 권위 구성원들의 결집이 재일동포사회에서 건재한 이유가 여기에 있는 것이다. 강재언의 앞과 같은 발언은 남북한 정부가 재일동포사회에게 어떻게 대응해왔는지의 차이를 반영한 것이라고 할 수 있다. 이만큼 재일동포사회에 있어 민족교육에 대한 지원 의지는 중요한 잣대가 되고 있는 것이다.

그러나 한편으로는 아이러니하게도 이 같은 민족교육 지원은 동시에 북한 노동당식 정치교육의 침투의 증거이기도 한다. 조선학교가 노동당에 종속하는 총련의 통제하에서 운영되고 있는 이상, 민족교육의 이면에 북한 국민교육이 병존한다고 보지 않을 수 없기 때문이다. 이에 싫증을 느낀 재일동포들이 속속 총련과 조선학교를 떠나고 있는 것도 사실이다.

여하튼 강재언이 민전 시절부터 일하던 기관지 『새로운 조선』은 노선투쟁의 각축장이 되었다. 민전 시대의 노선을 정면으로부터 비판하는 '선각분자'들에 대해 강재언을 비롯한 편집부원들이 맞선 것이다. 총련

11 姜在彦, 1996, 앞의 책, 26~27쪽.

중앙은 후에 총련을 이탈하고 강재언 등과 함께 전두환 정권 시절에 한국을 방문하게 될 『일본 속의 조선문화(日本の中の朝鮮文化)』 시리즈의 저자 김달수(金達壽)를 새로운 편집장으로 내세워 정치투쟁을 벌여나갔다. 강재언을 비롯한 '후각분자'들이 다수였던 편집부는 경영권을 넘기는 대신 편집권을 유지해달라는 주장을 펼쳤으며, 1955년 11월까지 갈등이 지속되었다. 그러나 결국 총련의 공세를 이기지 못한 편집부는 김달수를 비롯한 새로운 편집진에게 자리를 넘겨주었고 강재언은 결국 도쿄를 떠나게 된 것이다.

오사카로 돌아간 후 강재언은 오사카조선고급학교 교사와 조선청년동맹 오사카본부의 오사카청년학교 강사 등으로 일했다. 그가 재일동포의 생활이나 노동 실태를 재일동포 스스로 조사할 필요성을 느껴 실천했던 것은 이 시기의 일이다. 그가 총련 내부조직인 조선연구소(朝鮮研究所)와 관련을 맺게 된 것도 이 시기다. 연구소가 발행한 『조선월보(朝鮮月報, 1956년 11월~1957년 11월)』는 강재언의 재일조선인 도항사에 관한 논고나 재일조선인운동사의 시조인 박경식(朴慶植)의 연재가 게재되는 등, 이 잡지는 당시 재일동포 지식인들의 거점 역할을 담당했다. 그러나 조선연구소 또한 정치적 투쟁의 대상이 되고 말았다. 한덕수가 정치적 거점으로 삼았던 조선문제연구소(朝鮮問題研究所)와 갈등관계가 되었기 때문이다. 한덕수는 조선문제연구소 소장으로서 조선연구소를 '분파집단'이라고 비판하며 해체흡수의 대상으로 간주했다.[12] 조선연구소 측은 한덕수에의 독재적 권력집중을 비판하며 저항했다. 총련 중앙의 결정에 따라 조선문제연구소 소장을 한덕수에서 김병식으로 교체하

12 姜在彦, 1996, 앞의 책, 34~35쪽.

는 데 성공했지만 결국 조선연구소는 해체되었고 강재언을 비롯한 조선연구소 관계자들은 다시 추방되고 말았다.

강재언은 이후에도 지속적으로 북한-총련의 정치투쟁적 비판의 대상이 되었다. 북한의 김일성 일인독재체제가 점차 강화되는 과정에서 총련에 대한 개입 또한 그만큼 강화되어갔다. 북한식 역사관과는 달리 남로당이나 연안파 등의 일정한 역할을 『조선의 역사(朝鮮の歷史)』[13]에서 긍정적으로 평가했던 것이 북한의 비판 대상이 된 것이다. 조선사회과학원 역사연구소 소장 명의의 비판이 총련의 기관지 『조선신보』에 실리기까지 했다. 이 비판의 요지는 "김일성 중심의 혁명사를 써야 한다는 것"이었다고 그는 회고한다.[14]

1960년부터 총련을 이탈하게 된 1968년까지 강재언은 간부양성기관인 총련긴키학원(總聯近畿學院)에서 교원으로 일했다. 이 시기는 북송운동의 본격화에 따라 총련의 세력이 절정에 달했던 시기와 겹친다. 그러나 귀국자들이 알려오는 북한의 적나라한 실상들이 총련 구성원들 사이에서 점차 알려지자 총련의 위세에도 제동이 걸리기 시작했다. 뿐만 아니라 민주주의가 사라진 채 권력의 중앙집중 현상만 독주하는 총련의 조직 경직화는 강재언을 비롯한 많은 재일동포 지식인들은 물론이거니와 총련 지지자들의 반발을 일으켰다. 앞서 소개한 것처럼 강재언마저 비판하기가 어려운 총련에 의한 민족교육에서의 역할마저 이 시기에 이르러서는 변질되었다. 이 시기의 총련식 민족교육에 대해 강재언은 "개

13 朴慶植·姜在彦共著, 1957, 『朝鮮の歷史』, 三一書房.

14 姜在彦, 1996, 앞의 책, 36쪽.

인에 대한 충성교육이 어찌 '민족교육'인가"[15]라며 신랄한 비판을 가하기까지 했다. 그러나 김일성-한덕수의 개인숭배-일인독재는 이후에도 지속적으로 강화되었고, 결국 강재언은 1968년에 총련을 떠나게 된다. 그는 당시 심정을 다음과 같이 술회한다.

> 사상을 위해 인간이 존재하는가, 인간을 위해 사상이 존재하는가. …… 인간을 위해 사상이 존재하는 것이며, 그 사상이 인간에게, 민족에게 도움이 되지 않는다면 망설임 없이 버려야 한다. 이 결단이 하루 늦어지고 한 달 늦어지면 그만큼 죄가 무거워진다. …… 특히 간부교육에 종사해 온 자로서 더욱 그리해야 했다. 납득할 수없는 이데올로기로 농락당하며 노예가 될 수는 없었다. 요컨대 지도자에게 무조건 복종만을 강요하는 조직의 굴레로부터 하루빨리 스스로를 해방시켜 인간으로서의 주체성을 회복해야 했던 것이다.[16]

강재언뿐만이 아니었다. 오늘날 한국에서도 이름이 알려진 박경식, 김달수, 이진희(李進熙)와 같은 역사가는 물론, 김석범(金石範, 소설가), 김시종(金時鐘, 시인) 등 분야를 막론한 재일동포 1세 지식인들이 대거 총련을 이탈한 것이다. 당시는 재일동포가 일본 매체에 등단하여 저작을 발표할 기회가 거의 없었기 때문에 이들의 결정에는 발표 기회와 경제적 기반을 동시에 잃어버린다는 중대한 각오가 따르지 않을 수 없었다. 총련 조직은 그나마 활동의 기회가 보장되는 곳이었다. 그럼에도 불구하

---

15 姜在彦, 1996, 앞의 책, 42쪽.

16 姜在彦, 1996, 앞의 책, 45쪽.

고 조직을 떠난 것은 김일성 개인숭배와 총련의 조직 경직화의 수위가 이들이 감내할 수 있는 선을 넘어섰기 때문이다.

강재언이 총련과의 관계를 청산하고 역사가로서의 정체성을 되찾은 것은 43세 때 일이었다.

III. 국사학자로서의 강재언 -사림파의 주자학일존주의 비판을 중심으로

총련을 이탈한 강재언은 주로 한국근대사를 연구하기 시작했지만 그의 활동 분야는 매우 다양했다. 다작한 강재언의 저작을 일본 국회도서관 사이트에서 찾다 보면 단행본에다가 논문 등까지 포함하여 무려 295건이나 검색된다.[17] 이들을 망라적이고 상세히 평가한다는 것은 필자의 역량은 물론이거니와 공간적 제약으로도 불가능한 일이다. 따라서 여기서는 다양한 그의 관심사들 가운데 국사학자 강재언의 문제의식을 가장 뚜렷이 나타내는 영역으로 좁혀 논의해보기로 한다. 그것은 주자학일존주의(朱子學一尊主義)를 주도하며 조선 중후기에 정치권력화된 사림파(士林派)[18]에 대한 신랄한 비판적 평가이다.

재일동포 2세 유교학자 변영호(邊英浩)는 박사논문을 가필수정하여

---

17 https://ndlonline.ndl.go.jp/#!/search?lang=ja_JP&keyword=%E5%A7%9C%E5%9C%A8%E5%BD%A6&page=2&sort_issued=asc&maintain=true&searchCode=PAGE (2018년 12월 12일 검색)

18 오늘날 사림파 대신 신진사대부(新進士大夫)라는 용어도 흔히 쓰이는 경향이 있지만 본고에서는 강재언이 사용했던 대로 사림파를 사용하기로 한다.

2010년에 펴낸 저작에서 “조선시대 사상연구는 이퇴계(李退溪)와 이율곡(李栗谷) 사상의 전(全) 구조적 해명, 그 속에서 표현된 조선적 특성의 해명이 없는 채 혼미(混迷)로부터 헤어나지 못하고 있다”고 지적하면서 조선사상사연구의 문제점을 다음과 같이 꼽았다. 첫째, 조선화(朝鮮化)된 주자학(朱子學)이란 어떤 것인가, 둘째, 주자의 모방, 동방의 주자로 불리는 이퇴계의 사상 해명, 셋째, 이율곡 사상의 이퇴계와의 동질성·이질성 양측으로부터의 전(全) 구조적 해명, 넷째, 양명학이 조선에서 받아들여지지 않았던 이유, 그리고 다섯째, 실학은 이율곡의 연장선상에서 어떠한 위치를 차지했는가 등이다. 변영호는 이들 문제점을 “가장 기본적이라고 할 수 있는 문제”로 규정하면서 “손도 대지 않은 채 방치”하고 있는 한국 학계를 비판한다.[19] 최근 한국 학계의 연구동향이나 논조가 전적으로 그의 비판 대상이 되어야 할지에 대해서는 약간의 의문이 남기는 하나, 여하튼 이 같은 시각이 있다는 것은 사실이다.

선구자 격인 강재언의 조선 유교사상에 대한 평가도 변영호의 주장과 궤를 같이 한다. 강재언이 변영호에게 일정 정도 영향을 미친 것으로 추측해 볼 수 있다. 강재언은 변영호보다 9년 전, 74세가 된 2000년에 집필한 『조선유교의 이천 년(朝鮮儒教の二千年)』(2001)에서 다음과 같이 말한다.

> 근대조선사상사 연구가 일단락된 나는 (『강재언저작선(姜在彦著作選)』 전5권, 明石書店, 1996) 조선의 정치문화 속에 깊이 뿌리를 내리고 있는

19 井上厚史, 2011, 「書評 : 邊英浩, 『朝鮮儒教の特質と現代韓國(クレイン, 2010)』」, 『北東アジア研究』 第21號, 58쪽.

유교적 에토스의 맥락을 파헤치고 근대사상사로 이어지게 해줄 수 없을지 막연히 생각하고 있었다. ……

말할 것도 없이 조선 유교연구의 주류는 한국에 있다. 그런데 나는 늘 그 연구동향에 약간의 이질감을 느껴 왔다. 예를 들어 주자학일존(一尊)주의를 무비판적으로 긍정하며 그 주자학 속에서도 성리학에 편중된다는 것, 더 나아가서는 너무나도 도학적(道學的)인 사림파에 대한 평가이다. ……

실은 조선 정치사는 사림파 정치가 이루어진 16세기 후반부터 붕당(朋黨)투쟁의 역사로 바뀌고 말았다. 게다가 그 쟁점이란 유교정치에서 유학자들이 짊어져야 할 '경세제민(經世濟民)'의 본분과는 거리가 먼 것이었다. 그러나 이 같은 사림파의 등장을 조선유교에 '혁신'을 가져다 준 것처럼 긍정적으로 견강부회(牽强附會)하는 것이 일반적 경향이었다.[20]

사림파란 주지하다시피 사육신(死六臣)의 '불사이군(不事二君)'의 의리(義理)와 여말 시기 '불사이조(不事二朝)'를 위해 '의리'를 위해 생명을 바친 정몽주(鄭夢周)를 함께 추존(追尊)했으며, 16세기 후반에 중앙정계에 진출하여 권세를 누린 붕당(朋黨)이다. 강재언은 사림파의 타도 대상이었던 세종대왕의 세조(世祖)에 대한 재평가로부터 시작한다.

조선시대의 권력구조를 정도전(鄭道傳)이 구상했던 재상(宰相)중심제[21]와 그를 죽인 이방원(李芳遠)이 주도한 국왕중심제 간의 투쟁이었다고 평가한다. 이들 두 가지 정치시스템이 경합하면서 세종의 둘째 아들인

---

20 姜在彦, 2001, 『朝鮮儒教の二千年』, 朝日新聞社, 498~499쪽.

21 강재언은 정도전의 의도에 대해 "군주도 보통 사람이다 보니 혼명(昏明)과 강약이 있을 수 있다. 이를 보필하는 것이 재상이다. 즉 국왕은 군림하고 재상은 통치한다는 역할분담론이다"라고 평가한다. 姜在彦, 2001, 위의 책, 274쪽.

세조(世祖)는 국왕중심제로의 회귀를, 사림파는 이를 다시 재상중심제로 되돌리려는 움직임으로 본 것이다. 오랫동안 세조에 대한 평가는 사림파가 쿠데타에 성공하여 권력을 장악한 만큼 독단전행(獨斷專行)의 폭군으로 폄하되어 있지만 강재언은 이 점을 재평가한 것이다.

사림파가 세조를 거세게 비판했던 이유로 거론한 것은 1453년 계유정난(癸酉靖難)으로 단종(端宗)을 좌의정으로 보필해온 실세 김종서(金宗瑞) 등을 살해했던 점과 더불어 집현전(集賢殿)을 폐지하는 등의 정책들을 독단전행으로 봤던 점이다. 강재언은 그러나 세조가 집현전 대신 윤대(輪對)를 마련하여 군신들과 자유로이 국정이나 학문을 토론했을 뿐만 아니라 그 내용도 공맹(孔孟), 한당(漢唐)의 학문, 사학, 병학, 천문, 지리, 의학에 이르기까지 광범위했다며 의문을 제기한다.[22] 그는 또한 세조가 이 같은 정책을 추진할 수 있었던 배경에는 세종대왕 시절 추진됐던 문화정책에 세조가 적극적으로 참여했기 때문에 토론을 감당할 만한 지적능력이 있었다고도 지적한다.

세조의 왕권 강화를 이끌었던 것은 세종 시대에 문화활동을 주도한 정인지(鄭麟趾)를 비롯한 훈구파(勳舊派)였다. 후에 사림파로부터 배신자 취급을 받은 지일파 신숙주(申叔舟)도 훈구파에 속한다.[23] 강재언은 세조와 훈구파가 사림파에 비해 상대적으로 사고의 유연성을 지니고 있었고 이 점이야말로 위정자로서 중요한 자질이라고 주장했다.

강재언이 유연한 사고능력을 위정자의 능력으로 긍정적으로 평가한 사례로 들 수 있는 것이 세조와 사림파의 불교를 둘러싼 인식 차이다.

---

22 姜在彦, 2001, 앞의 책, 245쪽.

23 姜在彦, 2001, 앞의 책, 246쪽.

세조와 훈구파는 조선왕조의 정통인 숭유(崇儒)를 지향하면서도 폐불(廢佛)을 완강하게 주장했던 사림파와는 달리 신불(信佛)정책을 펼쳤고, 여기에는 세종대왕이 그랬듯이 태종의 둘째 아들이자 세종대왕의 형 효령대군(孝寧大君)의 영향이 적지 않다. 수많은 위업을 이루어낸 세종조차도 사림파의 비판으로부터 자유로울 수 없었다. 세조의 구체적인 시책으로는 서민들 사이에서 뿌리 깊이 자리 잡고 있던 불교 경전을 언해(諺解), 즉 한글 번역을 국가차원에서 추진함으로써 한글 대중화에 기여했던 점을 들 수 있으며, 강재언은 이를 높이 평가했던 것이다.[24] 또한, 강재언은 생육신(生六臣) 중 한 사람인 김시습(金時習)조차 간접적으로나마 이 사업에 도움을 주었다는 사실도 들어, 자신의 주장을 강화하기도 했다.[25]

사림파에 대한 강재언의 비판은 성리학에만 경도(傾倒)한 편협한 학문체계도 포함된다. "사림파의 '성리(性理)' 중심의 학문은 현실과 동떨어져 있을 뿐만 아니라 매우 거북하며 기존의 각 분야에 걸친 '실용' 중심의 학문을 위축 내지 후퇴시키는 성격을 지니고 있었다"는 것이 그 내용이다.[26] 강재언은 사림파의 거두 김종직(金宗直)의 다음과 같은 인식을 들어 사림파가 천문, 지리, 율려(律呂), 의학 등 '실학(實學)'을 경시하며 학문의 빈곤을 초래했다고 지적한다.

> 오로지 시사(詩史)만이 본래 유자(儒者)들이 해야 하는 일입니다. 그러나

24 姜在彦, 2001, 앞의 책, 247쪽.

25 姜在彦, 2001, 앞의 책.

26 姜在彦, 2001, 앞의 책, 263쪽.

그 나머지는 잡학(雜學)인데 어찌 유자들이 애써 배워야 하는지요.[27]

즉 강재언의 핵심적 주장이란 훌륭한 성리학자가 날카로운 비판자가 될 수는 있어도 이 점이 꼭 훌륭한 위정자가 되기 위한 자질임을 의미하지는 않다는 것이다.

그럼에도 불구하고 조선시대에 사림파가 주자학일존주의를 표방하며 권력을 장악했던 것이 정치사회 구조에 지대한 영향을 미친 것은 역사적 사실이다. 따라서 강재언도 당연히 사림파가 권력의 중심에 서게 된 이유를 분석했다. 그는 수차례에 걸친 사화(士禍)에도 불구하고 그때마다 사림파가 재기할 수 있었던 이유를 향약(鄕約)을 기초로 하는 지연적 공동체가 정치적 기반을 마련했던 점에서 찾았다.[28] 그러나 사림파가 국정을 다스리는 데 있어서는 조광조(趙光祖)가 이상형으로 여겼던 것처럼 '도학(道學)'을 실현시키는 것이 긴요한 일이며 '부국강병(富國强兵)' 등은 등한시되었다.[29] 강재언은 이 점에 대해 다음과 같이 비판한다.

1590년대에 왜란(倭亂)이 있었고 1620-30년대에는 호란(胡亂)이 있었다. 남북에 패권적 민족이 인접해 있음에도 불구하고 '인의(仁義)의 길'로 나라를 지키고 민중을 구해낼 수 있을까. 도학자들은 정치가의 주된 임무이어야 할 '경세제민(經世濟民)'보다는 '인의의 길'을 가르친다. 그러나 부국강병(富國强兵)의 길은 인의보다 훨씬 어렵다. 게다가 그 성부(成否)는

27 姜在彦, 2001, 앞의 책, 264쪽.

28 姜在彦, 2001, 앞의 책, 269쪽.

29 姜在彦, 2001, 앞의 책, 271쪽.

눈에 보이기 때문에 추상적인 언설로 눈속임을 할 수 없다.[30]

유교는 본래 치국(治國)의 개념이며 그 이념을 실현시키기 위해서는 각 분야에 걸친 '실용' 학문을 빼놓을 수 없다는 것이 훈구파의 인식이며 강재언 또한 이에 동의한다. 따라서 세조를 지탱한 훈구파들은 유자(儒者)이면서도 '경세실용(經世實用)'을 위해 다양한 분야의 문화사업을 펼칠 수 있었던 것이다.

그런데 천변만화(千變萬化)의 근본이 모두 '인주지심(人主之心)'에 있다고 주장한 조광조의 군주관은 이와 대조적이다. 조광조는 국왕도 사람이므로 현우(賢愚)가 있으며, 정치나 학문에 대해서도 호부가 있기 마련인 만큼 군주에게 성인군자임을 강요한다는 것은 현실과 동떨어져 있어 신료(臣僚)들이 군주를 잘 보필해야 한다는 것이며[31] 이는 전형적인 재상중심론이다. 그러나 이 점이 악용되면 권력투쟁의 수단으로 전락한다는 것이 강재언의 비판 요지다.

그가 조광조를 들어 사림파 비판을 전개했던 것은 이들이 권세를 누리기 시작한 16세기 후반이 조선왕조 창건부터 약 200년이 지난 시점이었고, 창업과 수성(守成)기의 기운이 점차 침체되어 세대교체에 의한 유교정치의 혁신이 요구되고 있었기 때문이다. 당시 사림파는 그 혁신을 주자학 일변도의 '도학(道學)'으로 풀어볼 것을 시도했기 때문에 조광조를 사림파 정치의 시조[32]로 보았다. 게다가 이 시기는 1590년대에 왜란

30 姜在彦, 2001, 앞의 책, 272쪽.

31 姜在彦, 2001, 앞의 책, 273쪽.

32 姜在彦, 2001, 앞의 책, 281쪽.

(倭亂)이 일어났고 1620~1630년대에는 호란(胡亂)이라는 국난이 일어났던 시기와도 일치한다. 강재언은 남북에 패권적 민족이 인접해 있음에도 불구하고 어떻게 '인의(仁義)의 길'로 나라를 지키며 민중을 구해낼 수 있었겠느냐며 비판을 가한다. 정치가의 본분이어야 할 '경세제민'이나 추상적인 탁상공론으로 눈속임을 할 수 없는 부국강병의 길이 인의보다 훨씬 어렵다는 것이다.[33]

강재언의 사림파 비판은 이에 그치지 않는다. 호란을 불러일으킨 것을 사림파의 경직된 숭명폐청(崇明廢淸)적 사고방식에 비롯된 것이며, 후금과의 갈등을 스스로 일으켰다고까지 한다. 후금군이 심양, 요양(遼陽)을 점령하자 1621년 요동지역(遼東地域)이 명장(明將) 모문룡(毛文龍)이 평안도 철산에 동강진(東江鎭)을 설치하여 후금에 대해 후방교란작전을 전개했으며, 서인파 정권은 모문룡에게 보급과 지원을 제공했다. 후금군 입장에서는 중국 본토에서 작전을 벌이기 위해서도 조선과 모문룡을 방치해 둘 수 없었던 것이다. 이처럼 1627년과 1636년 두 번에 걸친 호란은 서인파 정권이 자초했다고 할 수밖에 없는 것이다.[34] 심지어 강재언은 원래 후금 누루하치가 조선을 적대해야 할 아무런 이유도 없었다[35]면서 군이 후금을 '이적(夷狄)'으로 멸시하여 북벌론(北伐論)을 주장한 사림파를 "위험천만하다"[36]고까지 지탄(指彈)한다.

사림파를 주도한 송시열(宋時烈, 1607~1689)은 왜란 당시의 명 만력제(萬曆帝)의 '재조(再造)의 은혜'에 보답하기 위한 명분과 의리를 세우기

33 姜在彦, 2001, 앞의 책, 272쪽.

34 姜在彦, 2001, 앞의 책, 325쪽

35 姜在彦, 2001, 앞의 책, 325쪽.

36 姜在彦, 2001, 앞의 책, 349쪽.

위해서도 북벌을 준비하여 비록 나라가 망할지라도 성패리둔(成敗利鈍)을 생각해서는 안 된다는 주장을 펼쳤다. 강재언은 송시열의 이 발언을 두고 '위험천만'하다고 비판한다. 그의 화이사상에 집착한 편협성이 상대방 실력뿐만 아니라 자신의 그것에 대해서도 제대로 이해하지 못하게 만든 요인으로 작용했기 때문이다. 당시 조선의 무력은 청과 맞서던 명의 오삼계(吳三桂)가 이끌던 10만의 병력에도 못 미칠 정도로 초라하기 그지없었다. 요컨대 사림파가 정신론만을 앞세워 망국으로 몰고 갈 뻔했다는 것이다.

강재언은 이와 대조적으로 후금(청)의 황제들, 강희(康熙), 옹정(雍正), 건륭(乾隆)이 모두 엄격한 주자학 신봉자였음에도 불구하고 조선과는 대조적으로 청의 판도 안에 존재하는 여러 민족들의 종교와 문화에 대해 포괄적이고 다원적으로 받아들이고 있었던 점을 높이 평가한다.[37] 그 요인이 사고의 유연성과 다양성에 있었던 점에 대해 거듭 강조할 필요도 없을 것이다. 사림파는 병자호란 당시 인조(仁祖)가 청 태종 홍타이지 앞에서 사대의 예를 갖추었던 것을 굴욕이라고 하는데 오히려 그 덕분에 조선은 독립국으로서의 명맥을 유지할 수 있었다는 것이 강재언의 인식이다.[38]

사림파의 사상적 경직성은 인재등용은 물론 어려운 대외관계를 푸는 데 필요한 가교적 역할을 수행할 수 있는 인재마저 배척했던 점에서도 여실히 드러난다. 강화도로 도피한 인조는 후금 아민(阿敏)에게 화의(和議)를 청하였고 후금은 조선과 형제국의 맹약을 체결한 후에 물러났다.

37 姜在彦, 2001, 앞의 책, 351쪽

38 姜在彦, 2001, 앞의 책, 351~352쪽

강재언에 따르면 이처럼 관대한 조건으로 강화가 가능했던 이면에 후금군과 함께 귀국하여 조선과의 관계조정에 분주한 강홍립(姜弘立, 1560~1627)의 기여가 컸다고 평가한다.[39] 그런데 사림파에 의해 강홍립은 되레 역신의 오명을 뒤집어쓰고 투옥되었다. 결국 조선은 후금과의 관계를 유지해나갔어야 하는데도 불구하고 가교역할을 할 수 있는 소중한 인재를 잃었던 것이다.

지금까지 보아온 바와 같이 강재언의 역사관은 명분보다 보국(保國)에 있다는 점을 알 수 있다. 호란 당시 광해군(光海君)은 청과의 주화(主和)와 사대론에 입각한 정책을 펼쳤고 청에게 인질로 잡혔다가 귀국한 소현세자(昭顯世子)가 제 역할을 할 수 있었다면 청과의 사대관계가 성립되어 외교뿐만 아니라 통상과 문화교류에서도 수월해졌을 거라는 논리를 펼쳤다.[40] 그러나 현실은 이와 정반대로 광해군이 폐위되고 소현세자는 독살되어 척화(斥和)와 북벌론이 지배한 인조-봉림대군[鳳林大君, 효종(孝宗)]으로 이어진 서인파 정권의 세상이 되었다. 강재언은 소현세자가 건재했다면 청에서 예수회 선교사 샬 폰벨(Johann Adam Schall von Bell)을 만나 교류했던 일을 매개체로 조선이 서학(西學)을 점진적으로나마 수용할 수 있었을 것이라며 아쉬움을 토로하기도 했다.[41]

---

39 姜在彦, 2001, 앞의 책, 326쪽.

40 姜在彦, 2001, 앞의 책, 354쪽.

41 姜在彦, 2001, 앞의 책, 354쪽.

Ⅳ. 시바 료타로와의 교류

1959년 북송운동이 시작됨에 따라 총련 활동은 최고조로 달했다. 그러나 한편으로는 북한(김일성)-총련(한덕수)의 개인숭배-일인독재체제 강화에 회의감을 느껴 조련과 민전 시절, 더 나아가서는 일제 당시부터 좌익활동을 해온 마르크스-레닌주의에 충실한 활동가들이 다수 이탈하기도 했다. 강재언이 1968년에 총련을 떠난 것도 이와 궤를 같이한다. 이 시기는 개인숭배를 정당화하기 위해 마르크스-레닌주의만으로 풀 수 없는 여러 모순들을 극복하려고 주체사상을 다져가는 시기이기도 했다. 이탈 전부터 조직 안에서 고립되어 고독감에 시달린 강재언은 이탈 직후의 심정을 다음과 같이 말한다.

> 총련을 떠날 때까지 나에게 있어 동포사회란 총련 산하의 활동가이자 그 상공인이며, 그 대중이었다.[42]

오늘날도 찾아볼 수 있는 일이기는 하지만 총련계 재일동포들 중에 자신의 조직이 삶의 모든 영역이며, 이것이야말로 재일동포사회 총체인 것처럼 인식하는 경우를 어렵지 않게 찾아볼 수 있다. 강재언 또한 그랬던 것을 알 수 있다. 그가 스스로 말하듯이 조직 밖에 있는 재일동포의 다양성을 알게 된 것은 이탈 후의 일이다.[43] 사상도 그렇지만 생계수단과 인간관계를 한꺼번에 잃게 되는 것이 이탈을 망설이게 하는 큰 요인으로

42 姜在彦, 1980, 『日朝關係の虛構と實像』, 281쪽.

43 姜在彦, 1980, 위의 책, 282쪽.

작용하기도 한다. 당시 일본사회에서 현재보다 훨씬 심한 차별을 받으며 살아가야 했던 재일동포의 처지까지 감안한다면 조직을 떠난 이들의 고독감은 더욱 거세게 다가왔을 것이다.

그러나 고독감은 강재언이 역사를 연구하는 데 큰 원동력이 되었다. 조선 역사의 여러 인물에게 회로애락을 느끼면서 그는 집필활동을 본격화해나갔다.

> 1970년대 들어서 해마다 어딘가의 대학에서 시간강사로 강의를 하는 한편, 원고지 위에 펜을 내리치는 것처럼, 지금 돌이켜 봐도 부끄러워질 정도로 다작했다.[44]

그가 말하듯이 이 시기에 펴낸 저작으로는 『근대조선의 변혁사상(近代朝鮮の變革思想)』(日本評論社), 『근대조선사상(近代朝鮮の思想)』(紀伊國屋新書), 『조선의 양이와 개화(朝鮮の攘夷と開化)』(平凡社選書), 『근대 일본과 조선(近代における日本と朝鮮)』(すくらむ社) 등이 있으며, 『朝鮮歲時記』, 『海游錄』(공히 平凡社東洋文庫) 등 번역서를 내기도 했다.

조선사를 연구하는 역사가 강재언이 느끼고 있던 문제의식이란 조선의 역사가 일본인 학자들에 의해 뿔뿔이 해체되어 어떨 때는 일본의, 어떨 때는 중국의 '부속국'이었던 것처럼 묘사되어 온 데 대한 반발과 위기의식이라고 할 수 있다. 역사의 재구성을 통해 새로운 의미 부여를 함으로써 역사를 교훈 삼아 현재의 거울로 삼을 수 있도록 하려고 했던 것으로 이해할 수 있다.

---

44 姜在彦, 1980, 앞의 책, 290쪽.

일본에는 언론에 의해 만들어지는 '아시아붐'이라는 것이 있는데 1970년 전후 시기는 한국이 그 대상이었다. 마침 이 시기에 강재언 외에도 김달수, 이진희, 박경식, 김석범, 김시종 등 총련을 이탈한 재일동포 지식인들에게 저술활동의 기회를 마련했던 것이다. 어디까지나 일본 언론의 수요라는 틀 안에서의 활동이었지만 조직을 떠난 이들 지식인들에게 활약의 터전이 마련되었던 것은 틀림없다.

이 시기에 강재언은 일본의 유명 소설가 시바 료타로(司馬遼太郎, 1923~1996)와 친분을 맺게 됨으로써 일본 주류사회에서도 알려지기 시작했다. 시바는 오늘날 그의 기념관이 위치하는 오사카시 동쪽 히가시오사카시(東大阪市)에 거주했으며, 근처에 사는 재일 시인 조기문을 시작으로 김달수, 이회성(李恢成), 이진희 등 오사카 근교에 거주하는 재일 지식인들과 적극적으로 교우관계를 맺었다. 이들 가운데 시바와 가장 친하게 지낸 인물이 강재언이다.[45]

이들의 가까운 관계는 시바의 작품에서도 찾아볼 수 있다. 『가도를 가다(街道を行く)』라는 여행기 시리즈는 『료마가 간다(龍馬がゆく)』, 『언덕 위의 구름(坂の上の雲)』 등과 더불어 그의 대표작 중 하나며, 집필 도중에 사망한 관계로 마지막 권은 미완성으로 남아 있다. 단행본 총 43권 중 제2권(『한의 나라 기행(韓のくに紀行)』)과 제28권(『탐라기행(耽羅紀行)』)이 한국과 관련된 내용이다. 강재언은 『탐라기행』 때 자신의 고향인 제주로 시바를 이끌고 안내자 역할을 맡았는데 내용 중에 강재언에 대한 언급이 적지 않게 나타난다. 다음은 시바가 강재언을 통해 조선사를 이

45 히가시오사카시에 거주하는 재일동포 시인 정장에 대한 유선 인터뷰, 2018년 12월 12일.

해하게 된 점을 짐작케 해주는 내용이다.

> 내 젊은 시절에 조선만큼 사상문화를 자랑했던 문명국이 왜 근대화 사상을 갖지 못했을까 하고 생각했었는데, 그것은 무지의 소산이었다. 당당히 존재했고 사상가들도 많이 나왔다. 그러나 이들의 싹은 주자학이라는 기요틴의 칼날 혹은 비로 뿌리 뽑히고 말았던 것이다. 이 같은 사실을 알게 된 것은 모두 강재언 씨의 반평생에 걸친 연구 덕분이다.[46]

조선의 주자학에 대해 시바가 비판적인 것은 시바 스스로가 가지고 있던 인식에서 비롯된 측면과 강재언의 영향을 통해 이것이 더욱 심화되었던 측면 두 가지가 있었을 것으로 보인다. 조선시대에 횡행했던 유교의 과도한 관념화와 형이상학화, 정치집단화된 '선비'와 이들의 도구로 전락한 '과거제도'에 대한 부정적 인식 등 시바의 역사인식은 3장에서 살펴본 강재언의 그것 자체라고 해도 과언이 아니다. 강재언이 재일 지식인들 중 가장 시바와 가깝게 지냈던 것은 이들의 가치관에 공통된 부분이 많았기 때문인 것으로 보인다.

『탐라기행』에서 나타나는 강재언의 시바에 대한 영향은 이에 그치지 않는다. 시바는 강재언이 일본어로 번역한 일본 기행문 『해유록(海遊錄)』의 저자 신유한(申維翰)의 인식을 들며 조선과 일본 간의 차이를 다음과 같이 논하기도 했다.

> "일본에는, 과거시험에 의해 사람을 채용하는 법이 없고, 관은 대소를 막

46 司馬遼太郎, 2007, 『街道をゆく28: 耽羅紀行』, 朝日新聞社, 29쪽.

론하고 모두 세습이다. 기재준물(奇材俊物)이 세상에 나가 자명(自鳴)할 수 없는 까닭이다. 민간인 가운데 원한을 품고 세상을 떠나는 이들 중, 상당수는 이 유형이다"라는 내용이 있다.

신유한에게는 미안하지만, 만약 일본에 과거가 있었더라면 에도시대의 다양성은 없었을 것이다. 에도시기에는 무늬로만 주자학이 관학이었을 뿐 다른 학문이 탄압 받는 일은 없었다. 에도시기는 키리시탄 금지 외에는 학문·사상은 고려나 조선에 비해 훨씬 자유로웠다.

신유한은 과거제도가 없는 일본을 후진적인 것으로 보았지만 시바는 이 점이야말로 다양성의 근본이 되었다고 주장한다. 그리고 이 점이야말로 일본의 근대화에 큰 도움이 되었다는 것이다. 시바가 조선근대사를 이해하는 데 강재언의 영향을 크게 받은 흔적은 다음과 같은 기술에서도 확인할 수 있다.

조선에서 '사(士)란 일본의 무사가 아니라 과거에 급제함으로써 벼슬길에 오를 수 있는 관계예비계급(정규 양반)을 말한다. 중국에서도 '사'란 기원전부터 정치에 뜻을 가진 자를 가리켜 일본 무사에 가까운 것이 아니다. 유교국가에서는 문관에 비해 병사는 천하다고 여겨졌다.

에도시기의 '사'란 유교 관점에서 보면 병이었다. (나는 단순해서 유교의 '사'처럼 시끄러운 것보다 일본 '사'를 좋아한다.)

조선에서 당쟁은 관료들 사이만이 아니라 사들을 끌어들이며 싸웠다. 온 국토의 지배계급을 양분하거나 사분오열하며 서로 반목질시했다.[47]

47 司馬遼太郎, 2007, 앞의 책, 199쪽,

이 내용은 강재언의 다음과 같은 인식과 흡사하다.

> 그런데 일본에서의 사(士)란 조선이나 중국에서의 그것과는 지극히 이질적인 것이다. 즉 일본에서 '사'란 사무라이(무사)를 뜻한다. 그런데 조선에서 '사'란 조선어로 선비라 하며 유자(儒者), 서를 읽는 자, 학덕이 있는 자를 가리킨다. 전자가 '숭무(崇武)'적 기풍을 반영한 데 비해 후자는 '숭문(崇文)'적 기풍을 반영한다고 보아야 할 것이다.
> 본래 조선에서의 지배계급으로서의 양반이란 문반과 무반을 뜻하지만 태평의 세상이 지속되면서 '중문경무(重文輕武)'의 풍이 일반적이 되어 양반은 문반과 거의 동의어가 되고 말았다. 이조 말기에 조선이 일본에게 침략되는 과정을 고찰해보니 유자들의 호소(檄)에 따라 강력한 무력저항으로서의 반일의병투쟁이 있었는데 결국 조선의 '숭문'이 일본의 '숭무'에게 패했다고밖에 말할 수 없다.[48]

이 글을 통해서도 알 수 있듯이 강재언 역사관의 근간에는 정치사회적 다양성 결여로 인한 실학(實學)의 좌절과 이에 대한 안타까움, 이것이 결국 근대화 실패와 식민지로의 전락을 초래한 원인이 된 점, 그리고 근본적으로는 실학의 발달을 저해해온 주자학일존주의와 지나친 정신주의에 대한 부정적 시각 등이 있다. 시바가 강재언과 공명(共鳴)할 수 있었던 배경에는 자신도 전차예비사관으로 만주로 파견되었을 당시 그곳의 전차부대가 1939년 할힌골 전투(노몬한사건)에서 대패를 경험했던 것을 알게 된 영향이 크다. 이와 관련하여 시바는 다음과 같이 말한다.

---

48 姜在彦, 1980, 『日朝關係の虛構と實像』, 92~93쪽.

> 도대체 일본이란 무엇인가를 가장 먼저 생각하게 된 것은 노몬한사건이었습니다. 쇼와14년(1939년) 내가 중학교 때였습니다. 이런 어리석은 전쟁을 하는 나라는 세상에 없다고 생각합니다. 노몬한에는 실제로 가 본 적은 없습니다. 후에 편입된 전차연대가 노몬한사건에 참가했었습니다. 도대체 이런 바보 같은 일을 저지르는 나라는 무엇일까 하는 것이, 일본이란 무엇인가, 일본인이란 무엇인가 하는 것들의 최초의 의문이 되었습니다.[49]

시바는 러일전쟁 당시 수준의 무기로 러시아혁명 후 제1차 경제계획을 통해 무기 근대화를 이루어낸 소련군을 정신력으로 이길 수 있다는 일본군의 오만을 신랄하게 비판했다. 특히나 소련군의 병력을 제대로 파악조차 안 했던 점을 과도한 정신주의로 꼬집기도 했다.

시바는 메이지 일본의 근대화 과정을 그린 소설『언덕 위의 구름(坂の上の雲)』등으로도 유명하지만 철저한 실리주의자였고 관념주의를 극도로 싫어했다. 그에게 위정자가 갖춰야 할 가장 큰 덕목이란 강재언과 마찬가지로 '경세제민'이었다. 지나치게 지도자 중심적이며 대중과 민중의 통시적 관점이 결여되어 있다는 비판의 대상이 되기도 했던 시바는, 메이지시대 전쟁을 긍정적으로 묘사하면서 이와 대조적으로 쇼와시대의 그것을 부정적으로 그리는 경향, 즉 '밝은 메이지', '어두운 쇼와'라며 진보-보수 양측으로부터 비판을 받아왔다.[50] 특히 서구식 합리주의로부터 비롯된 제국주의, 나치즘, 공산주의 및 과도한 자본주의와 연관된 그의

49 司馬遼太郎, 1998,『「昭和」という國家』, 朝日新聞社, 10쪽.

50 전창환, 2011,「「탐라기행(耽羅紀行)」으로 보는 시바 료타로의 한국인식」,『日本近代學研究』제33집, 268쪽.

합리주의가 비판의 대상이 되었다. 일본 진보 지식인[나카무라 마사노리(中村政則), 사타카 마코토(佐高信), 나카츠카 아키라(中塚明) 등]으로부터는 '전쟁과 식민지지배를 미화 내지 정당화하였다'는, 보수파들로 부터는 '대동아(大東亞)전쟁을 부정하는 자학사관(自虐史觀)'이라는 양극단의 주장이 그 내역이다.[51]

이 같은 시바의 역사관, 이른바 '시바사관(司馬史觀)'은 '숭명폐청'과 북벌론을 내세워 청의 실력을 제대로 파악하지도 않은 채 오랑캐라 멸시하며 북벌론을 외친 사림파 정권을 비판하는 강재언의 역사관과 통하는 면이 많다. 시바는 근대화에 성공하기는 했으나, 자민족우월주의에 빠져 국제정세나 교전국들의 국력 분석을 소홀히 한 채 자민족중심주의에 빠져 일본을 멸망으로 몰고 간 점을 비판했고, 강재언은 나라를 잃은 민족의 일원으로서 성리학에 편중된 가치체계로 인해 실학, 서학을 제대로 수용하지 못했고 결국 식민지로 전락했다는 안타까움으로 비롯된 주자학일존주의 비판을 전개했다. 이들에 있어 위정자의 지상의 책임이란 무엇보다도 나라의 안위를 지키는 경세제민이었던 것이다.

많이 통하는 부분이 있다고는 하지만 시바가 바라보는 재일동포 지식인들의 이미지란 다음과 같은 것이었다. 조선 유교를 비판한 재일동포 강재언도 시바의 눈으로 볼 때 조선 유교적 가치관 속에서 사는 조선의 선비인 것이다.

> 조선 정신사를 아주 감각적으로 보는 것이기는 하지만, 극히 일부이면서도 병적일 정도로 자신의 절조를 지키며 뼈까지 비칠 정도로 자기를 맑게

---

51 전창환, 2011, 위의 논문.

하고 싶어 하는, 다른 나라에서는 찾아보기 힘든 정신의 흐름이 있다. 김석범 씨도 그렇지만 현문숙, 강재언 씨도 마찬가지로, 일본인이나 중국인 대부분이 볼 때 대단히 힘들게 살아가고 있다.[52]

이처럼 강재언은 어디까지나 일본사회에 사는 이방인 재일동포의 입장에서 살았다고 볼 수 있다. 그는 한일 간의 교류에서 중요한 것은 서로의 차이를 이해하기 위하여 역사가로서 이를 제시하며 제대로 이해하는 일이라는 생각을 가지고 있었다. 하여, 앞에 소개한 시바와의 교류 등을 들어 일본사회에 영합한 지식인이었다는 식의 평가는 타당하지 않다. 오히려 강재언은 무엇보다도 '민족적' 독자성을 가장 중요하게 여겼고 시바와는 서로 간의 입장 차이를 이해하고 각자가 민족이나 국가를 찾으려 했던 점을 인정하게 된 것으로 보인다. 이와 관련하여 강재언은 자신의 역할에 대해 다음과 같이 언급한 적이 있다.

한때 조선에 대한 민족말살=동화정책은 '일조동조 · 동근론(日朝同祖 · 同根論)'을 역사적 근거로 삼았다. '민족적(民族的)'이라는 말은 때로는 일본 지식인들의 반발을 살 수도 있지만, 그러나 우리에게 그것은 역사하는 마음의 핵심을 이르는 것이다. 민족말살에 저항한 그러한 전통의 계승이 없다면 조선사의 서술에 살아 있는 생명을 불어넣을 수는 없기 때문이다. 개인적 접촉에 있어서도 일본의 친구들 중에는 1세 조선인들은 지나치게 '민족적(民族的)'이므로 마음이 맞지 않는다고 솔직하게 토로하는 이들도 있다. 그러나 우리에게 필요한 것은 마음이 맞는 이들끼리의 '융화(融

52 司馬遼太郎, 2007, 앞의 책, 34쪽.

和)'가 아니다. '민족적' 차이를 서로 명확히 확인하며, 이를테면 '화이부동(和而不同)'하는 것이야말로 '연대(連帶)'를 위한 길이어야 할 것이다. 한때 조선사는 민족적으로 무성격한 역사가 될 것을 강요받았다. 조선사의 모든 측면에서 '민족적'인 것을 개시(開示)해 본다는 것은, 모순이 될 수 있겠지만 '연대'의 역사적 근거를 확고히 하게 해줄 것이다.[53]

한편, 앞서 필자는 강재언을 일본사회에 알린 것은 시바라고 언급한 바 있다. 그런데 바꾸어 말하면 강재언은 시바에게 조선근대사의 스승 역할을 수행했고 시바는 원래 가지고 있는 가치관을 원용하여 조선을 해석하고 일본사회에 조선을 소개했다. 총련을 이탈한 전향 지식인사로 한국 군사정권의 이용을 당해 온 강재언이지만 그의 입장을 활용하여 반한인사로 낙인이 찍힌 시바의 한국 입국에 도움을 주는 등 말 그대로 안내자 역할을 맡았다. 강재언은 1987년 『탐라기행』의 취재에 동행하게 됨에 따라 고향인 제주를 약 40년 만에 찾게 된 것이다. 국내에서 강재언의 저작은 일찍이 1981년 『한국의 개화사상(朝鮮の開化思想)』이 번역서로 나온 것을 시작으로 여러 권 출판된 상황이었는데 국내에서도 시바가 널리 알려지고 있었던 점을 감안할 때, 강재언이 국내 역사학계에도 적지 않은 영향을 미쳤던 배경에는 어느 정도 시바와의 교류에 따른 영향도 있었을 것으로 추측이 가능하다.

강재언을 비롯한 재일동포 지식인들과 시바의 교류가 히가시오사카라는, 재일동포들이 다수 거주하는 주택가 속에 영세규모 공장들이 공존하는 지역에서 이루어졌다는 점은 상징적이다. 차별로 인해 취업이 어

53 姜在彦, 1977, 『朝鮮の攘夷と開化: 近代朝鮮にとっての日本』, 平凡社選書, 292~293쪽.

려웠던 시절 많은 재일동포들이 영세공장을 꾸려나가면서 생계를 이어갔기 때문이다. 이 사실은 시바의 저작활동에 재일동포사회와의 교류가 일정 부분 영향을 미쳐왔다는 것을 짐작게 해준다.

오늘날 그곳은 조용한 주택가로 변모했다. 시바의 기념관이 있는 곳 근처에 살면서 이들의 역사를 필자에게 들려준 시인 정장(丁章) 씨에게 이 자리를 빌어 감사의 뜻을 표하고 싶다. 재일동포 3세인 그는 1988년에 아버지가 시작한 카페('喫茶美術館')를 운영하는 시인이며, 카페에는 시바의 커다란 서예 액자가 걸려 있는 것이 눈에 띈다. 이 동굴과도 같은 조용한 공간을 가다 보면 시바와 재일동포 지식인들의 교류 흔적을 느껴볼 수 있을 것이다.

V. 한국방문 그리고 재일동포 후학들의 스승으로서의 강재언

강재언이 김달수, 이진희와 함께 한국을 처음 방문한 것은 1981년의 일이었다. 군사독재에 굴복하고 재일동포사회를 분단시킨다는 등의 비판이 적지 않았다. 총련 조직은 물론이거니와 재일동포 지식인들의 평가도 매우 냉담하다. 이들 가운데 윤건차의 비판은 매우 적나라하다.

> 김달수의 경우 처음에는 그 방도를 나름대로 북녘 사회주의에 찾으려 했지만 조직과의 갈등이나 개인생활의 문제와도 얽혀 있을 수 있는 내면의 갈등이 있었을지는 몰라도 매우 쉽게 개발독재의 남쪽으로 전향하고 말았

다. 김달수와 함께 방한했던 강재언과 이진희도 마찬가지다.[54]

윤건차가 이토록 거세게 비판하는 것은 남북분단은 일제 강점이 남긴 폐해이며 따라서 이를 극복할 것을 포기하여 분단국가 남측에 가담한다는 것은 조국의 운명과 떨어져 살아갈 수 없는 재일 1세 지식인으로서의 책무를 포기하는 일로 간주했기 때문이다.[55] 2장에서 살펴본 바와 같이 강재언의 총련 이탈까지의 갈등을 고려해 본다면, '매우 쉽게' 한국에게 영합했다는 윤건차의 비판에는 쉽사리 동의할 수는 없다. 그러나 윤건차가 말하는 책임, 즉 식민지배 극복을 위한 통일지향 또한 부정할 수 없다. 이처럼 당시 재일동포사회에서 1세 지식인들의 책임은 그만큼 무겁게 받아들여지고 있었던 것이다.

그럼에도 불구하고 그가 한국행을 결심하게 된 까닭은 무엇일까?

오사카시립대학에서 강재언의 수제자였던 김조설(金早雪) 신슈대학(信州大學) 교수는 다음과 같이 그의 생각을 소개하고 있다.

> "선생님, 왜 한국으로 가셨습니까?"
>
> "북과 남 중 지금 가능성이 있는 것은 남쪽이다. 한국에는 가능성이 있다."
>
> 유신체제가 겨우 끝났는데도 전두환 군사정권이 등장하여(강재언 선생님 동생 중 한 분은 한국 군인이었다) 민주화 길이 다시 멀어져가는 시기였다. 그럼에도 강재언 선생님께서는 "가능성이 있다"라고 말씀하신 것이다.[56]

---

54 尹健次, 2014, 「「三つの國家」のはざまでの苦闘と悲惨: 作家·金達壽の場合」, 神奈川大學人文學會, 『人文研究』 第183號, 27쪽.

55 尹健次, 2014, 위의 논문.

56 金早雪, 2018, 「碩學·凡愚居士姜在彦先生を偲んで」, 『抗路』, クレイン, 159~160쪽.

총련을 이탈한 재일 지식인들이 모여들어 1975년에 창간한 『계간 삼천리(季刊三千里)』는 당시 재일동포들의 여러 고민들, 즉 김지하 구명운동, 김대중사건, 3·1운동 60주년, NHK한국어강좌 개설 요구, 재일외국인의 지문날인문제, 조선통신사 등을 논의할 수 있는 언론공간이었다. 그곳에서 편집위원을 맡고 있던 강재언, 김달수, 이진희가 1981년 3월 한꺼번에 한국행을 결심한 것은 그야말로 충격적인 일이었다. 당시 사형판결까지 포함한 160명 정도로 추산되는 재일동포 정치범들이 국내에 수감 중이었으므로 이들의 방문 목적은 "재일교포 수형자들에 대한 관용을 청원한다"는 것이었다. 그러나 전두환 정권 시절 국내 언론은 연일 이들의 한국 방문을 "좌경인사 방한" 등으로 대서특필하는 등 이들은 정치적으로 이용당했던 것이다. 함께 편집을 맡고 있던 제주 4·3 사건을 다룬 소설 『화산도(火山島)』의 저자 김석범이 편집위원에서 사퇴하는 등 재일동포 지식인들 사이에서도 분열이 일어날 정도였다.

그럼에도 불구하고 강재언이 한국행을 택한 것은 김조설에 따르면 "한국의 저류에 있는 '가능성'을 일찍이 1981년 시점에 확신"했기 때문이다. 그 가능성이 민주화를 이루어냈다는 점을 가리키는 데 대해서는 두말할 필요가 없을 것이다.

이렇게 남북분단과 재일동포사회의 반발에 시달린 강재언이었지만 이후 재일 1세로서 그가 지향하게 된 것은 국가에 종속하지 않은 재일동포 나름의 가치관을 정립하는 것과 후학을 기르는 일이었다.

앞서 본 바와 같이 윤건차는 강재언의 행동을 '직무유기'로 비판했지만 강재언 본인은 일제 강점이 조국과 재일동포사회의 분단을 일으킨 원인인 만큼 극복해야 할 대상이라는 입장을 견지했다. 더 나아가서 강재언은 일본사회와의 소통이 제대로 이루어지지 못하는 이유로도 일제 강점을 적시했다. 이 점에 대해 그는 다음과 같이 언급한다.

> 식민지배는, 특히 일본의 그것은 단순히 민족을 정치적으로 지배하고 경제적으로 수탈하여 문화적으로 우민화하는 데 그치지 않았다. 이는 이웃 나라끼리 민중 수준에서 신의회복에조차 늘 걸림돌이 되고 있는 깊은 불신을 심어 주었을 뿐만 아니라 민족 내부를 분할하여 통치하는 통치방법으로 인해 동족 내부에서 상호불신과 의심암귀로 인한 인간성 파괴까지 가져다 준 것이다. 그 후유증은 오늘날에 이르기까지 치유되지 못하고 있다.[57]

그러면서 다음과 같이 재일동포의 특수한 요건, 즉 남북분단이 상존하는 상황을 감안해서라도 분단을 극복하여 나름의 입장을 정립해야 한다고 주장한다.

> 일본사회 안에서의 한국인 일반의 차별에다가 동포 서로 간의 차별과 반목이 더해지는 행위가 용납되어야 할까. 한때 한국에 대한 일본 식민지 지배의 방법은 그 주요한 기둥의 하나로 '이한제한(以韓制韓, 한인으로 하여금 한인을 제하다)'의 술책을 한국 국내에서도, 중국에서도, 이곳 일본에서도(예를 들어 협화회(協和會)같은 것) 한국인이 다수 거주하는 모든 곳에서 상투적 수단으로 사용해왔다. 이유여하를 불문하고 아무리 각자가 놓여 있는 상황, 그것이 의미하는 내용이 다르다고 해도 이 같은 나쁜 유산을 재현시킬 우(愚)는 범해서는 안 되는 것이다.[58]

---

57 姜在彦, 1986,『朝鮮近代史』, 平凡社選書, 323쪽.

58 姜在彦, 1996, 앞의 책, 112쪽.

그러기 위해서도 북한-총련, 한국-민단이라는 본국에 종속된 단체가 아닌, 일본에서 살아가는 재일동포들의 권익을 최우선시하는, 재일동포에 의한 재일동포를 위한, (남북 분단)국가로부터 자유로운 단체가 필요하다고 강재언은 강조한다. 그래야 조국을 향해 떳떳하게 재일동포의 이익이나 남북문제에 대해서도 대변할 수 있다는 것이다.

> 재일동포를 위해서는 남북통일과 일본에서의 재일동포 권리옹호를 지향하는 전 조선인적 조직으로 만들어야 했었던 것이 아닐까. 그리고 북에 대해서도 남에 대해서도 시(是)는 시로 지지하고 비(非)는 비로 비판하는 재일조선인운동의 주체성을 확립해야 했었다고 지금도 생각합니다. 왜냐하면 한편으로 공화국을 옹호하면 다른 한편으로 대한민국을 옹호하게 됨으로써 재일동포 안에 남북분단을 몰고 오는 결과가 되기 때문입니다.[59]

이 같은 강재언의 인식은 오늘날 재일론(在日論)이라고 불리는 재일동포의 정체성문제를 논의하는 담론이라고 할 수 있다. 2, 3세가 중심이 되어가는 당시 상황에서 이 같은 인식이 적지 않은 재일동포들로부터 비판을 겪은 것도 사실이다. 특히 조선학교-총련이라는 북한식 정치색이 짙은 총련계 동포들 사이에서는 거센 반발이 일어나기도 했다.

그런데 이와 대조적으로 일본 초중고를 다니며 성인이 돼서야 민족정체성을 되찾는 동포들이 적지 않다는 사실은 한국사회가 그리 관심을 갖지 않고 잊기 쉬운 재일동포사회의 또 다른 현실이다. 강재언의 주변에는 앞서 언급한 김조설을 비롯하여 재일한국학생동맹(在日韓國學生同

---

59 姜在彦, 1996, 앞의 책, 39쪽.

盟, 이하 '한학동') 학생들이 다수 모여 들었다. 오사카상과대학의 후신 오사카시립대학을 비롯해 일본 각지에서 시간강사로 일했던 강재언은 재일동포들 가운데 특히 민단으로부터도 제명된 한학동 소속 재일동포 2세 학생들에게 정체성 회복을 위해 많은 영향을 미친 것으로 보인다. 강상중, 박일 등 민족명을 쓰며 대학 강단에 서는 이들이 많다는 점은 이를 뒷받침한다고 볼 수 있다.

그러나 한편으로는 군사독재시절에 적지 않은 한학동 출신자들이 모국수학으로 국내에 들어왔다가 재일동포간첩단사건 등으로 누명을 쓰고 다수가 영장도 없이 구금되거나 교도소에서 복역했던 것도 잊어서는 안 되는 사실이다. 강재언 등 1세 지식인들의 영향으로 민족 정체성을 겨우 되찾고 모국으로 떠났더니 인생을 날려버린 재일동포 청년들이 이제 60, 70대의 노령기를 맞이하고 있다.[60] 1981년 여러 재일동포들의 비판을 무릅쓰고 강재언 등의 방한을 추진했을 때 내건 명분은 이들 재일동포 정치범 구원이었던 것을 이해하기 위해서는 이 같은 맥락도 함께 감안되어야 할 것이다.

김조설은 일본 대학 강단에 선 강재언을 만난 감회를 다음과 같이 술회한다.

> 강의에서 강 선생님께서는 챠임이 울리자마자 대강의실 뒤쪽 문에서 (강의실) 중앙의 계단통로를 느긋하게 지나가 교탁을 향하셨다. 말씀 또한 느긋하셔서 강의실 전체를 둘러보면서 알기 쉽게 설유(說諭)하듯이 용어

60 재일한국인정치범 문제에 대해서는 김효순, 2015, 『조국이 버린 사람들』, 창비가 자세히 다루고 있다.

나 경제 데이터 등은 가끔 노트를 보면서 꼼꼼하게 판서해나가셨다. '웨스턴 임팩트', '위정척사', '개화파', '갑오농민전쟁', '토지조사사업', '산미증식계획' 등. … (일본) 고교 세계사 교과서에서는 '김옥균 · 삼일천하', '동학동의 난'이 뜬금없이 나왔다 하면 바로 '한국전쟁으로 넘어가 버림으로 인해 거의 논해지지 않은 조선 통사를 저 (고명하신) 강재언 선생님으로부터 직접 배웠던 것이다. 『조선근대의 사상』, 『조선의 양이와 개화』 등 (저작)을 손에 쥔 한학동/한문연 선배나 친구들로부터는 "오사카시립대는 강재언 선생님 강의를 들을 수 있어서 좋겠다"며 선망의 대상이었다. 그런데 공부가 덜된 나 자신은 강 선생님의 위업도 전혀 알지 못하고 있었다.[61]

이처럼 강재언의 추도문까지 쓸 정도로 수제자였던 김조설조차 학생 시절에는 강재언의 위업을 제대로 알지 못했던 것이다. 이 글에는 일본 사회에서 뿔뿔이 흩어져 살아가는 재일동포들의 현실이 여실히 드러나 있다.

강단에서의 강재언은 대단히 서민적이었다고 한다. 그는 "학문이란 아카데미즘이 독점해야 할 만큼 결코 신비스러운 것이 아니"라며 적극적으로 후학들과 함께 연구했고 일반시민이라도 배우고 싶어 하는 사람이 있다면 적극적으로 강의에 초청하기도 했다. 요즘 식으로 말하면 시민개방이다. 당시 50대였던 한 재일동포 여성은 '강 선생님께서 교실에 들어오신 것을 보기만 해도 감격해서 눈물을 흘릴 정도'였다고 한다.[62]

강재언의 업적 중 빼놓을 수 없는 것은 일제 강점과 관련된 경제사 혹

61 金早雪, 2018, 앞의 글, 155~156쪽.

62 金早雪, 2018, 앞의 글, 156쪽.

은 기업사 연구이다. 대학원생들의 참여로 이루어진 연구는 일제 강점기 조선경제를 이해하기 위해 일본질소/조선질소와 동양척식회사가 그 대상이 되었다. 특히 당시 세계 최대 규모의 흥남비료공장과 이곳에서 사용될 전기를 위해 압록강 본·지류에서 수풍댐을 비롯한 다목적 댐들이 속속 개발됐던 것은 일본 화학공업의 발전은 물론 조선의 병참기지화와도 밀접한 관련이 있다. 이와 관련된 연구성과를 모아 펴낸 것이 강재언 편, 『조선에 있어서의 일질콘체른(朝鮮における日窒コンツェルン)』(1985)이다. 필자도 이 책에 크게 감명을 받았고, 이곳에서 일했던 기술자 집단들이 전전, 전시, 전후에 걸쳐 한일관계는 물론 일본과 아시아 간의 관계에도 지대한 영향을 미쳤던 점을 연구하게 된 계기를 제공해주기도 했다. 한편, 국책회사 동양척식회사 연구는 일제의 대외진출-팽창-파탄으로 이르는 뚜렷한 축약도를 찾아볼 수 있다는 의미에서 중요하다. 이들 기업의 역사는 김조설이 말하는 것처럼 일본경제사에서도 논의되어야 마땅할 것이다.[63]

강재언은 직접 대학원 수업을 맡으면서 김조설을 비롯한 후학들을 다수 양성했다. 이들 중에는 갑오농민전쟁 연구의 조경달(趙景達)과 같은 재일동포 연구자가 있는가 하면 오구라 키조(小倉紀藏)를 비롯한 일본인 연구자도 포함된다. 오구라는 강재언의 신랄한 사림파 비판에 대해 다음과 같은 대화를 나누었다고 회고한다.

존경하는 강재언 선생님께서 막걸리를 마시면서 "자네의 비판이 가장 뼈

63 金早雪, 2018, 앞의 글, 158쪽.

아프다"며 부드럽게 말씀해주신 것은 벌써 십수 년 전의 일이다.[64]

학문의 세계에서는 당연히 그래야 하지만 이처럼 일본의 아카데미즘 공간에서 강재언은 제자들의 배경과 상관없이 진솔한 토론을 했던 것을 알 수 있다.

VI. 맺음말: 한국에서 '재일'의 입장으로 바라보는 강재언

결론을 대신하여 필자는 자신의 씁쓸한 경험을 소개하면서 강재언에 대한 논의를 마무리하고자 한다. 재일동포 3세 이후 세대에게 강재언이라는 역사가가 어떻게 다가오는지에 대한 일화를 소개함으로써 독자들의 이해를 돕기 위해서다.

필자가 한국에서 정착하게 된 후에 알게 된 사실은 한국정부나 재외동포, 특히 재일동포문제 전문가들이 그동안 '현지화', 즉 일본사회에 동화하여 '주류사회에 진출'하기를 원해왔다는 것이며 지금도 그러하다는 것이다. 그러면서도 민족의 말과 문화는 알아야 한다는 것이다. 전 세계 740만 재외동포들 가운데 재일동포는 이 잣대로 평가받는다면 완전한 낙오자이며 대한민국의 재일동포정책은 실패의 역사를 거듭해왔다고밖에 보지 않을 수 없을 것이다.

필자가 줄곧 도쿄에서 성장하며 일본 학교에서 교육을 받아왔다는

64 小倉紀藏, 2017, 『朝鮮思想全史』, ちくま新書, 440쪽.

것은 우리말과 문화로부터 완전히 단절되어 왔다는 것을 의미한다. 이름과 국적만이 자신의 정체성을 증명해주는 수단이었고 이로 인해 일본 사회에서 배척을 당하는 일이 잦았다. 이 배척이야말로 자신이 '한국인', 정확히는 차별어로서의 '조센징(チョーセンジン)'임을 확인케 해주는 기회였다. 즉 민족이란 전혀 도움이 되지 않는 오로지 부정적인 의미로만 다가오는 존재였던 것이다.

한 일본 대학으로 진학하다 보니 구내서점이 매우 알차다는 것을 알게 되었다. 대학 구내서점은 당시 일본에서 정가판매가 보편적인 서적 판매에 있어 예외적으로 할인을 받을 수 있는 곳이었다. 어떤 이유 때문인지 모르지만 필자는 입학하자마자 재일동포 작가들에 의한 저작이 많았던 이 구내서점에서 책을 마구 사들여 읽어보려고 했다.(필자가 다닌 대학에 재일동포 학생들이 많았다는 사실을 나중에 알았다) 그러나 '姜在彦'이라는 이름 석자가 나에게 커다란 벽으로 다가왔다. 이름조차 제대로 읽지도 못하는 것을 알고 입구에서 좌절하고 말았던 것이다. 이후 오랫동안 재일동포 작가들의 책을 손에 쥐는 일이 트라우마가 될 정도로 나약하고 한심하기 그지없는 세월을 보냈다.

대학에 재일동포 서클들이 있다는 것을 알게 된 것은 2학년 때 일이었고 그만큼 동포사회와 고립되어 살았다. 그런 필자에게 '姜在彦'이 얼마나 커다란 벽인지 독자들은 상상하기도 어려울 것이다. 그저 철옹성과도 같은 굳은 한자 '姜在彦'은 김달수(金達壽), 김찬정(金贊汀) 등과 마찬가지로 나에게 열등감만을 안겨주었다. 그러던 어느 날 우연히 강재언의 책 중 한 권의 서적정보를 확인하게 되었다. 일본어 가타가나로 'カン・ジェウォン'으로 읽는 것을 알게 된 것이다. 그렇다고 결코 '강재원'은 아니었다. 필자에게 '강재언'이라는 이름 석 자는 여전히 열등감을

안겨주는 벽이었다. 이후에도 조선근대사는 나의 기피대상 1호였다.

어릴 때부터 본국인만 만나면 "한국말도 몰라?" "역사도 모르면서 왜 한국인이냐?"와 같은 뼈 있는 비난을 들어야 했기 때문에 피하고 싶은 대상이었다. 그럴 일을 겪을수록 한국인과 한국어, 그리고 이 나라 역사는 기피대상이 되었다. 역사는 운 좋게도 고교시설 세계사 선생님이 한국사를 전공하는 분이었기 때문에 그나마 다행이었다. 그러나 일본 교과서로 민족의 역사를 배운다는 것은 마치 한국 교과서로 타이완 역사를 배우라고 하는 것과 같은 격이다. 사막 속에서 다이아 반지 하나 찾으라는 것과 마찬가지였다.

그러던 필자가 오늘날 강재언의 인물사를 쓰고 있다. 오래된 숙제를 푸는 것처럼 느껴진다. '姜在彦'이 '강재언'으로 와닿기 시작한 것은 실은 이번 집필이 큰 계기가 되었다. 의뢰를 받았을 당시만 해도 학창시절의 트라우마가 떠올라 어디로부터 손을 대야 할지 혼란스럽기도 했고 공포심이 앞서기도 했다. 그러나 한국에 정착한 지 20여 년 만에 다시 펴 본 그의 여러 저작들을 읽으면서 이제 '姜在彦'이 아닌 '강재언', 정확히는 '姜在彦'이자 '강재언'으로 다가오고 있다는 것을 느낄 수 있었다.

이렇게 표현하는 이유는 '姜在彦'이자 '강재언', 즉 제주 출신 1세 '강재언'만이 아닌 재일동포의 지적체계를 발전시키고 후세의 나침판 역할을 수행했던 재일동포 '姜在彦'에 대한 이해와 성찰이 빠진다면 그의 가치를 제대로 이해하기가 어렵기 때문이다. 역사가로서 '화이부동'의 정신으로 일본사회를 향해 일본사나 중국사의 부속물이 아닌 우리 국사의 독자성을 학술적 방법으로 제시해온 그의 활동은 여전히 빛을 발하고 있다.

1980년대에 그는 다음과 같은 글을 썼다.

전후도 이미 40년, 우리는 과거에 집착하여 지배와 피지배의 관계를 반영한 편견과 반발의 불모한 후유증으로 스스로를 긍정적으로 해방시키는 시기에 와 있다고 생각한다. 물론 그것은 다시 과거의 과오를 다시 밟지 않기 위해서도 과거를 불문에 부쳐 없었던 일로 하는 식의 애매한 것이 되어서는 안 될 것이다. 과거의 불행한 관계를 제대로 밟고서 그것을 냉정하게 객관화시켜 상대화하는 목적의식의 노력을 양측이 쌓아나가야 할 것이다.[65]

강재언이 이 글을 쓴 1986년 당시나 지금이나 한일관계는 그리 차이가 없어 보인다. '화이부동'의 정신은 오늘날 한일교류를 하는 데도 매우 중요한 가치가 있다. 애써 동질성을 찾기보다는 서로의 차이점을 제대로 알아가는 작업이 필요한 것이고 그러기 위해서는 역사적 사실의 축적이야말로 그야말로 '미래지향적' 관계를 구축해나가기 위한 밑거름이 된다는 식으로 이해할 수 있을 것이다. 그러기 위해서는 한일 양측 사회가 각기 지니고 있는 이질적인 것에 대한 배타성을 버리고 보다 포용적인 자세로 변해야 할 것이다. 조선의 경우만 보더라도 본고에서 나온 신숙주, 소현세자, 강홍립과 같은 인물들은 외부 세계를 알고 있었던 점에서 공통되는데 권력에 의해 배척당했던 점에서도 공통된다. 이들의 모습은 어찌 보면 오늘날 한국사회와 외국 간의 가교역할을 할 수 있는 재외동포의 관계와 흡사하다고 보이는 것은 유독 필자만일까 하는 생각이 든다. 양측 사회를 제대로 알고 가교 역할을 수행할 수 있는 소중한 인재인 재외동포를 활용하기는커녕 되레 배척하는 모습은 오늘날 대한민국 각계에서 이루어지고 있는 인재등용과정에서도 재현되고 있는 듯하다. 특히 갈등관계가 지속되는 한일관계에서 가교역할을 맡아온 인재들이 고갈되어 가는 상황에서는 실용적이고 다양성을 국가와 사회가 포용해야 한다는 여러 증거들을 평생을 바쳐 제시해 온 재일 역사가 강재언의 지견은 지금 접해봐도 여전히 교훈을 얻을 수 있을 만큼의 빛을 발하고 있다.

65 姜在彦, 1986,「あとがき」,『朝鮮近代史』, 平凡社選書, 323~324쪽.

강재언(姜在彦) (역사학자, 조선근대사·현대사상사 전공) 약력

제주도 출신의 역사학자 강재언(1926~2017)은 1950년에 도일하여 오사카 상과대학(현 오사카시립대학)에서 학업을 시작하면서 조련, 민전으로 이어지는 재일조선인 좌익운동에 참여했다. 그러나 후속단체인 총련의 김일성 일인 숭배에 회의에 느껴 이탈한 후 1968년부터 역사연구에 힘을 쓰기 시작했다. 1974년 총련을 이탈한 지식인들이 주축이 된 『계간 삼천리』 창간에 참여하는 한편, 교토대, 오사카시립대 등에서 시간강사로 일한 후, 1984년 하나조노대학 촉탁교수가 되었다. 그의 조선근대사에 관한 저술은 국내 학계에도 영향을 미쳤다. 부인은 오사카시립대학 최초의 여성 교수가 된 다케나카 에미코(経済学者)이며, 장남은 와세다대학 교수인 다케나카 히토시(竹中均)다. 소설가 시바 료타로(司馬遼太郎)와의 두터운 친분은 재일 지식인들이 일본 문단에서 활동할 수 있는 발판을 마련하는 데 이바지했다.

1926년	제주시 출생
1968년	재일조선인운동에 종사한 후에 학계에서 일하게 됨
1971~81년	교도대학 인문과학연구소 연구원
1975~87년	『계간 삼천리』 편집위원
1981년	교도대학에서 문학박사 취득
1984년	교도대학 · 오사카시립대학 · 간사이대학 시간강사
1984~2000년	하나조노대학 촉탁교수
1989년	『계간 청구』 편집위원
1993년	제1회 KBS 해외동포상 수상
2001~2006년	하나조노대학 객원교수
2004년	시가현립대학에 장서 기증, 강재언문고 운영
2017년 11월 19일	서거

강재언 저작 목록

『조선의 양이와 개화 : 근대조선에 있어서의 일본(朝鮮の攘夷と開化 : 近代朝鮮にとっての日本)』, 헤이본샤선서(平凡社選書), 1977

『일조관계의 허구와 실상(日朝関係の虚構と実像)』, 료케이서사(龍鶏書舎), 1980

『조선의 개화사상(朝鮮の開化思想)』, 이와나미서점(岩波書店), 1980

『조선근대사(朝鮮近代史)』, 헤이본샤선서(平凡社選書), 1986

『강재언 재일논집 「재일」에서의 시좌(姜在彦在日論集「在日」からの視座)』, 신칸샤(新幹社), 1996

『조선유교의 2천 년(朝鮮儒教の二千年)』, 아사히신문사(朝日新聞社), 2001

참고문헌

김웅기, 2010, 「일본질소에 의한 압록강 본류 전원개발과 조선총독부·만주국 간의 공조」, 동북아역사재단, 『근대 열강의 식민지 통치와 국민통합』.

_____, 2011, 「전후 일본의 아시아시장 재진출에 관한 연구: 일본공영(日本工營)을 중심으로」, 『일본학보』 제88집.

김효순, 2015, 『조국이 버린 사람들』, 창비.

강재언(姜在彦), 1977, 『조선의 양이와 개화 : 근대조선에 있어서의 일본(朝鮮の攘夷と開化 : 近代朝鮮にとっての日本)』, 헤이본샤선서(平凡社選書).

__________, 1980, 『일조관계의 허구와 실상(日朝関係の虚構と実像)』, 료케이서사(龍鶏書舎).

__________, 1980, 『조선의 개화사상(朝鮮の開化思想)』, 이와나미서점(岩波書店).

__________, 1986, 『조선근대사(朝鮮近代史)』, 헤이본샤선서(平凡社選書).

__________, 1996, 『강재언 재일논집 「재일」에서의 시좌(姜在彦在日論集 「在日」からの視座)』, 신칸샤(新幹社).

__________, 2001, 『조선유교의 2천 년(朝鮮儒教の二千年)』, 아사히신문사(朝日新聞社).

김웅기(金雄基), 2010, 「일본 역무배상에 의한 배상외교와 아시아시장 재진출(日本の役務賠償による賠償外交とアジア市場への再進出)」, 『日本學報』 제82집.

김조설(金早雪), 2018, 「석학·범우거사 강재언 선생님을 추도하며(碩學·凡愚居士姜在彦先生を偲んで)」, 『抗路』 제5호.

박경식(朴慶植)·강재언(姜在彦), 1957, 『조선의 역사(朝鮮の歴史)』, 삼일서방(三一書房).

박정의(朴正義), 2011, 「『계간삼천리』의 입장(2): 김일성주의 비판에 의한 북한과의 결별(『季刊三千里』の立場(2): 金日成主義批判による北韓との決別)」, 『일본문화학보(日本文化學報)』 제50집.

시바 료타로, 1998, 『「쇼와」라는 국가』, 아사히신문사.

_______, 2007, 『가도를 가다 28: 탐라기행』, 아사히신문사.

오구라 기조(小倉紀蔵), 2017, 『조선사상전사(朝鮮思想全史)』, 치쿠마신서(ちくま新書).

윤건차(尹健次), 2014, 「『세 개 국가』의 간격에서의 고투와 비참: 작가·김달수의 경우(三つの國家』のはざまでの苦闘と悲惨: 作家·金達寿の場合)」, 가나가와대학 인문

학회(神奈川大學人文學會), 『인문연구(人文硏究)』 제183호.
___________, 2014, 「조선인관리와 밀항, 외국인등록제도(朝鮮人管理と密航, 外國人登録制度)」, 『コリア研究』 제5호.
이노우에 아쓰시(井上厚史), 2011, 「서평 : 변영호(邊英浩), 『조선유교의 특질과 현대한국(朝鮮儒教の特質と現代韓國)』(クレイン, 2010)」, 『북동아시아연구(北東アジア研究)』 제21호.
전창환, 2011, 「「탐라기행(耽羅紀行)」으로 보는 시바 료타로의 한국인식」, 『日本近代學研究』 제33집.

『동양경제신문(東洋經濟新聞)』.
『마이니치신문(每日新聞)』.
일본 국회도서관(日本國會圖書館. https://ndlonline.ndl.go.jp).

찾아보기

ㄱ

가고시마(鹿兒島)대학 144
가나가와(神奈川)근대문학관 205
가나자와 쇼자부로(金澤庄三郎) 34
『가도를 가다(街道を行く)』 304
가도와키 데이지 225
가메이 가쓰이치로(龜井勝一郎) 71
가사하라 도쿠시(笠原十九司) 82
가시와라(橿原)고고학연구소 218
가쓰라 다로(桂太郎) 33, 42
가쓰라-태프트 밀약 53
가자미 아키라(風見章) 165
가타야마 센(片山潛) 165
가토 아키라(加藤章) 107
가해자 65, 69
간 나오토(菅直人) 93
강담사 226
강덕상(美德相) 44, 50
강제동원 18, 55
강제연행 248, 252, 256, 257
강화도조약 26, 27, 181
『개조(改造)』 154
『건건록(蹇蹇錄)』 52
건국 기념일 117
걸프전 88
게르니카 94
겐요샤(玄洋社) 35
경성사범 146
경성제국대학 44, 47, 48
『계간 삼천리(季刊三千里)』 220, 223, 314, 325
계급투쟁 72
계창학교 41
고노(河野) 관방장관 141
고대사 202, 217~219, 227, 228, 230, 231, 235
『고려사』 30
고려청자 226
고바야카와 히데오(小早川秀雄) 37
『고사기(古事記)』 34, 120
고이소(小磯) 총독 44
고이즈미 준이치로(小泉純一郎) 93, 142
고쿠분지시(國分寺市) 220
공산당 69, 73, 80, 82, 83, 87
공산당 선언 30
공산주의 21
공산주의자 72, 80, 82

과거사 청산 95, 99
과거 청산 95, 144
관동대진재 50
관동지방 223
관서지방 223
교과서 검정 121
교과서문제 55
교과서우익 90
교과서 재판(教科書裁判) 121
교토 95, 214
구마모토(熊本) 36
구보타 간이치로(久保田貫一郎) 119
국가 독점자본주의 175
국가주의 55
국공 내전 78
국권당(國權黨) 36
국민재판 80
국제공청회 86
국체(國體) 168
국회도서관 32, 52
군국주의 88
군사정권 95
궁내청 93
귀화인 204, 218, 229, 230, 233, 234
규슈(九州) 35
근대주의 68
근대화론 53
근린제국(近隣諸國)조항 128, 129
기도 고이치(木戶幸一) 80
기무라 시게미쓰(木村茂光) 132
기미지마 가즈히코(君島和彦) 132
기생지주 181
기시 노부스케(岸信介) 70
기요미하라(淨御原) 136
기요후지 고시치로(淸藤幸七郞) 35
김달수 200~205
김달수문고 205
김대중 143, 220
김복순 209
김사량 208
김석범(金石範) 291, 304, 310, 314
김시습(金時習) 296
김시종(金時鐘) 291, 304
김정명(金正明) 32
김조설 314, 316, 317, 318, 319
김지하 220, 222
김천해 21, 23
김학순 86
김희로 222

ㄴ

나가사키대학 123
나라 214
『나에시로가와』 226
나카쓰카 아키라(中塚明) 125
낙랑군(樂浪郡) 133
난바라 시게루(南原繁) 70
난징(南京) 91
난징대학살 144

내선(內鮮) 40
내재적 발전 68
네즈 마사시(根津雅史) 25
노동당 30
노동운동 21, 23
노로 에이타로(野呂榮太郎) 52
노태우 141
농량(農糧) 180
농민운동 21
농촌진흥운동 44
니타니 사다오(二谷貞夫) 131

ㄷ

다나카 후미오(田中史生) 230
다니가와 아키히데(谷川彰英) 132
다보하시 기요시(田保橋潔) 47
다부치 이소오(田淵五十生) 132
다이쇼(大正) 21, 30
다이쇼 데모크라시 21
다카노 이와사부로(高野岩三郎) 160
다카마쓰총 218, 219
다카스기 신이치(高杉晋一) 119
다카야마 쓰기요시(高山次嘉) 132
다카이치군 218
다케우치 요시미(竹內好) 68
단일국가론 139
단체등규정령 284
대공황 192
대동아공영권 194
대동아전쟁 167
대륙낭인(大陸浪人) 36, 37
대역(大逆)사건 160
대한시정(大韓施政) 41
대화개신 204, 229
대화조정 230
데라우치 마사타케(寺內正毅) 43, 187
도래인(渡來人) 133, 204, 218, 233
도마리(泊) 158
도야마 시게키(遠山茂樹) 71
도요토미 히데요시(豊臣秀吉) 120
도조 키미에(東條君技) 52
도조 히데키(東條英機 70
도쿄가쿠게이대학 106
도쿄교육대학 117
도쿄대학 61, 63, 65, 82, 98
도쿄도립대학 50
도쿄 재판 66, 70, 80, 88
도키오 도호(釈尾東邦) 40, 41, 43
도호학원(桐朋學園) 118
독점자본 172
독점자본주의 175
동문동종 177
동북아역사재단 8, 200
동아공영권 156
동아시아 78, 79, 81, 86, 89, 91, 92, 94, 99
동아시아 평화 포럼 91
동아신질서 194
동양 66
동양경제신보사 170

동양문고 31, 48
동양사 29
동양척식회사 181
동양학회 34
동학당 34, 35
동학혁명 35, 36

ㄹ
러시아혁명 161
러일전쟁 32, 35, 53, 81, 89
레닌 164
레드 퍼지(red purge) 82
리얼리즘연구회 214

ㅁ
마드리드 94
마루야마 마사오(丸山眞男) 64, 68, 70
마루젠 21
마루젠(丸善) 20
마르크스 21
마르크스주의 65, 67, 68, 71~75, 80, 163
마이니치(每日) 60
만국평화회의 38
만주 156
『매천야록(梅泉野錄)』 31
메이지 28, 29, 30, 31, 32, 33, 35, 36
메이지유신 55, 175
메이지정부 172
메이지 천황 38
메이지헌법 118
명성황후 사건 36, 38
모리 고이치 225
모리야마 시게노리(森山茂德) 25
모리오카(盛岡) 107
모리 요시로(森喜朗) 142
모리토 다츠오(森戶辰男) 163
모리토사건 163
모스크바 3상회의 78
몬자(紋左) 167
무라야마(村山) 총리 141
무라오 지로(村尾次郞) 98
무쓰 무네미쓰 52
무차별 전쟁관 88
문부성 107
문부성 해외학술연구 106
문화정치 43, 44
미나미(南) 총독 44
미소공동위원회 78
미스즈서방 25
미야모토 마사아키(宮本正明) 23
미야자와 겐지(宮澤賢治) 107
미야자와 기이치(宮澤喜一) 128
미야조노 마모루(宮薗衛) 132
미우라 고로(三浦梧樓) 36
미일수호통상조약 172
미일화친조약 172
미즈노(水野成) 170

민전 280~282, 284, 285, 287, 288, 302, 325
민족주의 203, 213, 224
민족혁명 81
민주당 90, 93
민주화 운동 95
밀사 39
『밀항자』 218, 226, 228

ㅂ

박경식 50, 242, 244~259, 261, 263~267, 270~275
박병무(朴秉碔) 41
반전(反戰) 155
반전 투쟁 73
배상 87, 95
백남운(白南雲) 46
번벌(藩閥)정치 21
베를린 장벽 85
베이징(北京) 91
베트남전쟁 81, 88
변영호(邊英浩) 292, 293
보상 95
보통국가화 55
보호국 32, 38
보호조약 32, 38, 39, 41, 43
본토 결전 62
봉건적 영주제 68
부국강병 173
부성(負性, 네거티브) 229
부재증명 73, 75
분단 78
분로쿠(文祿)·게이쵸(慶長)의 에키(役) 134
불법 무효론 90
불평등조약 39
『비망록』 202, 215

ㅅ

사림파 292, 294~300, 309
『사상(思想)』 27, 54
『사상월보(思想月報)』 169
사이고 다카모리(西鄕隆盛) 120
사이토 마코토 44
사이토 마코토(齊藤實) 43, 188
사적 유물론 74
사카이 도시키(坂井俊樹) 132
사회당 87
사회주의 19, 21, 24, 203
사회주의운동 19, 25
사회주의자투쟁사 202, 215, 227, 235
산미증식계획 44, 188
삼광(三光)작전 144
삼한정벌 208, 231
새 역사교과서를 만드는 모임(새역모) 90, 145
샌프란시스코 강화조약 88
서양사 60~62, 77, 83~85
서양사학 60, 61, 65, 66

서울시립대학 132
선광 219
성전 63, 66
세이케이 83
세이케이(成蹊) 77
『세카이(世界)』 90
세키 아키라(關晃) 230
소작 179
소작쟁의 21, 193
『속일본기』 232
송시열(宋時烈) 299, 300
쇼와(昭和) 19, 31, 139
쇼와사 70~72, 74, 76
스가모(巣鴨) 155
스기모토 판결(杉本判決) 122
스루가다이 대학 97, 98
스루가다이(駿河台)대학 83
스미토모(住友) 161
스즈키 다케오(鈴木武雄) 45
스탈린 비판 73
시가 시게다카(志賀重昂) 32
시나가와(品川)구 207
시노부 세이자부로(信夫淸三郎) 52
시바 료타로(司馬遼太郎) 302, 304, 325
시베리아출병 161
『식민사(植民史)』 156
식민주의 119, 157
식산흥업 172
신공황후 208, 231
신숙주(申叔舟) 50, 295, 323
신화 136
쌀 소동 161
쓰시마 222

ㅇ

아나키즘 21
아다치 겐죠(安達謙藏) 37
아라이 신이치 61, 76, 98, 99
아라이 신이치(荒井信一) 60
아베담화 55
아베 신조(安部晋三) 65, 70, 83
아사오 나오히로(朝尾直弘) 135
아사히(朝日) 60
『아사히신문』 226
아스카촌 218
아시아맹주론 194
아시아 정체성론 68
아시아·태평양전쟁 19, 63, 69, 73, 108, 155
아시아 해방 63
아카자와 시로 75
아키즈키 사쓰오(秋月左都夫) 162
아편전쟁 30
애스톤(W. G. Aston) 34
야나이하라 다다오(矢内原忠雄) 45, 51, 157
야마가타 아리토모(山縣有朋) 127
야마나시(山梨) 총독 44
야마모토 도모카즈(山本友和) 131

야마베 겐타로(山辺健太郎) 18~21, 23~25, 27, 54, 55
야마토(大和) 154
야스쿠니(靖國) 신사 93
에구치 보쿠로(江口朴郎) 65
에노모토 다케아키(榎本武揚) 32
여성을 위한 아시아 평화 국민기금 141
역사과학협의회 67
역사교과서 85, 90, 98
역사교육 91
역사수정주의 18, 28, 55, 90
역사왜곡 93, 99
역사인식 18, 19, 28, 54, 55, 75, 82, 85, 90, 96, 97
역사전쟁 95, 99
역사학연구회 67, 82, 83
역사화해 4, 5, 61, 89, 92~94, 96, 200, 236
연합국 69, 77, 78, 79, 80
예과연(豫科演) 108
오기와라 히데지로(萩原秀次郎) 37
오노즈카 기헤이지(小野塚喜平次) 159
오부치 게이조(小淵惠三) 142
오사카시립대학 313, 317, 325
오쓰카 사학 65
오쓰카 히사오(大塚久雄) 65, 68
오우치 효에이(大內兵衛) 163
오자키 호즈미(尾崎秀實) 165
오차노미즈(お茶の水) 여자대학 118
오쿠다이라 다케히코(奥平武彦) 48
오쿠보 하루노(大久保春野) 39
오하라 마고사부로(大原孫三郎) 163
오하라사회문제연구소(大原社會問題研究所) 163
와다 하루키(和田春樹) 90
와카모리 다로(和歌森太郎 117
와타나베 마사요시(渡邊勝義) 48
왜(倭) 133
요미우리신문(讀賣新聞) 162
요시노 사쿠조(吉野作造) 157
요시다 시게루(吉田茂) 117
요시미 요시아키(吉見義明 86
요코야마 도시오(橫山十四男) 132
요코하마(橫浜)사건 155
우가키(宇垣) 총독 44
우경화 93
우쓰노미야 타로(宇都宮太郎) 44
우에다 마사아키 225
우치다 료헤이(內田良平) 39, 40
운노 후쿠주(海野福壽) 89
운양호 48
원폭 63, 65
『월간 한국문화』 224, 225
위법 전쟁관 88
위치(位置) 208
유고 내전 88
을사늑약 181
이노우에 미쓰사다 225

이마이 세이이치(今井清一) 71
이민호 132
이바라키(茨城) 대학 60
이상주의 52
이시모다 쇼(石母田正) 68, 225
이시카와 다쿠보쿠(石川啄木) 107
이에나가 사부로(家永三郎) 121
이에나가재판(家永裁判) 121
이와나미신서(岩波新書) 71
이완용 39
이원순 120
이진희(李進熙) 222, 285, 291, 304, 312, 313, 314
이토 다카시(伊藤隆) 97
이토 히로부미 38, 41
이토 히로부미(伊藤博文) 38, 127
인권 88
인권위원회 86
인정식(印貞植) 46
일본군'위안부' 18, 55, 60, 61, 141
일본 낭만파 71
일본문예가협회 224
일본사연구회 67
『일본서기(日本書紀)』 120
일본 속의 조선 문화 203, 217, 219, 223~228, 230, 236
일본역사학협회 117
일본의 전쟁책임자료 센터(日本の戦争責任資料セン-) 60
『일본 통치하의 조선』 25
일본학술회의 117
일진회 39, 42
『일한병합소사』 25, 28, 54
임광철 246, 254, 260, 272
임나(任那) 120
임신의 난 204, 229

ㅈ

자본주의 23, 51, 52, 172
자유주의자 72
자주 재판론 80
자학사관 90
장두식 208
재일동포생활사 202, 227, 235
재일론(在日論) 316
재일본조선인총연합회 202
재일조선인 22, 203
재일조선인사 242, 244~246, 254, 255, 259, 273~275
재일지식인 200, 217, 222, 224, 235
전범 63~65, 69, 70, 79, 80
전봉준 36
전쟁범죄 69
전쟁책임 60, 61, 65, 66, 69, 70, 72, 73, 76, 94
전쟁책임론 140
전쟁책임연구 86, 89
전중파(戰中派) 75
전향 19, 236
전후보상 86

전후역사학 67, 68, 72
점령개혁 82
정귀문 217
정명가도(征明假道) 134
정상(政商) 172
정재정(鄭在貞) 132
정조문 217
정한론 33, 137
제3세계 81
제국대학 157
제국주의 19, 22, 24, 25, 27, 45, 60, 61, 73, 79, 80, 81, 154
제국주의론 164
조광조 298
조광조(趙光祖) 297
조선 감추기 230
조선공산당 214
조선 멸시관 30
조선사연구회 50
조선사편수회 45, 47, 48
조선연구소 289, 290
『조선왕실의궤』 60, 92, 93
『조선왕조실록』 30
『조선월보』 289
조선인학교 77
『조선일보』 223
조선총독부 40, 46, 47
조선통신사 285, 314
조선통신사(朝鮮通信社) 284
조에쓰교육대학 106
종군위안부 144
종속국 30
『주간경향』 223
주오코론샤(中央公論社) 82, 155
주자학일존주의 280, 292, 297, 307, 309
중추원 39
지나(支那) 174
지명관(池明觀) 144
지바(千葉) 대학 94
지방자치 43
지토조(持統朝) 136
진구(神功)황후 120
집단적 자위권 65

ㅊ

차선책 96
천우협 35, 36
천우협(天佑俠) 34
천황 69, 70, 80, 136
천황제 73~75, 168
청일전쟁 34, 35, 36, 51, 173
초당파 87
총독부 178
총련 280, 281, 285, 287~292, 302
최덕수 132
최효선 201, 205, 226
치안유지법 19, 21, 155
친일파 95
침략전쟁론 140

ㅋ

칼 야스퍼스(Karl Jaspers) 74
크로포토킨(Kropotkin) 163

ㅌ

타이완 156
타일러 데넷(Tyler Dennett) 53
타협 96
탈식민지 88
탈아 77
『태백산맥』 215, 224, 226, 235
태평양전쟁 50
태평양전쟁사 83
텐리(天理)대학 50
텐무(天武) 136
토지조사사업 181
통감부 40, 178
통상장정 51
특고(特高) 154

ㅍ

파시즘 98, 169
평화헌법 55
프라도 미술관 94
피카소 94

ㅎ

하세가와 요시미치(長谷川好道) 43
하시모토 류타로(橋本龍太郎) 142
하야시 겐타로(林健太郎) 142
하야시 곤스케(林權助) 38
하야시 히로후미(林博史) 84, 86
하타다 다카시(旗田巍) 47, 49
학살 95
학습지도요령 126
한국동란 214
한국병합 89, 98, 108, 177
한국역사교육연구회 124
한국전쟁 81, 95
한국 · 조선문화재반환문제연락회의 61
한일공동선언 143
한일국교정상화 18, 54
한일기본조약 119
한일문화교류정책 144
한일역사공동연구 106
한일지식인공동성명 90
한일협정 95, 96
한일회담 119
해방 67, 73
해외학술연구 107
『행기의 시대』 223
향토사가 231
헌병정치 43
헌정자료실 32, 52
헤이그 38
헤이세이(平成) 139
혁명 80
현대사 65, 66, 72, 75~77, 83, 84
현대일본문명사 170

현실주의 52
호소카와 가로쿠(細川嘉六) 154
혼고(本郷) 20
화전민 195
황국사관 18, 19, 67, 98, 179, 230
황성신문(皇城新聞) 182
후각분자 289
후각분자(後覺分子) 287
『후예의 거리』 202, 235
후지와라 아키라 84
후지와라 아키라(藤原彰) 71
후추(府中) 예방구금소 21
후쿠자와 유키치(福澤諭吉) 127
훈구파 295, 296, 298
흑룡회 35, 39
히라이즈미 기요시(平泉澄) 98
히로세 요이치 205, 207
히로시마 63, 92
히로히토 85
히사마 겐이치(久間健一) 46, 49
힐러리 콘로이(Hilrary Conroy) 52

1억 총참회론 69
3·1운동 27, 44, 50, 92, 185, 207
4·16 사건 19, 21
4·19 혁명 215
5·4운동 92
5·18 민주화운동 223
GHQ 82
NHK한글강좌 220

동북아역사재단 연구총서 120

근현대 지식인과 한일 역사화해

초판 1쇄 인쇄 2020년 12월 21일
초판 1쇄 발행 2020년 12월 30일

엮은이 서종진
펴낸이 이영호
펴낸곳 동북아역사재단

등 록 제312-2004-050호(2004년 10월 18일)
주 소 서울시 서대문구 통일로 81 NH농협생명빌딩
전 화 02-2012-6065
팩 스 02-2012-6189
홈페이지 www.nahf.or.kr
제작·인쇄 (주)동국문화

ISBN 978-89-6187-593-6 93910